DIE BALTISCHEN LÄNDER

OST- UND SÜDOSTEUROPA
GESCHICHTE DER LÄNDER UND VÖLKER

Herausgegeben von Horst Glassl und Ekkehard Völkl

Michael Garleff

DIE BALTISCHEN LÄNDER

Estland, Lettland, Litauen vom Mittelalter bis zur Gegenwart

Verlag Friedrich Pustet Regensburg
Südosteuropa-Gesellschaft München

Umschlagmotiv: Tallinn/Reval
Blick auf den Kanonenturm »Dicke Margarete« (Anf. 16. Jh.),
die Olaikirche (13. Jh.) und den Wehrturm »Stolting«.
(Jürgens Ost- und Europa-Photo, Berlin)

Die Deutsche Bibliothek – CIP-Einheitsaufnahme

Ein Titeldatensatz für diese Publikation ist bei
Der Deutschen Bibliothek erhältlich.

ISBN 3-7917-1770-7

Umschlaggestaltung: Richard Stölzl, München
Gesamtherstellung: Friedrich Pustet, Regensburg
Printed in Germany 2001

INHALT

EINLEITUNG

Im Jahre 1870, als alle drei baltischen Länder zum Zarenreich gehörten, betonte der russische Graf Peter Šuvalov (1827–1889) gegenüber einem Deutschbalten die besondere Rolle der Ostseeprovinzen Russlands. Die baltische Frage sei stets von großer Tragweite sowohl zwischen den Mächten als auch innerhalb des Zarenreiches gewesen, derzeit bilde diese Region den Schauplatz der Auseinandersetzungen zwischen staatlichem Zentralismus und regionaler Autonomie: »Sie können mithin den historischen Ruhm Ihrer Provinzen konservieren: *in Fragen der höchsten Politik das Schlachtfeld gewesen zu sein.*«

1991 antwortete der bedeutendste baltische Schriftsteller der Gegenwart, der Este Jaan →Kross, auf die Frage nach der künftigen Rolle der baltischen Völker: »Eine Brücke zwischen Ost und West. Das ist nichts Neues, das sind wir seit tausend Jahren: zwischen Skandinaviern und Arabern, zwischen der Hanse und Novgorod. Das am Osten interessierte Europa wie der am Westen interessierte Osten sind zweihundert Jahre lang über diese Brücke gefahren.« Nach der hermetischen Abschließung sei diese Brücke aber zwischenzeitlich außer Gebrauch gekommen. »Jetzt, wo man doch beiderseits bemüht ist, die Türen wieder zu öffnen, müsste die Brückenfunktion des Baltikums um so deutlicher werden.«

Die baltische Region als »Schlachtfeld in Fragen der höchsten Politik« einerseits, als »Brücke zwischen Ost und West« andererseits – diese in der Publizistik vielfach verwendeten Formulierungen bezeichnen in der Tat unübersehbare Konstanten in der Geschichte der baltischen Länder. Und selbst die problematische Gegenüberstellung von »Europa« auf der einen Seite und »dem Osten« auf der anderen bei Jaan Kross verweist letztlich auf die Tatsache, dass dieses Baltikum immer wieder eine *Grenzregion* zwischen kulturellen und politischen Großräumen gewesen ist. Die baltischen Länder bildeten im Verlauf ihrer Geschichte ebenso häufig Schauplätze schärfster Auseinandersetzungen wie auch von Vermittlungsversuchen, sie waren Bollwerk ebenso wie Brücke oft in derselben Epoche, gelegentlich sogar Experimentierfeld mit einer Vorreiterrolle – sowohl in den Osten wie auch in den Westen Europas hinein ausstrahlend.

RAUM – BEVÖLKERUNG – SPRACHEN

Die natürlichen Bedingungen des baltischen Raumes

Der diesen geographischen Raum prägende Baltische Landrücken wird im Norden von Endmoränen und im Süden von ebenen Sandflächen begrenzt. Von der Ostsee greifen Tieflandbuchten in ihn hinein, von Kurland nach Osten hat die nacheiszeitliche Landhebung eine Besonderheit in Form von Kliffs und Strandwällen hervorgebracht. Dieser so genannte Glint fällt an der estländischen Küste stellenweise bis über 50 Meter steil ins Meer ab. Er liefert Kalkstein, der seit dem 13. Jahrhundert als Baumaterial verwendet wird. Nach Süden hin wird er überdeckt von Schichten kargen, für die Landwirtschaft schlecht nutzbaren Kalkbodens. Auf den daran anschließenden Grund- und Endmoränen mit ihren Hügellandschaften bis über 300 Metern Höhe existieren dann aber wieder günstigere Möglichkeiten der Bodennutzung. Anschwemmungen und Verlandungen haben zur Bildung von Flach- und Hochmooren geführt, deren landwirtschaftliche Nutzung auf Entwässerung angewiesen ist. In Estland nehmen Moore nahezu 20% und in Lettland fast 8% der Fläche ein, in Litauen dagegen nur noch 2%. Im estnischen und lettischen Bereich nimmt von Nord nach Süd die Oberflächengestaltung lebhaftere Formen an, gleichzeitig steigt die Qualität des Bodens.
Zwischen der kurisch-litauischen Endmoräne und dem Höhenrücken von Suwalki liegt die in zahlreiche Kleinlandschaften gestaffelte Heimat der Litauer, die nach Osten und Südosten gegen die Ebenen und Waldgebiete Weißrusslands hin offen ist. Žemaiten (Niederlitauen) im Nordwesten zeichnet sich durch ein bewaldetes Hügelland mit zahlreichen Seen aus, das jenseits der Memel (Nemunas) im Süden von den großen zusammenhängenden Waldgebieten der Suvalkija abgelöst wird. Östlich an Žemaiten schließt sich die mittellitauische Ebene mit ihren schweren und feuchten Böden an. Im Bereich des Baltischen Höhenrückens schließlich liegt Ostlitauen mit dem Zentrum Vilnius (Wilna). Hier auch findet sich mit dem so genannten Aukštaiten (Hochlitauen) der eigentliche »Schicksalsraum der litauischen Geschichte« (Hellmann), von dem schon früh die Einigung der Litauer zu einem gemeinsamen Staat ausging.
Ohne bedeutendere Binnenschifffahrt folgten die alten Handelswege

entweder der Ostseeküste und umgingen somit das Land, oder sie verliefen auf den höher gelegenen Flächen. So wurde Litauen kein Passland, selbst die Memel zog den Handel nicht wie die Düna auf sich, um ihn in die weiten Räume der osteuropäischen Tieflandzone zu lenken. Der Fernhandel erstreckte sich bis Grodno und Vilnius und berührte die litauischen Landschaften nördlich der Memel kaum. Wenn auch keine größeren Flusssysteme existieren, so wurde doch die Düna (Daugava) zumindest für Flößerei genutzt, und die Livländische Aa (Gauja) war als der Hauptfluss Südlivlands im Mittelalter bis nach Wolmar (Valmiera) schiffbar. Der Wasserweg erreichte über den Peipussee (Peipsi järv), den Pleskauer See (Pihkva järv) und die Narova (Narva jõgi) den Anschluss an Pleskau (Pskov) und Narva und damit den Landweg nach Novgorod.
Als östliche Randgebiete der Ostsee und als westliche Ausläufer der weiten Ebenen Russlands sind die baltischen Länder von einem westöstlichen Klimagefälle gekennzeichnet. Besonders Litauen weist zwischen den küstennahen und den östlichen Gebieten klimatische Unterschiede auf, die auch im nördlicheren Baltikum vorhanden sind. Der Küstenbereich ist von der relativ abgeschlossenen Ostsee beeinflusst, welche im Sommer die Wärme speichert und sie im Winter wieder abgibt, was eine maximale Erwärmung erst im August und die stärkste Abkühlung erst im Februar zur Folge hat. Als Besonderheit zeigt sich eine zum Landesinneren zunehmende Kontinentalität des Klimas, d.h. eine Süd-Nord-Abnahme der Temperatur, ferner ein West-Ost-Übergang vom maritimen zum kontinentalen Klima sowie eine spezielle, auf die Küsten begrenzte Wirkung der Ostsee. Deren Vereisung dauert von Kurland (Kurzeme) nach Norden mehr als 50 Tage, die Wahrscheinlichkeit der Eisbildung beträgt an der Küste vom Rigaer Meerbusen an nach Norden 100%.

Wechselnde Landesbezeichnungen

Die Bezeichnung »Baltische Länder« bedarf einer Erläuterung – denn diese Länder haben im Laufe der Zeit weder politisch noch sozial oder kulturell eine Einheit gebildet und sind dementsprechend auch unterschiedlich bezeichnet worden. »Baltisch« geht als ein relativ junger Sprachgebrauch auf die Formulierung »Mare balticum« für die Ostsee zurück und wurde seit etwa 1600 von den meisten europäischen Sprachen, als Bezeichnung für Land und Leute Ende des 18. Jahrhunderts von der damaligen Oberherrschaft des Zarenreiches aus dem Russischen (»Pribaltijski kraj«) übernommen. Es waren die in den Ostseeprovinzen ansässigen Deutschen russischer Reichsangehörigkeit, die im 19. Jahrhundert aus dem Bedürfnis nach einem Gesamtnamen die Substantivierung »Balten« auf sich bezogen. »Baltikum« als Sammelbezeichnung für das deutsche Okkupationsgebiet bürgerte sich im Ersten Weltkrieg ein. Nach Begründung der selbstständigen Staaten nannten sich die baltischen Deutschen »Deutschbalten« (in den 1930er-Jahren »Baltendeutsche«), und heute bezeichnen sich Esten, Letten und Litauer im Einklang mit dem internationalen Sprachgebrauch vielfach als »Balten«.

Bevölkerung und Sprachen

Unabhängig davon verlief eine andere Entwicklung: Seit Mitte des 19. Jahrhunderts kennzeichnete die Philologie innerhalb des Indogermanischen eine »Familie der baltischen Sprachen«, zu der das Prußische (Altpreußische), Litauische, Lettische und Kurische gehören – nicht dagegen das Livische und das Estnische, die finno-ugrische Sprachen sind. Die »Baltische Sprachengruppe« verwendet im Unterschied zu den slawischen Sprachen die lateinische Schrift mit einer Reihe von Sonderzeichen. Abweichend von diesen baltischen Sprachen im engeren Sinne (also den Schwesternsprachen Litauisch und Prußisch sowie dem jüngeren Lettisch) werden unter baltischen Völkern im Allgemeinen auch die finno-ugrischen Esten und Liven verstanden. Der internationale Sprachgebrauch verwendet inzwischen »baltisch« für die drei Staaten, Völker und Länder ohne sprachwissenschaftliche, provinzielle oder geschichtlich bedingte Abgrenzungen.

In der Historiographie wurden die Litauer von ihren nördlichen Nachbarn, den Letten und Esten, aufgrund der bis zum Ersten Weltkrieg höchst unterschiedlich verlaufenen Entwicklung getrennt behandelt. Folgerichtig verfasste erst Georg von Rauch (1904–1991) im Jahre 1970 eine *Geschichte der baltischen Staaten* im 20. Jahrhundert unter Einschluss aller drei Länder, also Litauens, Lettlands und Estlands. Mit Blick auf den heute für die »baltischen Staaten« üblichen Sprachgebrauch sollten die Mehrheitsvölker dieser Region auch in ihrer historischen Entwicklung vergleichend betrachtet werden.

Die Geschichte →Alt-Livlands und der anschließenden polnisch-schwedischen Herrschaft unterschied sich ganz wesentlich von jener des mittelalterlichen und frühneuzeitlichen Litauen, das nach der

Union mit Polen aufs Engste an dessen Schicksal gebunden blieb. Diese Vorgänge sind dementsprechend von Andrea Schmidt-Rösler im Band über Polen mit behandelt worden. Eine Geschichte der baltischen Länder und Völker kann aber wegen des ausgeprägten Geschichtsbewusstseins der Esten, Letten und Litauer nicht erst mit ihrem »nationalen Erwachen« im 19. Jahrhundert oder mit der Selbstständigkeit nach dem Ersten Weltkrieg beginnen. Einleitend werden daher die Entwicklungsstränge aus Mittelalter und früher Neuzeit aufgezeigt und in ihren wechselseitigen Abweichungen vergleichend dargestellt.

GRUNDZÜGE DER BALTISCHEN FRÜHGESCHICHTE

Das östliche Küstengebiet der Ostee ist vom 10. bis 12. Jahrhundert nicht vom ausgedehnten ostslawischen Staatswesen der Kiever Rus´ erobert worden. Gruppiert um das für Handels- und Militärstraßen benutzte Flusssystem von Dnepr, Lowat, Wolchow und Neva (nicht aber der Düna) stießen Teilfürsten der Kiever Rus' zwar auch in westlicher Richtung vor, z.B. im Norden über den Peipussee nach Dorpat und weiter südlich über die Düna bis nach Kokenhusen. An einem dauerhaften Besitz des Küstengebietes aber zeigte sich der russische Binnenstaat damals nicht interessiert. Für die weitere Entwicklung sollte es ausschlaggebend werden, dass die baltische Region nicht in den griechisch-byzantinischen, sondern in den lateinisch-römischen politischen und kulturellen Einflussbereich kam.

Der nördliche Teil vom Finnischen Meerbusen bis etwa zur heutigen Grenze zwischen Estland und Lettland einschließlich der Inseln wurde von den ostseefinnischen Esten bewohnt. Südlich anschließend an der Meeresküste und beiderseits der unteren Düna bis nach Ascheraden lebten die ebenfalls finno-ugrischen Liven. Vermischt mit Kuren, siedelten weitere Ostseefinnen an der Nordküste Kurlands und entlang der kurländischen Westküste. Angrenzend an die Liven, zwischen Esten und der Düna, lebten die Lettgaller, links der Düna die Selen und westlich anschließend die Semgaller. Das eigentliche Kurland wurde teilweise von Ostseefinnen, überwiegend aber von Kuren bewohnt.

Im lettischen Siedlungsgebiet lebten ursprünglich als altlettische Stämme die Lettgaller oder Hochletten, die Semgaller oder Niederletten, die Selen und die Kuren. Ihre allmähliche Verschmelzung ist nicht zuletzt an der Vereinheitlichung der Begräbnissitten ablesbar und dauerte teilweise bis ins 17. Jahrhundert. Die finno-ugrischen Liven stellten im Mittelalter noch einen erheblichen Bevölkerungsanteil dar, sind inzwischen aber fast ganz von den Letten assimiliert. Die Liven bildeten bei den Kuren eine Oberschicht und siedelten u.a. auch am Unterlauf der Düna, wo ihnen frühhansische Kaufleute begegneten und daher dem gesamten Gebiet den Namen Livland gaben.

Diese Völker und Stämme betrieben Ackerbau und Viehzucht, daneben spielten Jagd, Fischfang und Bienenzucht eine Rolle. Als

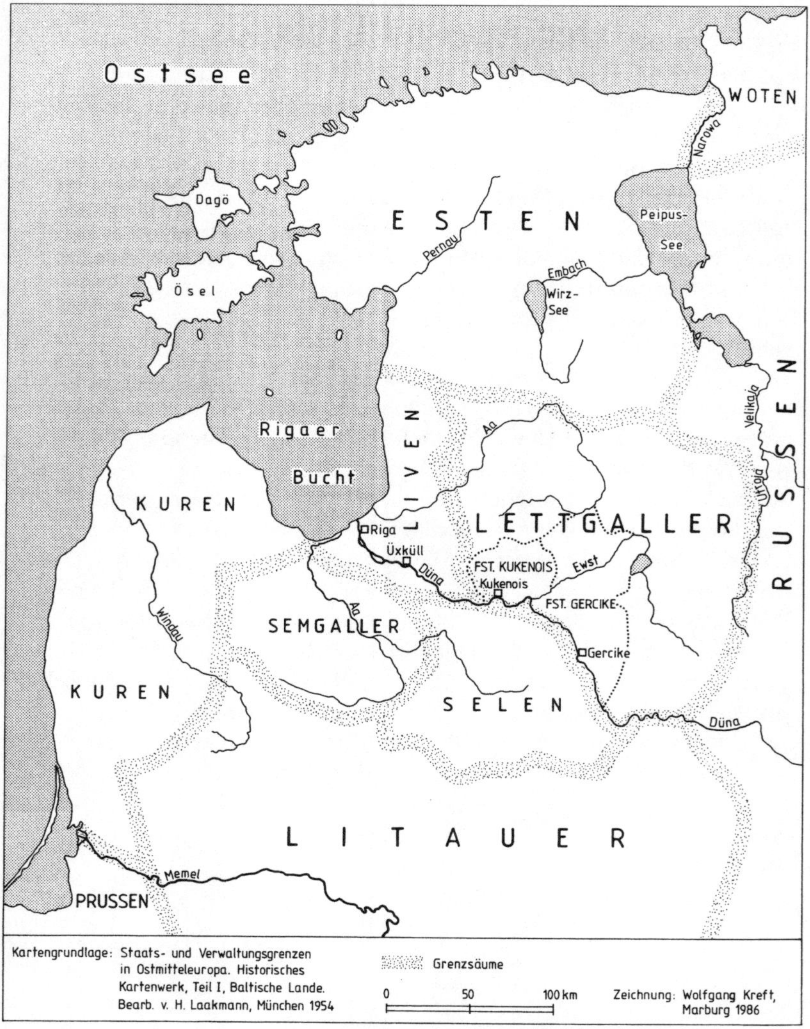

Völker und Stämme im östlichen Küstengebiet der Ostsee um 1200

Küstenbewohner waren Kuren, Semgaller und Esten erfolgreiche Seefahrer – die Bewohner der Insel Oesel (Saaremaa) darüber hinaus auch gefürchtete Seeräuber. Als reiche Kaufleute traten die Liven hervor, wovon ihre kostbaren Grabbeigaben zeugen. Bemerkenswerterweise wurde die Bezeichnung »Lispfund« (= livisches Pfund) noch jahrhundertelang in der hansischen Welt verwandt. Aus dem Ostbaltikum kamen Pelze, Honig, Wachs, Getreide und Sklaven, als Einfuhrgüter galten Waffen, Salz, Tuche und Edelmetalle. In der sozialen Gliederung bildete das freie Bauerntum die Hauptmasse, unter der noch die Sklaven standen und die von einer Stammesaristokratie der Ältesten beherrscht wurde. Unter diesen ragten bei livischen und teilweise auch altlettischen Gruppen einflussreiche Persönlichkeiten hervor wie der Livenfürst Kaupo, der 1203 als einer der ersten Christen dieser Region sogar vom Papst empfangen wurde. Diese Stammesführer verfügten über Reichtum, besaßen Gefolgschaften und geboten über Burgen. Bei den Esten allerdings war die Differenzierung zwischen den freien Bauern und den Dorf- oder Gebietsältesten relativ gering.
Das Fehlen entwickelterer feudaler Verhältnisse sowie von Städten erklärt sich aus der geringen Bevölkerungsdichte, die weder eine Arbeitsteilung noch eine Verstädterung erforderlich machte. Denn um 1200 betrug die Zahl der Angehörigen altlettischer Stämme nur 140 000 bis 160 000, die der Esten etwa gleich viel und die der Liven um 20 000. Damit lebten durchschnittlich weniger als drei Menschen auf einem Quadratkilometer. Ausgedehnte Wildnisgebiete wechselten mit dichter bewohnten Landstrichen; insgesamt war das Gebiet des späteren Estland stärker besiedelt als dasjenige Lettlands.

DAS MITTELALTER

Alt-Livland: Fernhandel – Mission – Siedlungsbewegung

Die Entstehung des mittelalterlichen Staatengebildes Alt-Livland ist aufs Engste verbunden mit drei großen Bewegungen des gesamteuropäischen Mittelalters: dem nach der Gründung Lübecks 1159 aufblühenden Fernhandel, sodann der planmäßig betriebenen Mission in Form der abendländischen Kreuzzugsbewegung und schließlich der deutschen Siedlungsbewegung nach Osten. Diese ursprünglich eigenständigen Bewegungen waren voneinander abhängig. Denn der Fernhandel bedurfte der Befriedung durch Christianisierung und politische Erschließung, und der zunächst friedlich missionierende Priester wiederum war ebenso wie der ihm nachfolgende Kreuzfahrer auf den seefahrenden Fernhändler mit seinem Schiffsraum angewiesen. Fernhandel und Christianisierung schließlich erhielten dauerhaften Bestand durch die Niederlassung von Kaufleuten und Kreuzfahrern. »In Fragen der höchsten Politik das Schlachtfeld«, also Austragungsort umfassender politischer und kultureller Auseinandersetzungen, waren die baltischen Länder somit spätestens seit dem 12. Jahrhundert.

In Lübeck, das nach seiner Neugründung durch Heinrich den Löwen (1129–1195) zum Stützpunkt dieser drei Bewegungen geworden war, schloss sich 1180 der Segeberger Augustinerchorherr Meinhard († 1196) Kaufleuten an und gelangte an die untere Düna. Dort errichtete er eine steinerne Kirche – den ersten gemauerten Steinbau im östlichen Ostseegebiet. Das bedeutete den Beginn der Geschichte des mittelalterlichen Livland. 1186 wurde Meinhard zum Bischof von Uexküll geweiht. Dieses Missionsbistum kam zunächst noch ohne bewaffnete Kreuzfahrer aus. Erst Meinhards Nachfolger Bertold († 1198) unternahm einen militärischen Angriff gegen die Liven, in dessen Verlauf er den Tod fand. Den militärischen Schutz der Christianisierung organisierte daraufhin der 1199 zum Bischof von Livland geweihte tatkräftige Bremer Domherr →Albert von Buxhoeveden. Er wollte ein geistliches Territorialfürstentum begründen und brachte im Jahre 1200 Dienstmannen aus Bremen mit. Damit trat ein neues Element in Erscheinung: der waffentragende, bald Grund besitzende und durch Lehnseide an den bischöflichen Lehnsherrn gebundene Adel. Bischof

Das Marienbanner des Deutschen Ordens in Livland wurde 1431 von den Polen erbeutet und kam als Siegestrophäe in die Kathedrale der Krakauer Königsburg Wawel

Albert sicherte sein Werk sowohl beim deutschen König als auch beim Papst ab. Dieser weihte Livland der Jungfrau Maria – daher der Name »Marienland« – und stellte die Bekehrungsfahrten ritterlicher Kreuzfahrer den Kreuzzügen gleich. Die von Bischof Albert 1201 an der Düna gegründete Stadt Riga diente gleichermaßen als Bischofssitz, als Stützpunkt der Kolonisierung und als Handelsplatz.
1202 wurde zur militärischen Durchsetzung der Mission der geistliche Ritterorden »fratres milicie Christi de Livonia«, der Schwertbrüderorden, gestiftet. 1230 gründete dieser zusammen mit deutschen Kaufleuten aus Gotland die Stadt Reval (heute →Tallinn) und missionierte »mit friedlicher Predigt, blutiger Gewalt oder wendiger Diplomatie« (Rexheuser). Neben den Bischof und seine ritterlichen Vasallen trat damit eine selbstständige, vom Papst bestätigte ritterliche Genossenschaft, die nur fünf Jahre später vom Bischof ein Drittel des eroberten Landes als eigenes Herrschaftsgebiet verlangte. Das Verfolgen eigener Ziele führte bald zu Konflikten mit dem Bischof. Nach einer schweren Niederlage der Schwertbrüder gegen die Litauer im Jahre 1236 befahl Papst Gregor IX. (1227–1241) die Übernahme der Reste dieses Ordens durch den Deutschen Orden, der inzwischen in Preußen Fuß gefasst hatte. Dessen livländischer Zweig war künftig zwar dem Bischof unterstellt – als geistlicher Ritterorden aber musste er dem Papst gehorchen, sodass damit geradezu ein täglicher Konflikt mit den livländischen Bischöfen heraufbeschworen wurde. Von dieser Konstellation sollte die Geschichte Livlands im gesamten Mittelalter bestimmt sein.

Die Livländische Konföderation

1346 gelang durch Kauf des dänischen Estland seitens des Ordens die Zusammenfassung des gesamten von Esten und Letten bewohnten Gebietes. Allerdings kam es nicht zur Bildung eines Einheitsstaates, sondern es entstand die so genannte »Livländische Konföderation« aus fünf geistlichen Territorien. Das waren das Stift (seit 1259 Erzstift) Riga, das Bistum Dorpat im Südosten Estlands, das Bistum Oesel-Wik mit dem westlichen Festlandsteil und den Inseln, das Bistum Kurland im Westen (auch Stift Pilten genannt) sowie als größtes Territorium das von Memel bis zum Peipussee reichende Land des Deutschen Ordens. Die Stadt Riga bildete bei wechselnder Unterstellung einen ständigen Zankapfel zwischen dem Erzstift und dem Orden. Das Verhältnis dieser fünf Territorien zueinander ist als ein »permanenter Bürgerkrieg« bezeichnet worden, denn der vom Deutschen Orden geführte Kampf um den Einheitsstaat führte nicht zum Ziel.
Die eigentlichen Sieger in den Auseinandersetzungen der livländischen Landesherren blieben vielmehr die Stände, d. h. vor allem die Ritterschaften. Denn durch Belehnung waren grundherrliche Rechte an Vasallen übergegangen, denen es gelang, Erbrechte zu erwirken und als Ritterschaften an den allgemeinen Landtagen, dem wichtigsten Organ der altlivländischen Konföderation, mitzuwirken. An diesen vom Erzbischof und dem Ordensmeister gemeinsam ausgeschriebenen Landesversammlungen nahmen Landesherren und Ständevertreter teil, d.h. neben Erzbischof, Ordensmeister und Bischöfen auch Ritterschaftsvertreter und die Abgesandten der drei großen Städte Riga, Reval und Dorpat, welche auch die kleineren Städte vertraten. Damit gliederten sich die Landtage – nach dem Vorbild des deutschen Reichstages – in vier Kurien. Zur ersten gehörten der Erzbischof und die Bischöfe, zur zweiten der Ordensmeister und seine Gebietiger (höhere Beamte), zur dritten die Stiftsräte und die Vertreter der Ritterschaften und zur vierten die Sendboten der Städte. Gegenstand der Beratungen waren sämtliche Angelegenheiten von allgemeiner Bedeutung – von Münzfragen über auswärtige Politik bis zum Verhältnis zwischen Landesherren und Ständen sowie allgemeine Rechtsstreitigkeiten, in denen sich der Landtag zur obersten inländischen Appellationsinstanz entwickelte. Nach gesonderten Beratungen, in denen Beschlüsse nur einstimmig gefasst werden konnten, wurden die Ergebnisse als gemeinsamer Abschied oder Rezess aufgezeichnet und besiegelt.

Diese Organisation entwickelte sich allmählich zu einer festen Institution mit den Landesherren als einer Art Vorstand. Die Städte bildeten darin seit dem letzten Drittel des 14. Jahrhunderts aufgrund ihrer wirtschaftlichen Interessen eine geschlossene Front. Seit dem Landtag zu Walk vom 4. Dezember 1435, auf dem sich die streitenden Parteien auf ein Bündnis einigten, wurden die Landtage zu einem zwar unregelmäßig, aber häufig zusammentretenden Organ. Von diesem Zeitpunkt an erwirkten Ritterschaften und Städte als Bindeglied zwischen den Landesherren mehrmals weitere so genannte »Einungen« als friedlichen Ausgleich. Im selben Jahr verpflichteten sich die Landesherren, ohne Zustimmung der Stände keine auswärtigen Kriege zu führen. Zu einer einheitlichen Verfassung Alt-Livlands aber kam es nicht, es blieb bei einem lockeren Bund unterschiedlicher Territorialherrschaften. Wenn auch der Livländischen Konföderation ein Exekutivorgan fehlte, so war sie als eine Art »Staatenbund« doch geprägt durch eine »Verschränkung der unterschiedlich gearteten Stände untereinander« (von zur Mühlen).
Erzbischof sowie die Bischöfe von Dorpat und Oesel-Wik waren seit 1225/28 durch Belehnung Reichsfürsten, ihre Gebiete damit dem Namen nach Marken des Heiligen Römischen Reiches, der Ordensmeister wurde nach der Säkularisation des preußischen Zweiges 1526 Reichsfürst, der dem Orden angehörende Bischof von Kurland erst 1528. Seit den Zeiten Bischof Alberts übten sie als Landesherren und oberste Repräsentanten ihrer Territorien die Landeshoheit aus, unterstanden aber als geistliche Fürsten zugleich der Kurie in Rom. Die militärische Führung lag beim Deutschen Orden, dessen Ordensmeister in Wenden residierte und zu dessen Ordensheer außer den Ritterbrüdern, Soldknechten und Vasallen auch estnische und lettische Hilfstruppen in Form reitender Freibauern (d.h. von Zins und Zehntem befreite Bauern) und bäuerlichen Fußvolks gehörten.

Die Reformation

Sowohl in Livland als auch in Litauen wirkten sich die in ganz Europa verbreiteten Ideen des Humanismus und der Renaissance aus. Zusammen mit innerkirchlichen Reformbestrebungen stießen sie in Livland auf Missstände wie Missbrauch von Ablässen, Verweltlichung der Geistlichkeit oder Vernachlässigung der Lehre in den ländlichen Gemeinden der Esten und Letten. Die dadurch hervorgerufenen Auseinandersetzungen wurden in Litauen noch dadurch verstärkt,

dass hier neben dem Katholizismus der orthodoxe Glaube eine gleichwertige Position einnahm.
Die von Martin Luther besonders seit 1517 verbreiteten reformatorischen Ideen erreichten sehr schnell die livländischen Städte. Nachdem in Riga bereits seit dem Spätsommer 1521 evangelisch gepredigt worden war, kam es am 12. Juni 1522 zu einer öffentlichen Disputation in der Petrikirche zwischen dem Kaplan Andreas Knopken (ca. 1470–1539) aus Küstrin und Mönchen über die zentrale These Martin Luthers – die Rechtfertigung allein durch den Glauben und nicht durch Werke. Auf Drängen der Bürgerschaft bald darauf zum Prediger ernannt, verbreitete Knopken zusammen mit dem radikaleren Prediger der Jakobikirche, Sylvester Tegetmeyer aus Rostock, die neuen Ideen mit großem Erfolg. Hinzu kam im Herbst 1523 ein erstes persönliches Sendschreiben Luthers an die Christen in Livland, dem er weitere folgen ließ. Auch in Reval fanden die ersten evangelischen Prediger seit 1523 schnell ihre Anhänger, Dorpat folgte 1524. In Livland siegte die Reformation zuerst in den Städten, der Adel folgte um die Jahrhundertmitte, Orden und Bischof aber blieben katholisch.
Noch vor der Verbreitung der Reformation in ganz Livland kam es zu religiös und sozial motivierten Ausschreitungen, die sich gegen die Geistlichkeit allgemein und speziell gegen die Klöster richteten und von denen 1524 in Riga die Stadtkirchen und der erzbischöfliche Dom in Form von Bilderstürmen heimgesucht wurden. In Reval blieb nur die Nikolaikirche verschont, da der Kirchenvorsteher die Schlüssellöcher der schweren Eingangstüren mit Blei vergossen hatte. Die schwersten Unruhen gab es Anfang 1525 in Dorpat, wo der Kürschner und Laienprediger Melchior Hoffmann (ca. 1495–1543) besonders bei jungen Handwerkern soziale Protestaktionen entfachte. Beim Versuch seiner Verhaftung wurden Klöster und Kirchen, darunter auch der Dom, verwüstet, und es gab Tote und Verwundete.
Träger der reformatorischen Ideen in Litauen waren aus Westeuropa zurückkehrende Studenten, die dort von der kirchlichen Erneuerungsbewegung beeinflusst worden waren. 1539–1542 unterrichtete Abraham Culvensis [Abroamas Kulvietis] (um 1510–1545) an seiner in Vilnius neu gegründeten Schule Luthers Lehre zunächst mit großem Erfolg. Es erfolgte aber ein Rückschlag, und er musste vor drohenden Verfolgungen nach Königsberg ausweichen, wo er 1544 Professor an der neuen Universität wurde.
Die Reformation brachte nicht nur eine Erneuerung des Schulwesens durch Gründung evangelischer Gelehrtenschulen (1528 Domschule zu Riga und Lateinschule in Reval), sondern schuf auch für die Masse

der Bevölkerung neue Voraussetzungen für ihre kulturelle Entwicklung. In dieser Hinsicht war der durch die Reformation markierte Übergang vom Mittelalter zur Neuzeit für die estnische, lettische und litauische Bevölkerung von erheblicher Bedeutung. Die von der Reformation erfasste Kirche bemühte sich intensiv darum, ein volkssprachliches Schrifttum zu schaffen. Denn die aus vorreformatorischer Zeit nachzuweisenden geistlichen Texte in estnischer, lettischer und litauischer Sprache waren nicht sehr verbreitet. Nun aber wurden die Sprachen der baltischen Völker vor allem durch die volkssprachliche Predigt belebt.
In der ersten Hälfte des 16. Jahrhunderts erschienen die ersten Druckschriften in den Volkssprachen. Aus dem 1535 im Auftrag des Revaler Rates in Wittenberg gedruckten Katechismus mit parallelem estnischem und deutschem Text von Wanradt und Koell haben sich Bruchstücke erhalten, die erst 1929 wieder entdeckt worden sind. Als erstes litauisches Buch gab der Lutheraner Martynas Mažvydas († 1563) 1547 in Königsberg einen Katechismus für das lutherische »Kleinlitauen« heraus, nachdem die Reformation vorübergehend in Litauen Eingang gefunden hatte; 1586 folgte ein lettischer Katechismus. Diese eigensprachliche Literatur der baltischen Völker war zunächst religiösen Inhalts; die noch im 16. Jahrhundert begonnenen Bibelübersetzungen ins Lettische, Litauische und Estnische erschienen allerdings erst Ende des 17. Jahrhunderts.

Der Zerfall Alt-Livlands

Außenpolitisch hing das Schicksal Alt-Livlands vom Aufstieg Litauens und dann Moskowiens (Moskau) zu Großmächten ab. Mit der Niederlage gegen die Litauer bei Durben war 1260 der Versuch des Ordens gescheitert, eine Landbrücke nach Preußen zu schaffen. Am 13. September 1502 konnte Ordensmeister Wolter von →Plettenberg zwar mit seinem Sieg über die russische Übermacht am Smolinasee für ein halbes Jahrhundert die Herrschaft noch einmal festigen, erreichte aber nach der frühen Verbreitung der Reformation keine Neuformierung der politischen Kräfte mehr. Die Folge war ein mangelndes politisches Gemeinschaftsgefühl bei Landesherren und Ständen. Trotz der langen Friedenszeit bis 1558 wuchs die Gefahr durch das erstarkende Moskau. Angesichts des inneren Wohlstands verkannten viele Livländer dessen zunehmend drohende Haltung. Mit der Reformation und Säkularisation Preußens 1525 war zudem eine

Hilfe durch den preußischen Ordenszweig fortgefallen. Innere Zerrissenheit und übermächtiger äußerer Druck führten so zum Untergang Alt-Livlands in den Stürmen des Livländischen Krieges 1558–1562.

Der Livländische Krieg

Für die um das »Dominium maris baltici«, um die Herrschaft über die Ostsee kämpfenden Mächte Russland, Polen-Litauen und Schweden wurde die baltische Region zum Schicksalsland. Ihr 25 Jahre dauernder Kampf um Livland (1558–1582/83) war begleitet vom »Siebenjährigen Nordischen Krieg« (1563–1570) zwischen Dänemark, Polen-Litauen und Lübeck einerseits und Schweden andererseits.

Um die Jahreswende 1550/51 bat der Ordensmeister vergeblich durch einen Gesandten beim deutschen Kaiser um Unterstützung gegen die »schreckliche Macht des Moskowiters«, der »danach giere, das Land zu erobern und die Herrschaft an der Ostsee an sich zu reißen«. Beim Entschluss des Zaren Ivan IV. Groznyj, des »Schrecklichen« (1547–1584), zur Entfesselung des Livländischen Krieges spielten wirtschaftliche Interessen, historische Ansprüche und innerrussische Ge-

Taler aus dem Jahre 1525 mit dem Bildnis des bedeutendsten livländischen Ordensmeisters Wolter von Plettenberg (1494–1535)

gensätze eine Rolle. Zur Durchsetzung des generellen Ziels, dem Zartum Moskau als Binnenland einen breiten Zugang zum Meer zu verschaffen, wurde der langjährige Streit um den so genannten »Dorpat-Zins« zur Verschärfung des Konfliktes benutzt. Dabei handelte es sich um eine rechtlich höchst unklare, weit zurückliegende Verpflichtung des Dorpater Bischofs gegenüber den Moskauer Großfürsten zur Zahlung einer Steuer, die – von den Livländern nicht mehr anerkannt – vom Zaren als Erbanspruch betrachtet wurde. Inzwischen war sie zu einer hohen Summe angewachsen und wurde russischerseits nun vorgeschoben, um die Kampfhandlungen zu eröffnen.

1558 eroberten Ivans IV. zahlenmäßig weit überlegene Truppen zuerst Narva und Dorpat, für das eine 24 Jahre währende russische Besetzung begann, dann eine Stadt und Burg nach der anderen. Nach mehreren Niederlagen wurde der Orden in einer letzten offenen Feldschlacht bei Ermes im Jahre 1560 vernichtend geschlagen, und die Russen besetzten große Teile des Landes. Finanzielle Unterstützung vom Kaiser des Heiligen Römischen Reiches, von den Fürsten oder den Hansestädten blieb aus. Die eindringliche Bitte auf dem Regensburger Reichstag 1559, nach dem russischen Angriff Hilfe zu leisten, damit die Livländer nicht »in tyrannisch gewalt und vihische servitut« gerieten, fand nur wenig Resonanz. Weder der Einsatz der Herzöge von Mecklenburg und Pommern noch zahlreiche Flugschriften, in denen vor einer breiteren Öffentlichkeit die Ausschreitungen der russischen Truppen in Livland angeprangert wurden, konnten daran etwas ändern. Nun rächte sich nicht zuletzt die frühere eigensüchtige Politik der Städte Reval, Dorpat und Riga. Denn dieser letzte Krieg des selbstständigen Livland ist gekennzeichnet von gegensätzlichen menschlichen Verhaltensweisen: »Opferbereitschaft, Standhaftigkeit, Tapferkeit und Treue stehen Eigennutz, Kleinmut, Feigheit und Verrat gegenüber« (von zur Mühlen).

In dieser Not wandte man sich an andere auswärtige Mächte: Reval, das der russischen Belagerung erfolgreich widerstanden hatte, und die Ritterschaft von Harrien und Wierland (also Nordestlands) unterwarfen sich dem protestantischen Schweden. Livland im engeren Sinne und 1582 auch die Stadt Riga huldigten dem katholischen Polen-Litauen unter König Sigismund II. August (1520–1572). Oesel und zunächst auch das Stift Pilten wurden dänisch. Der letzte Ordensmeister Livlands, Gotthard →Kettler, erhielt die an der Düna gelegenen Landschaften Kurland und Semgallen als Herzogtum und musste dem polnischen König den Lehnseid leisten. Russland dagegen ging trotz der zeitweise großen Gebietsgewinne während des

Krieges schließlich leer aus, nachdem Polen-Litauen und Schweden gleichzeitig gegen die östliche Macht vorgegangen waren. Der livländische Staatenbund aber war 1561/62 zerbrochen.

Das mittelalterliche Litauen

Im Unterschied zu Esten und Letten können die Litauer auf eine schon im Mittelalter begründete Eigenstaatlichkeit zurückblicken. Als einzigem baltischem Volk gelang es ihnen, in Auseinandersetzung mit den slawischen Nachbarn in West und Ost sowie mit dem Deutschen Ritterorden ihre Selbstständigkeit zu bewahren.

Gegen Ende des 12. Jahrhunderts war das Eindringen der Ostslawen in die litauische Region aufgehalten worden. Anfang des 13. Jahrhunderts bildeten die litauischen Länder eine Art Konföderation, in der sich entsprechende Institutionen entwickelten. Die Vereinigung erfolgte zunächst unter Fürst →Mindaugas (Mindowe), im 14. Jahrhundert unter dem aus Hochlitauen stammenden Geschlecht der Gediminiden, benannt nach dem Großfürsten →Gediminas (um 1275/1315–1341). Durch geschickte Heiratspolitik sowie durch Unterwerfung brachten sie einen großen Teil der zersplitterten und in sich zerstrittenen Fürstentümer der alten Rus' unter ihre Herrschaft. Denn nach dem Niedergang des Kiever Reiches fand hier ein Desintegrationsprozess statt, in dessen Verlauf sich west- und südwestrussische Territorien veranlasst sahen, bei Litauen Anlehnung zu suchen. Mit Mindaugas' Taufe 1251 und seiner Königskrönung im folgenden Jahr wurde Litauen zwar vorübergehend ein christliches Königreich. Nach dem Rückschlag durch die Ermordung des Königs Mindaugas 1263 konnten auch die Anstrengungen von Gediminas, engere ökonomische und politische Kontakte zu Europa zu knüpfen, eine gewisse Isolation nicht überwinden, da die christliche Welt weiterhin die Kreuzzüge der Ordensritter gegen Litauen unterstützte, das über zwei Jahrhunderte seine Existenz verteidigen musste. Dieser permanente Krieg gegen den Orden verzögerte die Entwicklung des inneren staatlichen Lebens und verschärfte zudem die Abneigung gegen das Christentum.

Seit Ende des 13. Jahrhunderts war Litauen durch seine Machtentfaltung zu einem gefürchteten Gegenspieler des Deutschen Ordens geworden – und das an zwei Fronten: im Westen in Preußen und im Norden in Livland. Die fortgesetzten Versuche des Ordens, das litauische Territorium zu erobern und damit eine direkte Verbindung zwischen beiden Ordenszweigen herzustellen, scheiterten aber insgesamt. Die Expansion Litauens in die Länder der orthodoxen Ostslawen veränderte auch seine inneren Verhältnisse. In der zweiten Hälfte des 14. Jahrhunderts hatte sich der von den Litauern geschaffene Staat zu einem Großfürstentum mit vielen Ethnien, unterschiedlichen Konfessionen und verschiedenartigen Kulturen entwickelt. Von der heidnischen Gediminiden-Dynastie geführt, wurde dieser Staat zu einem der mächtigsten in der Region. Das Heidentum tritt dabei in zweifacher Funktion hervor: Einerseits ermöglichte es den Erhalt der ethno-kulturellen Eigenart, andererseits verhinderte es eine Modernisierung der Gesellschaft – in dieser Hinsicht war das heidnische Litauen im 14. Jahrhundert ein »Anachronismus in Europa« (Kiaupienė).

Verbindung Litauens mit Polen

Zu den Höhepunkten der litauischen Geschichte im Mittelalter gehört die Krakauer Hochzeit im Jahre 1386 zwischen der polnischen Königin Hedwig [Jadwiga] (1370–1399) und dem Gediminiden Jogaila [Jagiełło] (1348–1434). Diese ein halbes Jahr zuvor im Vertrag von Krewo bei Wilna am 14. August 1385 begründete Personalunion Litauens mit Polen hatte das Großreich »Königreich Polen und Großfürstentum Litauen« zur Folge und bildete für die Litauer den wichtigsten Einschnitt in ihrer Geschichte mit Auswirkungen bis in die Gegenwart hinein. Denn damit nahmen sie nicht das orthodoxe Christentum ostslawischer Prägung an, sondern das römisch-katholische. Mit einer neuen Herrschergeneration begann in den 90er-Jahren die Annäherung an den Nachbarn Polen – mit erheblichen Folgen für die weitere Entwicklung des Großfürstentums. 1386 war der Großfürst Jogaila zum König Polens geworden, und zwischen 1387 und 1417 ließen sich sämtliche heidnischen litauischen Länder des Großfürstentums taufen. Mit dieser Annahme des Christentums aber wurde dem Kreuzzugsgedanken des Deutschen Ordens die Grundlage entzogen.

Der Sieg über den Deutschen Orden

Am 15. Juli 1410 fand eine der größten Feldschlachten des Mittelalters bei Žalgirs/Grunwald/Grünwald (= Tannenberg) statt. Der dabei errungene Sieg der vereinigten Heere Polens und Litauens gilt als Symbol nationaler Selbstbehauptung. Die vernichtende Niederlage des Deutschen Ordens führte zur Entmachtung des Ordensstaates Preußen in den beiden Thorner Frieden von 1411 und 1466. Die für Litauen so bedrohliche Kraft des Ordens war für immer gebrochen. Nur Livland versuchte sich als »Vorposten« der katholischen Welt an der Grenze des orthodoxen Russland zu behaupten.

Mit Hilfe Polens integrierte sich nun das bis dahin heidnische Litauen in kurzer Zeit in die Kultur des christlichen Europa. Zwischen 1392 und 1430 reformierte und modernisierte Großfürst →Vytautas [Witold] (um 1350–1430) den inneren Aufbau des Staates in Annäherung an die europäischen Standards des späten Mittelalters. Unter Wahrung des dynastischen Interesses bildeten die Litauer in diesem Staat im ethnischen Sinne zwar eine Minderheit, politisch aber das Zentrum. Die von der Gediminiden-Dynastie erreichte Annäherung an Polen wird von der neueren Forschung erst für die Mitte des 15. Jahrhunderts als ständige Personalunion angesetzt und nicht, wie bislang, bereits für das Jahr 1385.

Von der Gediminiden- zur Jagiellonen-Dynastie

In der zweiten Hälfte des 14. Jahrhunderts änderten sich die politischen Prioritäten der Gediminiden-Dynastie. Im Wettstreit mit den Habsburgern um den Einfluss in Mitteleuropa traten die Interessen des Königreichs Polen stärker in den Vordergrund, und die Gediminiden-Dynastie wandelte sich zur Jagiellonen-Dynastie. Vollendet wurde diese Entwicklung in der zweiten Hälfte des 15. Jahrhunderts unter Kasimir IV. (1427–1492), der die Stammhalter der Jagiellonen in Polen ausbilden ließ. Unter dem von der herrschenden polnischen Elite unterstützten und später als »jagiellonische Idee« bezeichneten Plan wurde die von ihr geleitete große Staatenunion in Mittel- und Südeuropa geschaffen, die von 1471 bis 1526 mit Litauen, Polen, Ungarn und Böhmen vier Staaten zugleich regierte. Im 16. Jahrhundert erstreckte sich Polen-Litauen von der Düna bis fast zum Schwarzen Meer und bildete damit einen der größten Flächenstaaten des damaligen Europa. Nach der Niederlage in der Schlacht von Mohács 1526 gegen die Türken und dem folgenden Verlust Böhmens und großer Teile Ungarns wurde die Union des Großfürstentums Litauen mit dem Königreich Polen zum Schwerpunkt der jagiellonischen Idee.

Damit verringerte sich auch die reale Macht des Großfürsten, die Herrschaft ging zunehmend an den katholischen Hochadel Litauens über, der sich zum wichtigsten Machtorgan, dem Herrenrat, vereinigte. Die breite Adelsschicht übernahm die Lebensweise des polnischen Adels, dessen Freiheiten und Rechte verlockend auf sie wirkten. Litauen verlor seinen traditionellen monarchischen Charakter und entwickelte sich zum Adelsstaat. Damit wurde es für den Hochadel immer schwieriger, die Eigenständigkeit des Großfürstentums gegenüber Polen zu bewahren. Er plante sogar, die Personalunion zu lösen, und widersetzte sich der Idee, eine Realunion zu bilden, die dem Kleinadel und der Jagiellonen-Dynastie zugute kommen würde. Unter außenpolitischem Druck – im Kampf mit dem erstarkten Moskauer Fürstentum um den Besitz der slawischen Länder und bei ersten Gebietsverlusten im Osten – musste sich der herrschende Hochadel Litauens schließlich fügen.

Die Union von Lublin im Jahre 1569 schuf eine Realunion, die einen fortgesetzten Polonisierungsprozess der litauischen adligen Oberschicht zur Folge hatte. Polnisch entwickelte sich zur »Herrensprache«, Litauisch blieb für die breite bäuerliche Bevölkerung. Ein Erbe dieser polnischen Epoche der Geschichte Litauens waren die nachhaltige kulturelle Affinität zu Polen und ein beträchtlicher polnischer Bevölkerungsanteil vor allem im Südosten Litauens. Außerdem wurden die Litauer katholisch, nachdem sich zunächst die reformatorischen Lehren Luthers und Calvins verbreitet hatten. Durch die Union des Großfürstentums Litauen mit dem Königreich Polen entstand ein neuer Staat – die *Rzeczpospolita* (Republik beider Nationen), und es begann eine neue Etappe in der Entwicklung des litauischen Staates.

Unterschiedliche Geschichtsauffassungen

Die Geschichte des mittelalterlichen litauischen Staates wurde bis heute unterschiedlich bewertet: Die so genannte »Russische Auffassung«, derzeit noch von manchen weißrussischen Historikern vertreten, betonte, dass die Mehrzahl der Bevölkerung des Großfürstentums slawischer Herkunft war (die Vorfahren der heutigen Weißrussen, Ukrainer, Russen). Vereinzelt wurde gar behauptet, nicht etwa Litauer, sondern Weißrussen hätten das Großfürstentum begründet. Bis zur Union mit Polen 1569 hätten die Großfürsten in Konkurrenz zu Moskau eine Sammlungspolitik russischer Länder unter Führung Wilnas betrieben. Folgerichtig wird aus dieser Sicht die Annahme des Katholizismus ebenso negativ bewertet wie die Annäherung an Polen. Differenzierter urteilten ukrainische Historiker, die sich im Zusammenhang der eigenen Nationsbildung ebenso einem als aggressiv wahrgenommenen westlichen Katholizismus wie auch großrussischen Assimilierungstenzenden ausgesetzt sahen. Eine ent-

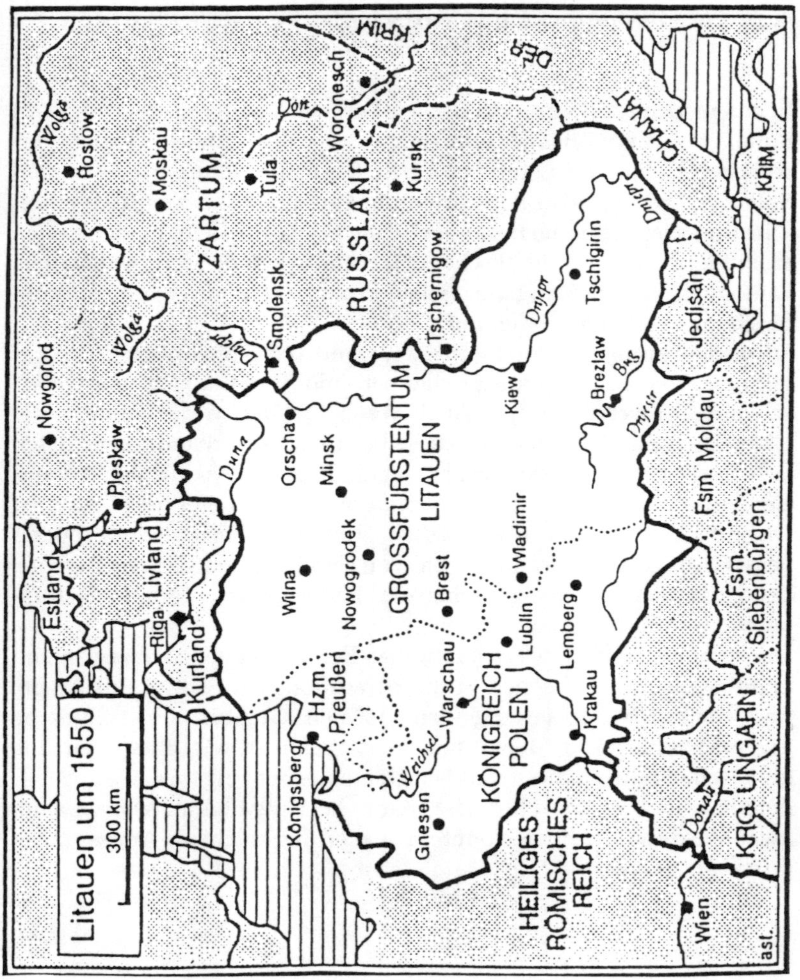

gegengesetzte Auffassung entwickelte sich in der polnischen Historiographie, wonach der litauische Staat im polnischen aufgegangen sei, was die Litauer vor einer völligen Russifizierung gerettet habe. Die litauische Geschichtsschreibung wiederum unterstreicht die litauischen Wurzeln des Staates und die Tradition eben dieser Staatlichkeit, indem sie die Thesen einer frühen Russifizierung wie auch einer Polonisierung ablehnt.

Gesellschaftliche und wirtschaftliche Entwicklungen vom 13. bis 16. Jahrhundert

In einem grundlegenden ethnischen Veränderungsprozess erfolgte im mittelalterlichen Livland allmählich eine Verschmelzung der verwandten Völker der Lettgaller, Selen, Semgaller und der Kuren zum Volk der Letten. Dabei bewahrten die Kuren am längsten ihre ethnische Eigenart. Auch die finno-ugrischen Liven wurden von den Letten assimiliert. Die auf litauischem Territorium lebenden Aukštaiten, Samogiten, Kuren, Semgaller, Selen, Pruzzen und Jatwiger wiederum gingen im Volk der Litauer auf.

Nach den Eroberungen waren in Livland die einheimischen Völker von der Staatsführung ausgeschlossen und in den Status von Unterschichten versetzt worden. Auch wenn in Litauen die Fürsten, die Oberschicht und die Bauern dieselbe Sprache verband, so bildeten sich doch tief greifende soziale Gegensätze zwischen ihnen heraus. Gemeinsam war den baltischen Ländern im Mittelalter die ständische Ordnung, in der sich die Vasallen zum Adel entwickelten. Dieser besaß Großgrundbesitz und lebte von den Erträgen seiner Gutshöfe. Die zunehmende Leibeigenschaft der Bauern herrschte sowohl in Litauen als auch in Livland.

Die genuinen Völker des livländischen Bereiches blieben überwiegend Landbevölkerung, die sich in ihrer traditionellen Kultur einkapselte und innerhalb der bestehenden sozialen Grenzen ihre ethnische Eigenart erhielt. Bei den Litauern dagegen entwickelten sich alle gesellschaftlichen Stände und Schichten aus dem eigenen Volk, es bildete sich eine eigene Elite. Die litauische Umgangssprache vereinte zwar alle diese Gruppen, konnte sich allerdings nicht als Amtssprache durchsetzen (vgl. S. 47 f.).

Das Dorf

Als wesentlichste Produktionsstätte des Mittelalters spielte die bäuerliche Hauswirtschaft in den Dörfern eine entscheidende Rolle, wobei die Bauernhöfe selbst höchst unterschiedlicher Art waren. Neben vermögenden Bauern fast in der Rolle von Kleinvasallen gab es auch Bauern ohne eigenen Besitz. Meist in Dörfern zusammenlebend, waren sie teilweise auch zu Wehrdienst verpflichtet. Anfang des 15. Jahrhunderts entstand in Litauen eine nur mit Kriegsführung beschäftigte Schicht, der zu diesem Zweck Bauern samt Land und Hauswirtschaft übergeben wurden. In Livland erhielten die überwie-

gend deutschen Vasallen der Landesherren den Grundbesitz zusammen mit den Bauern. Die Zahl der aus der einheimischen Bevölkerung stammenden Lehnsleute war nur gering.
Die Größe des Grundbesitzes der litauischen Oberschicht schwankte zwischen nur wenigen Bauernhöfen und mehreren Dörfern bis zu zehntausenden von Bauernwirtschaften in der Hand nur weniger Geschlechter zu Anfang des 16. Jahrhunderts. Während zunächst von den Bauern nur Naturalabgaben eingezogen wurden, bildeten sich im 15. Jahrhundert die Gutshöfe als wirtschaftliche Unternehmen heraus. Mit der Entwicklung der Leibeigenschaft wurden die bis dahin freien Bauern allmählich zu privatem Eigentum der Feudalherren, zu Leibeigenen. Als im 16. Jahrhundert die Rolle der Söldnerheere wuchs und damit das Ritterheer an Bedeutung verlor, änderte sich die Stellung des Adels, und die Verteilung von staatlichem Grundbesitz ging zurück. Der steigende Getreidebedarf in Westeuropa förderte die Entwicklung der Gutshöfe. Diese Umgestaltung der feudalen Wirtschaft und der Abstieg der Bauern in die Leibeigenschaft vollzog sich auch auf den staatlichen Ländereien.

Die Stadt

Im 13./14. Jahrhundert entstanden die Städte Riga, Reval, Dorpat, Wenden, Fellin und Pernau, während die von Litauern vorgenommenen Stadtgründungen langsamer verliefen. Hier wuchs bei einer Mehrheit von Litauern in der Stadtbevölkerung im 15. Jahrhundert die Zahl der deutschen und russischen Ansiedler. Neben den großen Städten gab es auch Kleinstädte, deren Einwohner eine Vielzahl von Produkten zwischen den Erzeugern und großstädtischen Kaufleuten vermittelten und dabei im Wesentlichen auf den Binnenmarkt orientiert waren. Im 16. Jahrhundert existierten in Litauen bereits mehr als 200 solcher Kleinstädte.
Die großen Städte dehnten ihre Einflussbereiche als Handels- und Handwerkszentren weit über die Landesgrenzen hinaus aus. Dominierend waren dabei Vilnius und Kaunas in Litauen sowie Riga, Reval und Dorpat in Livland. Sie standen in engen Beziehungen einerseits zu Danzig und Königsberg im preußischen Ordensbereich, andererseits zu Polock, Vitebsk und Mogilev. Als Mittelpunkte des politischen Lebens bildete Vilnius die Hauptstadt des litauischen Reiches, Riga das Zentrum des Erzbistums und zeitweilig auch den Sitz des livländischen Ordensmeisters. In den meisten dieser Städte galt deutsches Stadtrecht, nach Annahme des Christentums erhielten Vilnius, Brest,

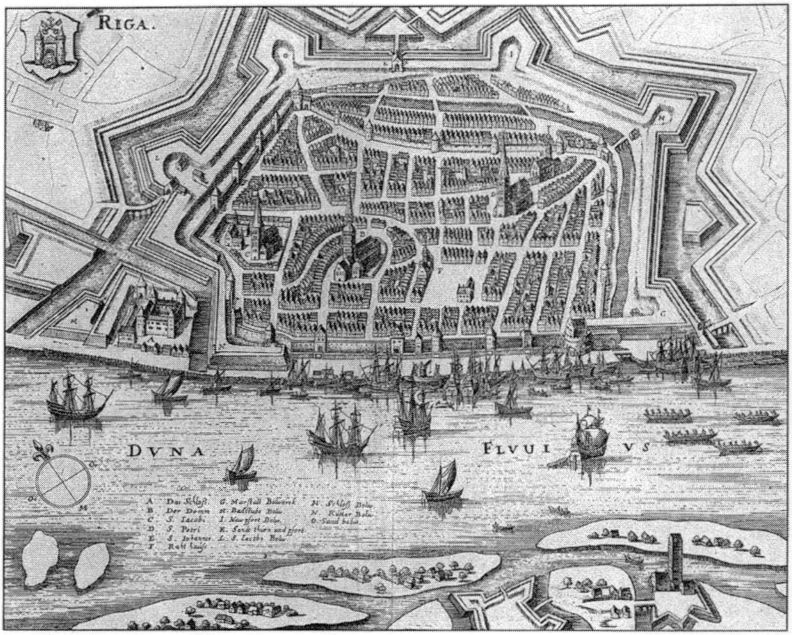
RIGA.
DUNA FLUUIUS
A. Das Schloß.
B. Der Domm
C. S. Iacobi
D. S. Petri
E. S. Iohannes
F. Raht hauß
G. Marstall Bolwerck
H. Badstube Bolw
I. Newpfort Bolw
K. Sand thurn und pfort
L. S. Iacobs Bolw
M. Schloß Bolw
N. Kuther Bolw
O. Sand bolw

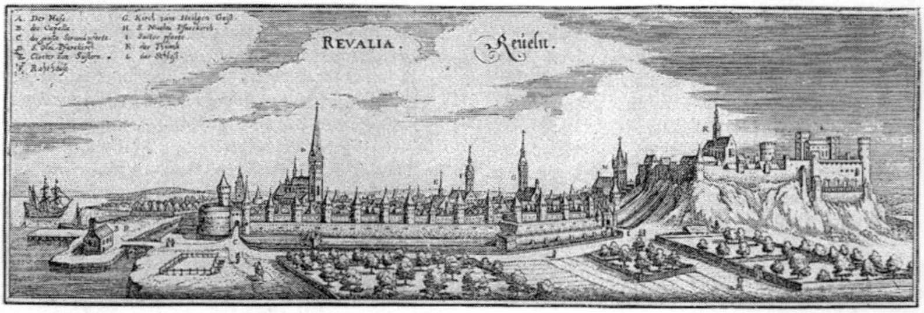
REVALIA. Reueln.
A. Der Hafe
B. die Capella
G. Kirch zum Heiligen Geist
H. S. Nicolai Pfarrkirch
K. der Thumb
L. der Schloß

Bei ähnlich beherrschenden Wehranlagen treten die naturbedingten Unterschiede der drei späteren baltischen Hauptstädte hervor: das an der Düna/Daugava gelegene Riga (links oben) – die Hafenstadt Reval/Tallinn mit Domberg und Unterstadt (links unten) – das von hügeliger Landschaft umgebene Vilnius (um 1323)

Kaunas und Trakai das Magdeburger Stadtrecht. Den Kern der Bevölkerung bildeten die Stadtbürger, d.h. Kaufleute und Handwerker, aus denen die Stadtverwaltung (Magistrat oder Rat) sowie die Mitglieder der Gerichte gewählt wurden. In korporativer Gliederung hatten sich in den livländischen Städten bereits im 13. Jahrhundert die Gilden und Bruderschaften von Kaufleuten und Handwerkern gebildet. In Riga und Reval gab es die Große Gilde der Kaufleute, die Gilden der Handwerker und die Bruderschaft der Schwarzenhäupter (mit dem Schutzheiligen St. Mauritius), in der sich unverheiratete Kaufleute vereinigten. Ab Ende des 14. Jahrhunderts regelten Handwerkerzünfte die Produktion, hielten die Konkurrenz in Grenzen und überwachten die Ausbildung.
Insgesamt 12 livländische Städte gehörten zum Städtebund der Hanse, die den gesamten Ostseehandel kontrollierte. Während Riga die weitesten Handelsverbindungen bis nach Westeuropa bei einem Einzugsgebiet des südlichen Livlands und Nordlitauens unterhielt, konzentrierten sich Reval und Dorpat auf die Beziehungen zu Novgorod und Pskov. In Litauen überwachte zwar Kaunas den Handel auf dem Njemen, war aber von der Ostsee abgeschnitten. In der zweiten Hälfte des 15. Jahrhunderts wurden in litauischen Städten aufgrund der Konkurrenz einheimischer Kaufleute besonders mit Riga die Geschäfte unter Fremden ohne örtliche Vermittlung verboten, Stapelgebühren eingeführt und hansischen Kaufleuten der Handel im Inland untersagt.

ESTLAND, LIVLAND, KURLAND UNTER POLNISCHER UND SCHWEDISCHER HERRSCHAFT 1561 BIS 1710/1795

Unter wechselnder Oberherrschaft

Nach dem Untergang Alt-Livlands 1561 folgte eine Reihe fast ununterbrochener Kriege, in denen es um den Besitz Livlands ging und damit um die Vorherrschaft an der Ostsee sowie um ungehinderten Handel. Es war der Kampf der drei nordischen Großmächte Polen-Litauen, Schweden und Russland, der sich in immer neuen Auseinandersetzungen bis ins 18. Jahrhundert fortsetzen sollte.
Daran beteiligt waren im Einzelnen Moskau mit seinem Schützling Herzog Magnus von Holstein (1540-1583), dem zeitweiligen »König von Livland«, ferner Schweden und Polen, Dänemark und die Hansestadt Lübeck. 1582/83 und 1595 mussten die Russen auf Livland und Estland verzichten. Die nördlichen Gebiete bildeten das »Herzogtum Estland«, während das »Herzogtum Livland« und die Stadt Riga von den Polen wieder eingenommen wurden. 1601 bis 1629 folgte ein polnisch-schwedischer Krieg um das livländische Erbe, aus dem die neue Ostseevormacht Schweden als Sieger hervorging. Sie nahm Riga und Livland bis auf das polnisch bleibende Lettgallen in Besitz. Verlierer aber war wie schon im großen Livländischen Krieg in erster Linie die Bevölkerung: So kamen in dieser Kriegsepoche mehr als die Hälfte aller Esten ums Leben.

Das Privilegium Sigismundi Augusti

In den Unterwerfungsverhandlungen unter die Krone Polens hatte der letzte Jagiellonen-König Sigismund II. August den livländischen Ständen Zugeständnisse gewährt. Diese fanden ihren Ausdruck im »Privilegium Sigismundi Augusti« vom 28. November 1561, das – wenn auch nur dem Ordensadel erteilt – für den ganzen Adel Livlands bestimmt war und fortan von diesem als Magna Charta, d.h. als Grundgesetz Livlands angesehen wurde. Seine Bedeutung beruhte vor allem auf folgenden Bestimmungen: Gewährleistung des Gottesdienstes nach der Augsburgischen Konfession; Zusicherung deutscher

Obrigkeit (»Teutsche Magistrat«) und deutschen Rechts sowie einer Kodifikation des Landrechts; der Zusage, Würden und Ämter nur mit Einheimischen zu besetzen, die über Landbesitz verfügten (so genanntes Indigenatsrecht), und eine einheimische Appellationsinstanz einzurichten. Im Unterschied zu den Verhältnissen in Litauen garantierte der König Polens dem Lande also die Erhaltung des evangelischen Glaubens, der Selbstverwaltung und des deutschen Rechts.

Das Problem des polnisch-litauischen Verhältnisses spielte in diesem Zusammenhang insofern eine Rolle, als der polnische Reichstag die Unterwerfung Livlands nicht annahm, sodass der König im Dezember 1566 die Inkorporation Livlands in das Großfürstentum Litauen vollzog. Es gibt in dieser Phase eine Reihe von Ähnlichkeiten mit Preußen, jenem im Übrigen so verschieden entwickelten früheren Ordensland – bis hin zu einer Sonderentwicklung der bedeutendsten Städte, im Süden Danzig und im Norden Riga. In beiden Landesteilen wurde nun eine Politik der gewaltsamen Angleichung eingeleitet.

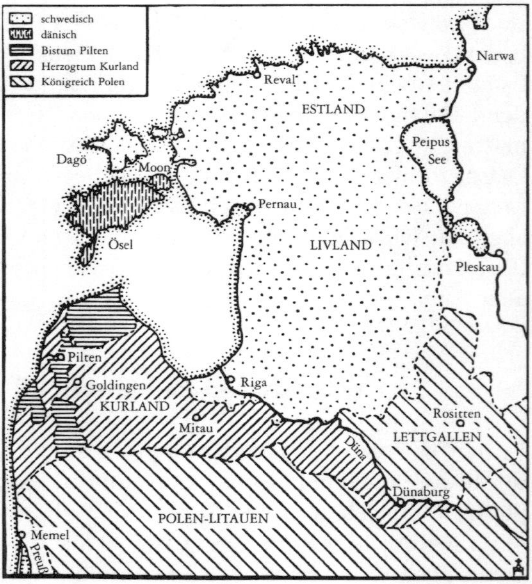

Territoriale Neuordnung nach dem schwedisch-polnischen Krieg von 1601 bis 1629

Livland unter polnischer Herrschaft

Die beiden letzten Jahrzehnte des 16. Jahrhunderts waren bestimmt von Polonisierungstendenzen in dem nach der Realunion von 1569 unmittelbar zu Polen gehörenden Livland. Diese wirkten sich einerseits in Gesetzen aus, mit denen die Privilegien verletzt wurden, andererseits in der gesamteuropäischen geistigen Bewegung der Gegenreformation. Als deren aktivste Träger eröffneten die Jesuiten 1584 in Riga und Dorpat Schulkollegien, in denen auch die lettische und estnische Sprache gefördert wurden. 1585 übersetzte ein deutscher Jesuit den katholischen Katechismus ins Lettische und schuf damit das älteste erhaltene Buch in lettischer Sprache.
Trotz der Erfolge der polnischen Verordnungs- und Personalpolitik, trotz aller Veränderungen durch Säkularisation und Trennung vom Deutschen Reich, trotz jener Beeinträchtigungen der Selbstverwaltung durch die polnische Regierung blieb die innere Struktur des Landes insgesamt aber weitgehend erhalten. Auf dem flachen Lande und in den Städten bestand eine politisch und wirtschaftlich vorherrschende und das Geistesleben bestimmende protestantische deutsche Oberschicht fort.

Schwedische Herrschaft in Estland und Livland

Das änderte sich auch nicht beim Wechsel der Herrschaft an die neue Großmacht Schweden in Estland 1561 und in Livland 1621. Das staatsrechtliche Verhältnis der beiden Länder zur Krone Schweden allerdings war unterschiedlich. Denn Estland war nicht erobert worden, sondern hatte sich freiwillig unterworfen und dabei in Form der Privilegienbestätigungen durch Erik XIV. (1533–1577) für die Ritterschaft und die Stadt Reval eine Sonderstellung innerhalb des Reiches erhalten. Livland dagegen war durch Kriegsrecht gewonnen worden, der dortigen Ritterschaft wurden allerdings 1629 von König Gustav II. Adolf (1594–1632) ihre Privilegien ebenfalls bestätigt. Die Vereinigung in einer gemeinsamen Körperschaft aber gewährte er ihnen nicht.
Unter Königin Christina (1632–1654) entwickelten sich im livländischen Landesstaat Herrschaftsformen, die mit leichten Abwandlungen bis zur Aufhebung der Ritterschaften im Jahre 1920 fortbestanden. So wurde die Wahl eines Ritterschaftshauptmanns (Landmarschalls) und die Anstellung eines Ritterschaftssekretärs gestattet (1634), die Begründung einer Landeskasse beschlossen (1637),

die Bildung eines sechsgliedrigen Landratskollegiums genehmigt (1643, Erweiterung auf 12 Glieder 1648), die Landtagsordnung bestätigt (1647), und 1648 erfolgte eine Generalkonfirmation der Privilegien. Die vom Landtag gewählten Landräte wirkten als Berater des Generalgouverneurs und wurden im Grunde als Regierungsbeamte betrachtet. Eigentliche Vertrauensmänner und Bevollmächtigte der Ritterschaft waren die Kreisdeputierten, die zusammen mit den Landräten den Adelskonvent bildeten. Im Unterschied zum estländischen Landratskollegium war das livländische nicht auch oberstes Landesgericht. Als solches wirkte hier seit 1630 das Hofgericht in Dorpat, später in Riga, dem seit 1648 von Amts wegen drei Landräte angehörten. Die schwedische Staatsgewalt ließ sich in Reval und Riga durch Generalgouverneure vertreten. Von ihnen abgesehen, bestand die Staatsbeamtenschaft überwiegend aus Deutschen und nur zu einem kleinen Teil aus Schweden – Esten und Letten fehlten selbst in kleineren Ämtern fast ganz.

Bereits unter Gustav II. Adolf war eine grundlegende Neuordnung des Kirchenwesens eingeleitet worden, die zur Begründung einer Konsistorialverfassung in Estland und Livland führte. Die Kirche erhielt dadurch den Charakter einer »Pastorenkirche«, abgeschwächt nur durch die sich allmählich entwickelnde Einrichtung der bäuerlichen Kirchenvormünder. Diese bildeten als eine Art Kirchen- und Sittenpolizei für estnische und lettische Bauern ein Organ für Beschwerdeführung und begrenzte Mitwirkung. Zur schwedischen Zeit hatte die lutherische Kirche ein differenziertes Zwangs- und Strafrecht, das sie nicht nur in Glaubensangelegenheiten für Disziplinierungsmaßnahmen verwandte. Denn die Kirchenordnung war insgesamt bestimmt von einer starken Verknüpfung mit der ständischen Selbstverwaltung – der grundbesitzende Adel war zugleich aktive Gemeinde und Obrigkeit. Die ständische und soziale Stellung des baltischen Pastors glich fortan jener des adligen Gutsbesitzers, da die Pfarrwidmen, d.h. das Land zum Unterhalt eines Geistlichen (das Landgut des Pastors hieß Pastorat), oft den Umfang von Großgütern hatten. Das Augsburgische Bekenntnis herrschte unumschränkt, der Protestantismus wurde dadurch dauerhaft gesichert.

Der schwedische Einfluss nahm in beiden Provinzen kontinuierlich zu. Das äußerte sich in einer starken Verschiebung der Güterbesitzverhältnisse. Durch Enteignung der in den Kriegswirren erworbenen Ländereien und durch umfassende Vergabe von Staatsgütern befanden sich 1641 zwei Fünftel des bebauten Landes in Livland im Besitz schwedischer Familien.

Maßnahmen Karls XI.

Mit der Regierungszeit Karls XI. (1661–1697) verbinden sich eine erhebliche Verstärkung der königlichen Macht und die Durchführung zweier umfassender Reformvorhaben. Das eine betraf die Lage der Bauern, denn diese unterschied sich in den beiden baltischen Provinzen erheblich von jener in Schweden mit seinem freien und sogar im Reichstag vertretenen Bauernstand. So wurde die Gerichtsbarkeit der baltischen Gutsbesitzer über ihre Bauern auf das Hauszuchtrecht eingeschränkt, mit dem sie die auf ihrem Land lebenden bäuerlichen Arbeitskräfte zur Aufrechterhaltung der Disziplin für leichtere Vergehen mit Prügel oder kurzfristigem Arrest bestrafen konnten. 1681 forderte der König die Freilassung der Bauern, was die livländische Ritterschaft aber ablehnte. Der König verzichtete schließlich selbst auf diese Maßnahme bei seinen zahlreichen Domänenbauern und führte stattdessen mit der allgemeinen Katastrierung des Landes ein anderes Reformwerk durch. Mit der Normierung von Abgaben und Fronleistungen setzte er neue Maßstäbe für die – allerdings noch immer sehr hohe – Belastung der Bauern. Denn das bedeutete immerhin eine Erleichterung gegenüber der bis dahin vorherrschenden willkürlichen Praxis, sodass die wirtschaftliche Lage der Bauern zu Ende der Schwedenzeit eine günstigere war als zu deren Beginn.
Als zweites großes Reformvorhaben setzte Karl XI. in den 1680er-Jahren zur Finanzierung seiner Kriegsmacht die so genannten Güterreduktionen durch, d.h. er zog jene Güter ein, für die eine Rechtmäßigkeit des Besitzes nicht durch Urkunden nachgewiesen werden konnte. Dazu zählten auch alle von früheren Herrschern in Privatbesitz gegebenen Staatsländereien. Als der livländische Landtag 1681, sich auf den Rechtsstandpunkt der Privilegien zurückziehend, die königlichen Forderungen rundweg ablehnte, beschloss der König eine Reduktion bzw. Rechtstitelverschlechterung aller einst von der Krone donierten Güter. Bei den dagegen protestierenden livländischen Adeligen trat Johann Reinhold von →Patkul (1660–1707) hervor, der letztlich wegen einer Schrift an den König des Hochverrats angeklagt wurde. In dem Prozess kam der generelle Gegensatz zwischen den Rechtsauffassungen des königlichen Absolutismus einerseits und der selbstbewussten Stände andererseits zum Ausdruck. Nach seiner Flucht begann Patkul, ein Bündnis zwischen Russland, Sachsen-Polen und Dänemark gegen Schweden zu schmieden. Bei den folgenden Kriegsereignissen in schwedische Hände geraten, wurde Patkul schließlich als Verräter hingerichtet.

Karl XI., vom schwedischen Reichstag inzwischen zum unumschränkten Herrscher erklärt, löste im Dezember 1694 das livländische Landratskollegium auf und unterstellte den Landtag selbst der Kontrolle des Gouverneurs. Das bedeutete nicht weniger als die Aufhebung der livländischen Landesverfassung oder des livländischen Landesstaates. Damit war zunächst die Macht des Adels gebrochen, und Livland wurde den schwedischen Provinzen gleichgestellt.

Wirtschaftliche, soziale und kulturelle Verhältnisse

Die Kriegsverluste bei der bäuerlichen Bevölkerung hatten dazu geführt, dass sich die Gutsäcker auf Kosten des Bauernlandes weiter ausdehnten und dass unterbäuerlichen Schichten Hakenhöfe zugeteilt wurden; als Haken bezeichnete man eine alte, auf der Schätzung der Erträge beruhende Steuereinheit auf dem Lande. Damit erfolgte eine gewisse Unifizierung der Bauernschaft. In den von Polen-Litauen und Schweden beherrschten Gebieten wurden Güter nun auch an eigene Offiziere und Beamte vergeben, die aber vom deutschbaltischen Adel weitgehend assimiliert wurden. So blieb dieser selbst unter wechselnden Herrschern bis in die späte Zarenzeit hinein der Träger der autonomen Landesverwaltung. – Eine Sonderentwicklung nahm der östliche Teil, das so genannte »Polnisch-Livland« (das spätere Lettgallen), das bis zur ersten Teilung Polens 1772 bei Polen blieb. Es teilte weitgehend das geschichtliche Schicksal Litauens: Seine Bevölkerung wurde im Zuge der Gegenreformation katholisch und der Adel polonisiert.
Von den Städten wurde besonders das im Mittelalter so bedeutende Dorpat in Mitleidenschaft gezogen, während Riga seine Position als wichtigste Hafenstadt des Baltikums sogar ausbauen konnte. An der gesamten Ein- und Ausfuhr Schwedens zeitweise mit einem Drittel beteiligt, entwickelte sich Riga zur größten Stadt des schwedischen Reiches. Im späten 16. und im 17. Jahrhundert stieg hier die Ausfuhr (Flachs, Hanf, deren Samen), und die Stadt wurde durch das damit verbundene Leihgeschäft zum Bankier Litauens und Weißrutheniens (wie Danzig der Bankier Polens war). Seiner Bedeutung entsprechend erhielt Riga 1632 den Platz der »zweiten Stadt« des schwedischen Reiches, Reval den der »dritten Stadt«. Hier dominierte die Ausfuhr einheimischen Roggens. Zu besonderer Blüte gelangte in der zweiten Hälfte des 17. Jahrhunderts das kleine Narva als wichtigster Umschlagplatz für russische Waren (Juchtenleder).

Trotz ihrer Zugehörigkeit zu verschiedenen Staaten zeigte die innere Entwicklung der drei Teile des ehemaligen Alt-Livland sehr ähnliche Züge. Charakteristisch war nach dem Zusammenbruch der Ordensgewalt die weitere Festigung der politischen Machtstellung des deutschen Landadels. In den drei Provinzen Estland, Livland und Kurland bildeten sich eigenständige so genannte Landesstaaten mit einer für sie charakteristischen Form aristokratischer Selbstverwaltung. Diese lag jeweils in den Händen der aus den Vasallenverbänden hervorgegangenen ritterschaftlichen Korporationen, die im Unterschied zu den gleichzeitigen Verhältnissen in Deutschland keine wesentlichen Einschränkungen durch einen absolutistisch regierenden Landesfürsten erfuhren. Selbst in Kurland behauptete sich die dortige Ritterschaft gegenüber der herzoglichen Gewalt weitgehend.
Die gemeineuropäische Entwicklung der mittelalterlichen Grundherrschaft zur Gutsherrschaft setzte sich auch in der baltischen Region durch. Hier verschlechterte sich die Lage der Bauern durch Vermehrung ihrer Lasten und Dienste sowie durch die zunehmende Bindung an die Scholle. Die Folge war das Absinken der bäuerlichen Bevölkerung in den Zustand der Hörigkeit und schließlich in die Leibeigenschaft. In polnischer Zeit war diese Entwicklung durch die sozialen Verhältnisse in Polen gefördert worden. In schwedischer Zeit dagegen wirkte die bessere soziale Lage der freien und reichstagsberechtigten schwedischen Bauern günstig auf die livländischen Verhältnisse. Ende des 17. Jahrhunderts wurde durch bauernfreundliche Reformen die Leibeigenschaft zwar nicht aufgehoben, es erfolgte aber immerhin eine Begrenzung der bäuerlichen Abgaben und Fronleistungen.

Das Herzogtum Kurland

Als einziges Gebiet Alt-Livlands erhielt nach dessen Auseinanderfallen Kurland eine eigene staatliche Form. Das Herzogtum Kurland wurde zudem mit seinem deutschen Herzog, den deutschen Ständen und Behörden, der lettischen Bauernbevölkerung und den nach dem Anschluss an Polen einheimisch gewordenen kleinstädtischen Juden ein durchaus eigenständiges politisches Gebilde.
Am Tag der Unterzeichnung des »Privilegium Sigismundi Augusti« hatte der letzte Ordensmeister Gotthard Kettler mit Sigismund August die so genannten »Pacta subjectionis« abgeschlossen, in denen die oben genannten Privilegien zugesichert wurden. Am 5. März 1562 huldigte er als erster Herzog »in Kurland und Semgallen« dem König

von Polen als seinem Lehnsherrn. Die staatsrechtliche Abhängigkeit wurde 1569 durch die Inkorporierung in den nunmehr mit Litauen uniierten Gesamtstaat vollzogen.
Die folgende Entwicklung war von den Auseinandersetzungen zwischen herzoglicher Gewalt und dem Adel bestimmt. Nachdem die Städte 1617 von den Landtagen ausgeschlossen worden waren, entschieden Herzog und Adel gemeinsam über Gesetze. Obwohl dieser die herzogliche Macht generell nicht bestritt, widerstand er doch erfolgreich deren Ausweitung. Der bedeutendste kurländische Herzog, der Enkel von Gotthard Kettler und Schwager des Großen Kurfürsten Friedrich Wilhelm von Brandenburg (1640–1688), Herzog Jakob →Kettler (1642–1681), verstand es, den Dualismus zwischen ständischen Oberräten und herzoglicher Macht zu beseitigen. Durch klare Rangordnung und verbindliche Beförderungsbestimmungen schuf er die Voraussetzungen für die Entstehung eines adligen Beamtentums.
Darüber hinaus entfaltete er eine bemerkenswerte wirtschaftliche Aktivität mit dem Schwerpunkt in der rationellen Bewirtschaftung des ausgedehnten Domänenbesitzes und der Entwicklung von Handel und Industrie. Mit merkantilistischen Methoden errichtete er zahlreiche Industrie- und Gewerbeanlagen (insgesamt ca. 70) und förderte insbesondere Textilmanufakturen und das Luxusgewerbe im Lande selbst. Auf niederländische Anregungen hin gründete er eine eigene Flotte und ließ auf seiner Werft in Windau 44 Kriegs- und 79 Handelsschiffe bauen – vor seinem Regierungsantritt waren das nur jeweils 10 bzw. 14 Schiffe gewesen. Mit seiner ebenso phantasiereichen wie energischen Handelspolitik erschloss Herzog Jakob neue Absatzmärkte und wandte sich sogar der Kolonialpolitik zu. 1651 gründete er überseeische Handelsstützpunkte und erwarb in Afrika am Gambia und in der Karibik auf der Antilleninsel Tobago eigene Kolonien.
Diese Wirtschaftspolitik des ersten kapitalistischen Großunternehmers Kurlands sollte den Absolutismus im Innern und die Souveränität nach außen befestigen. Es gelang ihm aber trotz der Anwerbung von Söldnern nicht, sein Herrschaftsgebiet auch militärisch hinreichend zu schützen. Im Verlauf des Krieges von 1654–1667 zwischen Russland, Polen-Litauen und Schweden gingen die Kolonien wieder verloren, und die wirtschaftliche Blüte Kurlands begann zu vergehen. Denn der Sohn Herzog Jakobs, Friedrich Kasimir (1650–1698), setzte während seiner Regierungszeit von 1682 bis 1698 diese Wirtschaftspolitik zwar fort, überspannte aber mit der vollen Entfaltung fürstlicher Macht – in Bauten und Parkanlagen, in Orangerie und Marstall – die finanziellen Kräfte des Herzogtums.

Der Große Nordische Krieg 1700–1721

Zu Beginn des 18. Jahrhunderts wurde das Baltikum erneut zum Kriegsschauplatz. 1699 schlossen Russland, Dänemark, Polen-Litauen und Sachsen die gegen Schweden gerichtete Nordische Union. Polen und der sächsische Kurfürst hofften, mit Unterstützung Peters I. (1672–1725) Livland wieder unter polnisch-litauische Herrschaft bringen zu können. Die Gründung dieser Union wurde von dem Livländer Johann Reinhold von Patkul tatkräftig betrieben, jenem scharfen Gegner der schwedischen Agrarreformen in Livland. Er organisierte 1698 die Verhandlungen zwischen August III. (1696–1763) und Peter I. mit dem Ziel einer Loslösung Livlands von Schweden, wobei das Land als polnisches Lehen unter die volle Hoheit der Ritterschaft kommen sollte. Der von Patkul vorbereitete sächsische Handstreich auf Riga misslang zwar im Februar 1700, wurde aber zum »Springquell des Nordischen Krieges« (Schirren).

Der junge schwedische König Karl XII. (1682–1718) erwies sich nun als ebenso energischer wie begabter Heerführer. Er schlug nacheinander die Dänen, die Russen bei Narva und im Juli 1701 auch die sächsische Armee bei Riga. Nach der Besetzung Kurlands nahm Karl XII. Samogitien ein und besetzte Vilnius, Kaunas und weitere litauische Städte. Zur gleichen Zeit drangen die russischen Truppen, die sich nach der Niederlage rasch erholt hatten, in Livland und Ingermanland vor, sodass Peter I. im Mai 1703 in den Sümpfen des Nevadeltas die neue Residenz gründen konnte. Diese unter ungeheuren Menschenverlusten erbaute und nach ihm benannte spätere Hauptstadt des Zarenreiches St. Petersburg sollte nicht zuletzt wegen der räumlichen Nähe für die baltischen Länder von ausschlaggebender Bedeutung werden.

Inzwischen verheerten russische Truppen unter dem Grafen Boris Šeremetev (1652–1719) zielstrebig Livland und Estland, wobei u.a. Dorpat und Wenden niedergebrannt wurden, um das schwedische Hinterland zu schwächen. Auch die Hauptstadt Kurlands, Mitau (→Jelgava), wurde von den Russen eingenommen. Karl XII. wiederum besetzte Warschau und ließ durch den Sejm August II. absetzen und an seiner Stelle 1703 den polnischen Magnaten Stanisław Leszczyński (1677–1766) zum König ernennen. Als die nach Südrussland ziehenden schwedischen Truppen aber 1709 bei Poltava in der Ukraine geschlagen wurden, bedeutete diese Niederlage eine Entscheidung in mehrfacher Hinsicht: über den Ausgang des Krieges, den Untergang der schwedischen Großmacht, den Aufstieg Russlands und das Schicksal der baltischen Länder. Karl XII. floh in die Türkei, und die Russen belagerten Riga, das sich wegen der herrschenden Pest und Hungersnot 1710 ergeben musste. Im gleichen Jahr kapitulierten auch Reval, Pernau und weitere livländische Städte, womit sämtliche schwedischen Besitzungen im Baltikum nun in russischer Hand waren.

Bei den Verhandlungen über die Kapitulationsbedingungen mit Riga im Sommer 1710 ließ Zar Peter I. den Livländern alle ihre Forderungen zugestehen, denn er wollte noch vor dem endgültigen Friedensschluss zeigen, dass Riga und der livländische Adel ihn als Herrscher anerkannt hätten. Die von ihm bestätigten Kapitulationsbedingungen waren denn auch sehr günstig für die Unterworfenen. Riga behielt alle Grundprivilegien und damit das bisherige Territorium sowie die politische und soziale Ordnung. Die Selbstverwaltung des Adels wurde wiederhergestellt, die während der Schwedenzeit reduzierten Gutshöfe zurückerstattet, Livland und Estland bekamen – wie am Ende des Jahrhunderts auch Kurland – den Status autonomer russischer Gouvernements. Dabei wurden die baltischen Generalgouverneure direkt dem Monarchen unterstellt und nicht dem Senat, wie ihre Amtskollegen in Russland.

Für alle Bewohner der nördlichen baltischen Lande war es von entscheidender Bedeutung, dass sie nach dem Zerfall Alt-Livlands nicht schon im 16., sondern erst im 18. Jahrhundert unter russische Herrschaft kamen – zu einem Zeitpunkt also, an dem sich im Lande die Reformation durchgesetzt hatte und zu dem sich der russische Zar als neuer Landesherr zur dauerhaften Bewilligung der Privilegien bereit fand. Fußend auf dem »Privilegium Sigismundi Augusti« von 1561 gewährte Zar Peter I. in den so genannten Kapitulationen von 1710 nicht weniger als den Glauben nach dem Augsburger Bekenntnis, die Sicherung der evangelisch-lutherischen Landeskirche und die Bestätigung der ständischen Selbstverwaltung mit ihrem deutschen Gerichtswesen. Diese in der deutschbaltischen Geschichtsauffasung lange als »Verträge staatsrechtlichen Charakters im Sinne des früheren ständisch-mittelalterlichen Staatsrechts« (Wittram) angesehenen Kapitulationen prägten die politische und soziale Situation in Liv-, Est- und Kurland für zwei Jahrhunderte.

LITAUEN IN DER UNION VON LUBLIN 1569 BIS 1772/1795

Das einst so mächtige litauische Reich war seit der Mitte des 15. Jahrhunderts allmählich in das politische, soziale und kulturelle Gefüge des südlichen Nachbarlandes Polen einbezogen worden. Die nachhaltige kulturelle Affinität zu Polen wirkte sich besonders in der adligen Oberschicht aus, und im bedeutenden Unterschied zu den nördlichen Nachbarn wurde Litauen auf Dauer katholisch.

Sprachliche Verhältnisse und Bildungstendenzen

Als historisches Paradox ist festzustellen, dass im Herrschaftsgebiet der Litauer die litauische Sprache nicht zur Schriftsprache der staatlichen Institutionen wurde. Denn im spätmittelalterlichen litauischen Reich war das Litauische nicht zur Schrift- und Kanzleisprache aufgestiegen. Als solche fungierte vielmehr eine aus dem Kirchenslawischen entwickelte »westrussische« Sonderform des Kanzleislawisch mit weißrussischen Kennzeichen. Daneben trat unter polnischem Einfluss immer mehr das Lateinische, bis beide schließlich Ende des 17. Jahrhunderts durch das Polnische abgelöst wurden – soweit nicht in den städtischen Kanzleien von Wilna und Kaunas das Deutsche verwandt wurde. Das Zeitalter der Glaubensspaltung hatte zwar die Anfänge eines litauischen Schrifttums gebracht. Es vergingen aber 250 Jahre seit Veröffentlichung des ersten litauischen Buches im Jahre 1547, bis sich die staatlichen Institutionen des Großfürstentums im Jahre 1794 unmittelbar vor ihrem Untergang während des Aufstandes gegen Russland in Litauisch an die Bevölkerung wandten.
Bedeutung kommt ferner der Tatsache zu, dass ein beträchtlicher Teil des litauischen Volkes in einem anderen Staat, nämlich in dem »Kleinlitauen« genannten Gebiet Preußens, lebte. Hier spielte die litauische Schriftsprache eine stärkere Rolle. Die während der Reformationszeit intensiven, später eingeschränkten Beziehungen rissen nie ganz ab. Die Heimat eines litauischen Schrifttums lag daher nicht nur in Vilnius, sondern in gleichem Maße auch in Königsberg. Damit wurde ebenso wie im nördlicheren Baltikum die Ausgangssituation für die Anfänge einer nationalen Literatur im 19. Jahrhunderts gelegt. Hier

konnten sich aber Königtum und Klerus gegenüber den reformatorischen und zentrifugalen Kräften des Adels behaupten und die Gegenreformation in kurzer Zeit zum Erfolg führen. Das bedeutete für die litauischen Bildungstendenzen mit der Förderung der litauischen Sprache ein weiteres Vordringen des Polnischen. Nach der endgültigen Zusammenfassung beider Reichshälften in der Union von Lublin 1569 legte sich über die litauische ländliche Bevölkerung im Stammlande eine »dichte Decke, die sie luftdicht abschloß« (Hellmann). Soziale Schranken schieden sie vom Adel und der Geistlichkeit und beschränkten sie auf einen rein bäuerlichen Lebenskreis. Der litauische Kleinadlige unterschied sich in seiner Lebensform kaum noch vom benachbarten Bauern. Wer aus der bäuerlichen Schicht sozial aufstieg – etwa über eines der Priesterseminare –, rückte zugleich auch aus der »gens Lituana« in die »natio Polonica« auf. Wir haben es also mit einem ähnlichen Vorgang zu tun wie bei Esten und Letten – allerdings mit dem bezeichnenden Unterschied, dass statt einer schleichenden Germanisierung hier eine Polonisierung erfolgte.

Polen-Litauen als »Republik beider Nationen«

In der Phase von 1569 bis 1795 bewahrte das Großfürstentum Litauen als Teilstaat der »Republik beider Nationen« seine Staatlichkeit und erreichte sogar eine Korrektur der in der Unionsakte ungünstigen Grenze. Obwohl Polen als Initiator der Union die Bildung eines Einheitsstaates anstrebte, blieben die unterschiedlichen staatlichen Einheiten erhalten. Verteidigt wurde diese Unabhängigkeit von der ethnisch und konfessionell keineswegs einheitlichen Gruppe des Adels in Litauen. Das Großfürstentum Litauen und das Königreich Polen bestanden bis zum gemeinsamen Untergang in der dritten Teilung Polens 1795 als zwei politische Adelsnationen. Dabei hatte der Adelsstand alle politischen Rechte inne und besaß allein die Möglichkeit, an der Regierung mitzuwirken. Die litauische Historiographie wendet sich vehement gegen eine Identifizierung dieser konföderativen Union ausschließlich mit Polen und das Ignorieren des anderen Gliedes, des Großfürstentums Litauen.

Unübersehbar aber waren die in dieser Phase weit voranschreitenden Integrationsprozesse – polnische Sprache und Kultur wurden in breitem Maße übernommen. Diese im 17. und 18. Jahrhundert erfolgenden ethnopolitischen und ethnokulturellen Prozesse im Sinn einer Polonisierung waren aber nicht flächendeckend, sie erfassten keineswegs alle Gesellschaftsschichten. Ein Teil des litauischen Adels blieb zweisprachig und bewahrte alte Volksbräuche, noch langsamer drang die Polonisierung in den mehrsprachigen Städten und Kleinstädten des Großfürstentums durch. Am wenigsten wurden die Bauern davon berührt, von denen als der zahlenmäßig größten und kulturell konservativsten Schicht nur die Spitze polonisiert wurde. Insgesamt blieb also in allen Schichten in unterschiedlichem Ausmaß die litauische Muttersprache erhalten.

Das Schicksal dieser »Republik beider Nationen« als Staat verlief dramatisch. Prononciert ist gesagt worden, dass ihre Gesellschaftsordnung von ihrer Gründung an den Zerfall in sich trug. Denn während in Westeuropa das neue Modell der nationalen, zentralisierten und starken Monarchie dominierte, entstand hier ein riesiger, multinationaler Staat mit unterschiedlichen Konfessionen und verschiedenen Kulturen, der – und das ist das entscheidende – von gewählten fremden Monarchien regiert wurde und in dem eine Adelsoligarchie herrschte. Von fremden Monarchen in jahrzehntelange Kriege verwickelt, bildeten sich in dieser »Republik beider Nationen« keine festen Institutionen einer Zentralmacht heraus. Demographische Krise, sozialpolitische Entwicklung und Aggression von außen schwächten das Land. Bei unwirksamer Zentralmacht und Einstimmigkeitszwang im Sejm ging das politische Leben auf die kleinen Landtage in der Provinz über. Die Folge war eine Dezentralisierung der Souveränität, eine politische Zersplitterung des Staates in Gruppierungen. Die Republik wurde zur Geißel des Zusammenwirkens ausländischer Staaten und des Eigennutzes einheimischer Adeliger.

Religiöse Toleranz

Eine bemerkenswerte Eigenschaft des gesellschaftlichen Lebens im Großfürstentum Litauen war das Phänomen der Religionstoleranz. Wer gegen Ende des 16. Jahrhunderts aus dem von Kriegen zwischen Protestanten und Katholiken erschütterten Westeuropa hierher kam, stieß auf eine Atmosphäre der Toleranz. Von der Lubliner Union bis zum Ende des Jahrhunderts veröffentlichte die Kanzlei kein offizielles antiprotestantisches Dokument. Ein religiöser Antisemitismus war ebenfalls unbekannt, die (klein-)städtischen Juden nahmen eine starke Position in den Bereichen Handel und Finanzen ein. Erst nach dem Sieg der Gegenreformation breitete sich Intoleranz aus, obwohl die religiöse Toleranz 1573 noch einmal bestätigt worden war. Der

Katholizismus wurde nun zur dominierenden Religion und kontrollierte die Anhänger anderer Konfessionen. Das Großfürstentum entwickelte sich so zum Staat nur einer Konfession und zur Peripherie des katholischen Europas.

Ethnisch-soziale Verhältnisse

Im 15./16. Jahrhundert bestand die Mehrzahl der slawischen Einwohner des Großfürstentums Litauen aus Bauern, die – politisch nicht organisiert – an der Regierung nicht teilhatten. Die ethnisch litauischen Länder machten Ende des 14. Jahrhunderts nur ein Zehntel und in der ersten Hälfte des 16. Jahrhunderts etwa ein Sechstel des Territoriums aus. In eben diesen Ländern aber lebte über die Hälfte des politisch aktiven und militärisch starken Adels des Großfürstentums – mehrheitlich katholische große Landbesitzer. Gering dagegen war der Prozentsatz des orthodoxen slawischen Adels, dessen politische Rechte zudem eingeschränkt wurden – nur selten erreichten sie höhere Staatsämter. Von Ausnahmen abgesehen, dominierten im Staatsapparat des Großfürstentums die katholischen litauischen Adligen.

Der staatliche Kern Litauens mit der Hauptstadt Vilnius (Wilna) unterschied sich von den anderen Ländern des Großfürstentums durch die größte Konzentration des gleichberechtigten Adels und bildete das geistige und organisatorische Lebenszentrum. In den eroberten Ländern behielt der Adel seine soziale Position, sah das Großfürstentum aber als den eigenen Staat an und bezeichnete sich im politischen Sinne als Litauer.

Die Verflochtenheit der Ethnien, Konfessionen und Traditionen schuf einen eigenen Typus von Adligen im Großfürstentum. Sprachlich zum Polnischen gravitierend, blieb er litauisch im politischen Sinne – unabhängig von ethnischer Zugehörigkeit, Konfession oder Sprache. Dieses historisch entstandene Phänomen blieb unter völlig veränderten Verhältnissen auch im 19. und 20. Jahrhundert wirksam, und es ist litauischerseits betont worden, dass dieses immerhin 500 Jahre lang existierende Großfürstentum Litauen eine Art »genetischen Code« geschaffen habe mit einem über Generationen tradierten Willen zur Staatlichkeit.

Vilnius als das »litauische Jerusalem«

Litauen wurde zu einem der wichtigsten Siedlungsgebiete von Juden in Ostmitteleuropa, nachdem bereits im 14. Jahrhundert jüdischen Handwerkern und Händlern in einigen Städten Privilegien verliehen worden waren. Nach der Union mit Polen 1569 zahlten die jüdischen Gemeinden in Litauen weiterhin ihre Steuern nach Wilna und verwalteten sich weitgehend selbst in einem eigenen Landtag. Jahrhundertelang waren Polen und das von den litauischen Juden, den *Litwaken*, als »Lite« bezeichnete Litauen für Juden aus allen Gegenden Europas Asylländer, in denen sie Zuflucht vor Verfolgung fanden. Im polnisch-litauischen Staat gab es schließlich mit ca. 80% aller europäischen Juden deren größte Konzentration in der damaligen Welt. Der jüdische Bevölkerungsanteil stieg von etwa 10% im 16. Jahrhundert auf über 20% gegen Mitte des 17. Jahrhunderts. Ende des 18. Jahrhunderts bildeten die fast 1 Million Juden annähernd 10% der Gesamtbevölkerung und ca. 50% der Stadtbevölkerung. Bis in die Mitte des 19. Jahrhunderts übten sie eine Selbstverwaltung aus in Form der »Gemeinde« (*Kahal*) mit eigener Verwaltung, Steuererhebung, Gerichtsbarkeit sowie selbstständigem Kulturwesen und Unterricht.

In Wilna (jiddisch: Wilne) bildete sich im 16. Jahrhundert eine jüdische Gemeinde, die 1568 zum ersten Mal Steuern zahlte und 1573 eine Synagoge aus Holz errichtete. Seit 1651 trat Wilna als Hauptgemeinde an die Stelle Grodnos, und trotz mancher antijüdischen Ausschreitungen wuchs der jüdische Anteil an der Gesamtbevölkerung der Stadt auf ein Drittel. Im 18. Jahrhundert entwickelte sich das rabbinische Judentum unter Elijah Gaon (eigentl. Elijah ben Salomom Salman, 1720–1797) in Wilna zum Mittelpunkt der talmudgelehrten frommen Litwaken, gleichzeitig auch zum Zentrum der modernisierten jiddischen Sprache. Diese wurde nicht nur von der mystisch-religiösen Erweckungsbewegung des »Chassidismus«, einer »Art sozialer Revolutionsbewegung« (Zingeris), benutzt, sondern auch von der osteuropäisch-jüdischen Aufklärungsbewegung »Haskala« im 19. Jahrhundert mit den programmatischen Schriften von Isaak Baer Levinsohn (1788–1860). Zu den großen Leistungen des Gelehrten Mathias Straschun (1817–1885) gehörte der Aufbau einer umfassenden Bibliothek von 35 000 Bänden, die er der Gemeinde Wilna schenkte und die als größte jüdische Bibliothek Osteuropas sämtliche in dieser Region auf Hebräisch oder Jiddisch veröffentlichten Bücher sammelte. Mit der großen Synagoge und den zahlreichen Gebetshäusern in der unmittelbaren Umgebung bildete sich in Wilna ein Zentrum heraus, das als »das Oxford eines Volkes in der Diaspora« bezeichnet worden ist (Lewin). 1847 wurde im Rahmen der russischen Bildungsreform als erste staatliche jüdische Schule in Wilna die Rabbinerschule mit russischer Unterrichtssprache gegründet. Mit dem angeschlossenen Gymnasium war sie lange der intellektuelle Mittelpunkt des osteuropäischen Judentums.

Wilna entwickelte sich damit zum Weltzentrum sowohl des Rabbinismus als auch des hebräischen Buchdrucks, die jiddische Literatur erlebte ihr »Goldenes Zeitalter«. Dessen Ausstrahlung bis ins 20. Jahrhundert hinein zeigen folgende Beispiele: Das zu den berühmtesten jüdischen Dramen zählende Theaterstück »Der Dibbuk«, dessen zweite Version von An-Ski (eigentl. Shlomo Sanwell Rapoport; 1863–1920) 1919 in Vilnius entstand und hier erstmals aufgeführt wurde; der 1927 gegründete jüdische Literaten- und Künstlerkreis »Jung Wilne«, aus dem Abraham Sutzkever (*1913) mit seinen Prosatexten »Griner Akwarium. Grünes Aquarium« hervorragt; schließlich die Begründung des »Jidishe Visnshaftlekhe Institut« (Jiwo, später YIVO) 1929 durch den Sprachwissenschaftler Nahum (Nochum) Shtif (1879–1933), der zehn Jahre zuvor die Grundsätze der Jiddischisten gegenüber den Aufklärern der Haskala in seiner Schrift »Yidn un Yiddish« formuliert hatte. Dieses wissenschaftliche Institut vollzog mit seinem Hauptsitz in Vilnius und mehreren Filialen in anderen Ländern die endgültige Emanzipation des Jiddischen durch systematische Erforschung ostjüdischer Geschichte und (Volks-)Kultur auf der Grundlage seiner über 100 000 Bücher und ebensovielen Archivalien und Manuskripten. Es konnte nach dem Holocaust unter grundlegend veränderten Bedingungen seine Tätigkeit in New York fortsetzen.

IM RUSSISCHEN ZARENREICH: LEIBEIGENSCHAFT IM 18. JAHRHUNDERT

Leibeigenschaft in der baltischen Region

Zum Hauptproblem der baltischen Geschichte wurde im 18. Jahrhundert die Agrarfrage, denn die Lage der estnischen und lettischen Bauern verschlechterte sich seit Beginn der russischen Herrschaft rapide sowohl in rechtlicher als auch in wirtschaftlicher Hinsicht.
Die Nachfrage nach Getreide und die steigenden Getreidepreise vergrößerten das Interesse der Gutsbesitzer an einer Erweiterung der Saatflächen. Dieses erfolgte durch Übernahme nicht mehr bewirtschafteter oder solcher Höfe, deren Bauern nicht mehr imstande waren, Frondienst und Naturalabgaben zu leisten oder die Geldpacht zu zahlen. Sie behielten dann nur ein sehr kleines Stück Land oder mussten auf größeren Höfen arbeiten. Die Gutswirtschaft auf der Basis der Frondienste förderte die Leibeigenschaft, denn die an bäuerlicher Arbeitskraft interessierten Gutsherren versuchten, die Bewegungsfreiheit der Bauern einzuschränken. Vor diesem Hintergrund nahm im 18. Jahrhundert die Differenzierung unter den Bauern zu.
In einer kanzleimäßig hergestellten juristischen Denkschrift, der so genannten »Rosenschen Deklaration«, versuchte 1739 der residierende Landrat Otto Freiherr Fabian von Rosen (1679–1764), die Rechte der Gutsherren auf der Grundlage römisch-rechtlicher Normen als möglichst umfassend darzustellen. Darin kennzeichnete er die Lage der Bauern als Leibeigenschaft, die nur durch die Möglichkeit des Vermögenserwerbes eingeschränkt werde. Ein bäuerliches Klagerecht kannte er jedoch nicht.

Reformpolitik Katharinas II.

Auf Veranlassung der Zarin Katharina II. (1762–1796) erarbeitete der Generalgouverneur Graf George Browne (1762–1792) im Jahre 1765 Vorschläge zur Verbesserung der bäuerlichen Zustände. Der livländische Landtag nahm diese zwar unter Druck an, setzte sie aber nicht in die Praxis um. In der zweiten Hälfte des 18. Jahrhunderts erfuhr die Landbevölkerung in Livland durch das System der Leibeigenschaft in

völliger Rechtlosigkeit ihre tiefste Erniedrigung: Die Bauern wurden häufig verkauft, vereinzelt sogar öffentlich versteigert; die Hauszucht des Gutsherrn (vgl. S. 41) wurde trotz der Anzeigepflicht leicht missbraucht und artete zu Misshandlungen aus; die bäuerlichen Leistungen waren in der Praxis nicht normiert und unterschieden sich stark voneinander; das Entlaufen der Bauern, d.h. ihre Flucht von den Gütern zum Teil in die Städte, nahm zu. Die verbreitete Unzufriedenheit führte schließlich zur Aufstandsbewegung des Jahres 1784, als in einem allgemeinen Aufruhr die Bauern ihren Herren den Gehorsam aufkündigten und ihrerseits Forderungen stellten. Die Bewegung hatte ihren Schwerpunkt bei den Letten in Südlivland, erstreckte sich aber auch auf die Esten Nordlivlands. Nur mit Blutvergießen konnte der Aufstand unterdrückt werden.
Als erster deutscher Gutsherr der Ostseeprovinzen hatte der livländische Landrat Karl Friedrich Freiherr Schoultz von Ascheraden (1720–1782) seinen Bauern in dem 1764 in lettischer Sprache erlassenen Bauernrecht ein besseres Recht gewährt. Auf den schwedischen Bauernschutz zurückgreifend, verwandelte er auf seinen Gütern die Leibeigenschaft in eine rechtlich geschützte Form der Schollenpflichtigkeit. Die Bauern erhielten das Recht auf festes Eigentum zugestanden, ihre Leistungen wurden zwar nicht verringert, aber normiert. Schoultz verfolgte aufgrund seiner Petersburger Erfahrungen im Kampf um die Erhaltung der Landesverfassung den politischen Zweck, die Ritterschaft vor vollendete Tatsachen zu stellen und damit die notwendige Reform als eigenständigen Entschluss zu erzwingen. Wenn er damit auch nicht durchdrang, so folgten einige Standesgenossen doch seinem Beispiel und erließen private Bauernrechte in Kurland (zwischen 1770 und 1816 insgesamt 11) und in Estland (von 1789 bis 1801 insgesamt vier). Im Dezember 1795 beschloss der Landtag in Estland in Form einer geheimen Abmachung der Gutsherren eine Reihe von Schutzbestimmungen hinsichtlich der bäuerlichen Abgaben, der Anerkennung des Rechts auf bewegliches Vermögen sowie der Einschränkung von Hauszucht und Bauernverkauf.
Schon zu Anfang ihrer Regierungszeit bereiste die Zarin Katharina II. Estland und Livland, um sich dort für ihre Reichsreformen Anregungen zu holen. Zu ihren Beratern gehörte eine Reihe deutschbaltischer Mitarbeiter, insbesondere der Graf Jakob Johann von Sievers (1731–1808). Katharinas Reformen zielten aber mehr auf Zentralisierung und Vereinheitlichung statt auf Selbstverwaltung und Eigenständigkeit der Gouvernements. Die Übertragung der so genannten Statthalterschaftsverfassung auf Liv- und Estland hob 1783 die Son-

derstellung der Provinzen im Russischen Reich auf und zerstörte die bisherige Verfassung der Provinzen. Denn im Interesse des ganzen Reiches sollte die staatsrechtliche und gesellschaftliche Ordnung erneuert werden. 1785 wurde die russische Städteordnung eingeführt, womit an die Stelle der Ratsverfassung eine zwar demokratisierte, dennoch aber bevormundende Verwaltung trat.
Die Statthalterschaftszeit blieb allerdings Episode. Denn nach Katharinas Tod stellte ihr Sohn Paul I. (1796–1801) im November 1796 die alten Verfassungen in Stadt und Land wieder her, übertrug allerdings die harten russischen Rekrutengesetze auf die Provinzen. Besonders betroffen war davon die bäuerliche Bevölkerung, denn aus ihr mussten die Betreffenden gestellt werden (auf 350–500 Seelen je einer) mit dem Schicksal, für 25 Jahre dem russischen Militärdienst anzugehören.

Pietismus und Herrnhuter

Gegen die Erstarrung der lutherischen Amtskirche richteten sich zu Anfang des 18. Jahrhunderts Strömungen, die durch Schüler des in Halle wirkenden August Hermann Francke (1663–1727) sowie des Grafen Zinzendorf (1700–1760) auch in die Ostseeprovinzen hineinwirkten. Eine Verlebendigung des persönlichen Glaubens und damit eine Veränderung der Lebenspraxis anstrebend, bewirkten sie eine kirchliche Erneuerung in stark ethnischer Ausprägung. Mit dem Übergang zur individuellen Seelsorge traten neben die Gottesdienste nun auch Hausandachten und Bibelstunden, mit denen religiöse Menschen unterschiedlicher Bereiche erfasst wurden. Sie errichteten und betreuten Waisenhäuser, Schulen und weitere Bildungseinrichtungen, was zunächst weder bei der Landbevölkerung noch bei den Gutsbesitzern besonders populär war.
Größere Erfolge erzielte schließlich die Herrnhuter Brüdergemeine, die sich von den Gutshäusern über die Adelsfamilien gegen Ende des Jahrhunderts vor allem bei Esten und Letten verbreitete. Das führte bei diesen zu Gemeindebildungen und entwickelte sich zum Kern einer lebendigen Volksbewegung. Die Reaktion darauf waren schließlich Maßnahmen der Landeskirche gegen die von ihr als »Schwarmgeister« Bezeichneten. Erst unter Zar Alexander I. (1801–1825) begann 1817 eine zweite Blütezeit dieser Bewegung, die bis in die 1840er-Jahre reichte. Mit der Herrnhuter Bewegung begannen zur Zeit der größten Erniedrigung der Landbevölkerung durch die Ausbreitung der Leib-

eigenschaft doch Kräfte zu wachsen, die den Weg aus der völligen Rechtlosigkeit der Bauern wiesen und von denen die ständische Ordnung schließlich gesprengt werden sollte.

Die Aufklärung

In jüngster Zeit stellt die Forschung verstärkt die Frage, ob das 18. Jahrhundert, zumal in seiner Endphase und im Übergang zum 19. Jahrhundert, eine »Sattelzeit« im Übergang der baltischen Region zur Moderne gewesen sei. Denn in dieser Phase begannen sich die Bewohner der Ostseeprovinzen Russlands sowohl in ihrem eigenen Gruppenbewusstsein als auch im Bewusstsein der Außenwelt als Vertreter einer eigenen Region mit einem spezifischen Regionalbewusstsein zu begreifen. Dem lagen mehrere Entwicklungen zugrunde: Die ebenso umfassende wie akribische Sammlung lexikalischen Wissens aus allen Lebensbereichen sollte eine kulturelle Identität stiften; das Entstehen einer kritischen Öffentlichkeit ermöglichte die teilweise scharfe Auseinandersetzung mit den sozialen Zuständen; die aufklärerische Geschichtsschreibung begann, Gedächtnis durch Wissenschaft zu ersetzen und legte damit Grundsteine für das, was heute als »kollektives Gedächtnis« bezeichnet wird. Es bleibt allerdings zu fragen, inwieweit alle ethnischen Bevölkerungsgruppen der Region von dieser Entwicklung erfasst wurden.
Im Zusammenhang mit der Aufbauphase nach dem Nordischen Krieg entwickelte sich vor allem durch Zuzug junger Akademiker aus deutschen Ländern ein Akademikerstand, dessen Angehörige in den Ostseeprovinzen »Literaten« genannt wurden. Zu diesen gehörten auch die Pastoren. Meist über Hofmeisterstellen (Hauslehrer) auf ritterschaftlichen Gütern konnten sich Theologen, Philologen und Juristen eine berufliche Ausgangsposition für ihr Verbleiben im Lande schaffen, wenn auch nicht alle Hofmeister hier eine neue Heimat fanden. Zu den prominentesten Neubürgern Livlands – die es allerdings bald wieder nach Deutschland zog – gehörten Johann Georg Hamann (1730–1788) und Johann Gottfried Herder (1744–1803), der 1764 bis 1769 in Riga wirkte. Es ist zu Recht festgestellt worden, dass nie seit dem Zeitalter der Reformation die geistige Verbindung zwischen den baltischen Ostseeländern und Deutschland so eng war wie in der zweiten Hälfte des 18. Jahrhunderts (Wittram).
In erster Linie waren es die Pastoren, von denen die Aufklärung in ihrer deutschen Ausprägung in die baltische Region getragen wurde.

Zwischen 1711 und 1800 wurden in Livland insgesamt 523 Pastoren tätig, von denen 270 von auswärts gekommen waren, die meisten aus Deutschland. Das neue aufklärerische Denken wurde aber auch von zahlreichen Studierenden mitgebracht, die es auf deutschen Universitäten übernommen hatten. Ferner setzte sich das Denken in neuen Wertvorstellungen in den nach deutschen Vorbildern in Reval, Riga, Dorpat und Mitau begründeten Freimaurerlogen durch.

Aber auch in kleineren Städten wirkten einzelne Persönlichkeiten im aufklärerischen Sinne. Beispielsweise der Arzt und Apotheker Peter Eduard Wilde (1732–1785), der von Oberpahlen aus in einer estnischsprachigen – bald auch einer lettischen – Zeitschrift die Volksmedizin zu fördern suchte. Sie wandte sich an die Landbevölkerung und erweiterte ihre Ratschläge auch auf zahlreiche praktische Hinweise zur Gesundheitspflege und Hauswirtschaft. Ebenfalls in Oberpahlen erarbeitete der Pastor und Publizist August Wilhelm →Hupel (1737–1819) mit 80 Mitarbeitern das Kompendium der »Topographischen Nachrichten von Lief- und Ehstland« (1774) mit präzisen Berichten über die Lebensbedingungen der Landbevölkerung und die Topographie der einzelnen Kreise. Die Behandlung von Wirtschaft, Sozialverhältnissen, Handel und Kultur enthielt auch eine nüchterne Beschreibung der Leibeigenschaft und ihrer negativen Folgen. In den 46 Bänden der »Nordischen« bzw. »Neuen Nordischen Miscellaneen« (1781–1798) wurden u.a. die Entwicklungsmöglichkeiten des Russischen Reiches herausgearbeitet.

Diese Aktivitäten dienten insgesamt in erster Linie dem Ausbau der selbstständigen Region und der eigenständigen Kultur in den Ostseeprovinzen. Einer breiteren deutschen Öffentlichkeit wurden die livländischen Zustände aber erst bekannt durch den Publizisten Garlieb →Merkel (1769–1850). Ziel seiner Aufsehen erregenden Schrift »Die Letten« (1796) war es, das lesende Publikum auf die Not der lettischen Landbevölkerung aufmerksam zu machen, indem er drastisch die Frondienste und Abgaben der Bauern darstellte. Mit deutlich politischer Zielsetzung wollte Merkel durch Mitwirkung des Staates den Bauernstand auf eine neue Grundlage stellen und wandte sich daher gegen reaktionäre Stimmungen in Adel und Geistlichkeit.

Das Großfürstentum Litauen im 18. Jahrhundert

Der Große Nordische Krieg hatte zwangsläufig Folgen auch für die Beziehungen zwischen Polen-Litauen und Russland. In seinen Auseinandersetzungen mit der Szlachta sah sich August II. gezwungen, die Unterstützung Russlands zu suchen. Dieses führte als »Vermittler« ein Heer nach Polen, womit die allmähliche Unterwerfung unter die politischen Interessen Russlands begann. Der innere Kampf hatte den polnisch-litauischen Staat geschwächt und zur verlockenden Beute für die Nachbarländer gemacht.

Infolge der inneren Auseinandersetzungen war das Recht des »liberum veto« (d.h. das 1652–1791 geltende Recht jedes Sejm-Mitglieds, die Beschlüsse durch Einlegen seines Vetos zu blockieren) verstärkt worden, und es hatten sich zwei Magnatengruppierungen herausgebildet, deren eine für die Rechte und Freiheiten des Hochadels eintrat und deren andere eine Reform von Staatsmacht, Armee und Finanzwesen verfolgte. Letztere nun wurde vom Zarenhof unterstützt. Als sie unter dem neuen König Stanisław August Poniatowski (1764–1795) Reformen zur Umgestaltung des Staates einleitete, mischte sich Russland aktiv mit Hilfe einer Konföderation ein und marschierte zusammen mit Österreich und Preußen in das Land ein.

In der ersten Teilung Polens 1772 erhielt Russland die bis dahin zu Litauen gehörenden slawischen Gebiete sowie Lettgallen. Diese wurde zunächst dem Gouvernement Polock, am Anfang des 19. Jahrhunderts dem Gouvernement Vitebsk unter Aufhebung der bisherigen Verwaltungsautonomie angeschlossen. Dadurch vertieften sich die kulturellen und sozialen Unterschiede zwischen Lettgallen und dem von Letten besiedelten Livland und Kurland immmer mehr.

Als der 1788 begonnene vierjährige Sejm am 3. Mai 1791 eine Verfassung verabschiedete, hatte das eine erneute Oppositionsbewegung zur Folge. Eine auf russischem Boden gebildete Konföderation wurde von Katharina II. unterstützt, und zusammen mit russischen Truppen war in drei Monaten der gesamte Staat besetzt. Im zweiten Teilungsvertrag von 1791 zwischen Russland und Preußen verlor Polen-Litauen etwa die Hälfte seines verbliebenen Territoriums, Russland erhielt große Teile der Ukraine und Weißrusslands, darunter die Woiwodschaften Kiev, Braclav und Minsk, Podolien, den östlichen Teil der Woiwodschaft Vilnius und einen Teil Wolhyniens.

Die Anhänger der Verfassung reagierten mit einem Aufstand, dessen Oberbefehlshaber der ehemalige General des amerikanischen Unabhängigkeitskrieges Tadeusz Kościuszko (1746–1817) aus dem Groß-

fürstentum Litauen wurde. Am 24. März 1794 in Krakau ausgebrochen, begann die Erhebung am 16. April auch in Litauen, wo Jakub Jasiński (1761–1794) die litauischen bewaffneten aufständischen Truppen anführte. In Vilnius wurde ein höchster nationaler Rat gebildet, der auch die Bauern mit dem Versprechen persönlicher Freiheit und Verminderung ihrer Fronabgaben einzubeziehen versuchte. Meinungsverschiedenheiten unter den Anführern beruhten auf der Verdächtigung, Jasiński kämpfe vor allem für die Selbstständigkeit Litauens. Am 12. August besetzte die russische Armee nach verlustreichen Kämpfen Vilnius und bis zum Oktober das gesamte litauische Territorium. Jasiński fiel schließlich bei der Verteidigung Warschaus als Kommandeur des Stadtteils Praga.
In der dritten Teilung wurde Polen-Litauen 1795 vollständig zwischen Russland, Österreich und Preußen aufgeteilt. Vom litauischen Territorium fiel das Gebiet jenseits des Njemen an Preußen, die Regionen Litauens und Weißrusslands bis zum Njemen an Russland. Am 26. Januar 1797 folgte die Auflösung Polen-Litauens als selbstständiger Staat. Für anderthalb Jahrhunderte existierte Litauen nurmehr als Teil des Zarenreiches.

Kurland im 18. Jahrhundert

Das »Herzogtum Kurland und Semgallen« nahm auch im 18. Jahrhundert mit seinem deutschen Herzog, den deutschen Ständen und Behörden und mit seiner überwiegend lettischen Bevölkerung eine unterschiedliche Entwicklung sowohl gegenüber Liv- und Estland als auch gegenüber Litauen. Aus den Auseinandersetzungen zwischen Herzogsmacht und Adelsgewalt war der Adel als entscheidender Machtfaktor hervorgegangen, und das Land ähnelte stark der polnischen Adelsrepublik.
Anfang des 18. Jahrhunderts geriet das unter polnischer Lehnsoberhoheit stehende Herzogtum unter stärksten Einfluss der russischen Politik. Als die Herzogin Anna Ivanovna (1693–1740), eine Nichte Zar Peters I., 1730 als Kaiserin von Russland den Thron bestieg, verstärkte sich die gegen eine Inkorporation Kurlands in Polen gerichtete russische Politik. Der Günstling der Zarin, Graf Ernst Johann →Biron (1690–1772), löste den letzten Herzog aus dem Hause Kettler 1737 ab und regierte bis 1740 von St. Petersburg aus. Er ließ vor allem die groß angelegten Schlossbauten in Mitau und die im Barockstil errichtete Sommerresidenz in Ruhenthal (Rundāle) durch den ita-

lienischen Architekten Francesco Bartolomeo Rastrelli (1700–1771) durchführen. Nach dem Tod der Zarin Anna musste Biron zwar in die Verbannung gehen, wurde aber 1762 von Katharina II. als Herzog von Kurland restituiert und trat im folgenden Jahr als inzwischen Zweiundsiebzigjähriger seine zweite Regierungszeit an. Damit hatte die Zarin ihren »eigenen Herzog« im Lande, und der Einfluss Russlands in Kurland war endgültig gesichert, woran weder Polen noch Preußen etwas zu ändern vermochten. Im fortdauernden Kampf mit dem Adel aber resignierte Biron und dankte 1769 zugunsten seines Sohnes Peter (1724–1800) ab.
Die bis 1795 dauernde Regierungszeit dieses letzten Herzogs von Kurland und Semgallen war bestimmt vom heftigen Kampf mit dem gutsbesitzenden Adel, gleichzeitig traten die Auseinandersetzungen der Nachbarmächte um Kurland in ihr Endstadium. Nahm die Zarin den Herzog zunächst noch gegenüber adligen Intrigen in Schutz, so stützte sie diese ab 1776 (also bereits nach der ersten Teilung Polens und dem bedrohlichen Vorrücken der russischen Grenze) ihrerseits. Zur Verunsicherung der Lage trugen nicht zuletzt wechselnde Koalitionen bei wie mit der 1790 gebildeten »Bürgerlichen Union« aus dem städtischen Bürgertum Kurlands, das bürgerliche Standesrechte anstrebte und Herzog Peter gegen den Adel unterstützte. Im Dezember 1792 schließlich kam es zu den so genannten Müller-Unruhen in Mitau, als Gesellen und Meister nach mehrwöchigem Streik gewaltsam das Recht ihrer Zunft auf Selbstgerichtsbarkeit durchsetzen wollten. Die blutige Niederschlagung dieses Aufstandes schadete ebenfalls dem Ansehen des Herzogs.
Mit der zweiten Teilung Polens im Januar 1793 war Kurland ganz dem Einfluss Russlands ausgeliefert. Während die Einverleibung auch von Teilen des kurländischen Adels betrieben wurde, gab der polnische Freiheitskampf, in den Kurland hineingezogen wurde, im März 1794 den Anstoß. Denn nachdem Goldingen und Hasenpoth in die Hand der Aufständischen gefallen waren, drang ein russisches Heer in Kurland ein. Schon vor den Verhandlungen der Großmächte über die endgültige Aufteilung Polens betrieben einzelne Adelige den Wechsel der Lehnsherrschaft bzw. die bedingungslose Unterwerfung Kurlands unter russische Herrschaft. Dem Herzog blieb schließlich nur noch, die Abdankung zu beurkunden.
Das Verhältnis zwischen Ritterschaft und Herzog hatte sich in Kurland von einem früheren Gleichgewicht im Laufe des 18. Jahrhunderts zu einer »Adelsrepublik mit völlig ausgehöhlter Herzogsmacht« gewandelt. Am 26. April 1795 garantierte Katharina II. ihren neuen

Untertanen zwar die freie Religionsausübung und die Erhaltung ihrer adligen Standesrechte – einen privilegierten Sonderstatus wie in den Kapitulationen Peters I. von 1710 (vgl. S. 46) für die estländische und livländische Ritterschaft gab es im Russland der Statthalterschaftsverfassung jedoch nicht.

KULTURELLE ENTWICKLUNG

Der Übertritt zum Christentum war für die einheimische Bevölkerung zunächst verbunden gewesen mit einer Art kulturellem Schock, denn sie sollte sich lossagen von vielen eigenen Traditionen und Bräuchen. In der konservativen Dorfgemeinschaft aber erhielt sich noch lange der alte Volksglaube, in Litauen entwickelte dieser sich sogar weiter. Die estnische, lettische und litauische Bauernschaft übernahm zwar den Heiligenkult, passte ihn aber ihrer Volkstradition an. So hielten sich heidnische Riten noch auf Dorffriedhöfen, und die alten Heiligtümer (Quellen, Haine, Bäume, die Schlange) wurden weiterhin verehrt.

Mit der Christianisierung begann aber auch ein Kulturtransfer in Form von neuer Technologie, Büchern und westeuropäischer Kunst. Livland wurde dabei mehr von Deutschen beeinflusst, Litauen von Polen und Russen. Eine wesentliche Rolle in diesem Kulturaustausch spielten die Universitäten, die von Absolventen aus dem Baltikum besucht wurden. Livländer studierten vorwiegend in Leipzig und Rostock, Litauer seit dem Ende des 14. Jahrhunderts in Krakau. Nach der Reformation wurden die Universitäten Wittenberg und seit 1544 Königsberg besucht, vereinzelt sogar italienische. Im 15. Jahrhundert fand eine beachtliche Zuwanderung von Geistlichen, Juristen, Ärzten, Künstlern und Architekten ins Baltikum statt. Auch bei kürzeren Aufenthalten leisteten diese einen Beitrag zur Verbreitung westeuropäischer Kultur.

Zu wichtigen Zentren kultureller Tätigkeit entwickelten sich die Kirchen besonders in Riga und Vilnius sowie die von den Mönchsorden der Franziskaner und Dominikaner errichteten Klöster, von denen es zu Beginn der Reformation in Livland etwa 30 gab. Vor allem in den Städten Riga, Reval, Dorpat sowie Vilnius und Kaunas erblühte das kulturelle Leben. Eine wichtige Rolle spielten dabei die Schulen wie seit dem 13. Jahrhundert die Domschulen in Riga, Reval und Dorpat sowie in Vilnius. Die Schulbildung kam allerdings nur einem kleinen Teil der Bevölkerung zugute – die höhere Bildung blieb auf die Oberschichten beschränkt, die neben dem Lateinischen in Livland vorwiegend die niederdeutsche, in Litauen die slawische, seit Mitte des 16. Jahrhunderts auch die polnische Sprache gebrauchte. Der Kreis der Gebildeten war in Livland deutscher, in Litauen auch italienischer

und polnischer Herkunft. Erst seit dem 16. Jahrhundert finden sich zunehmend Esten, Letten und Litauer unter ihnen.
Im Dorf herrschte die einheimische Sprache vor, sie bildete die Grundlage des täglichen Lebens wie auch der Volksüberlieferungen und des Volksglaubens. Kulturelle Einflüsse aus der Stadt setzten sich auf dem Lande nur langsam durch. So wurde hier die ethnische Eigenart der estnischen und lettischen Bevölkerung am ausgeprägtesten bewahrt.

Literatur

Bereits aus dem 13. Jahrhundert stammt die Livländische Chronik des Priesters Heinrich von Lettland († um 1259). Aus dem Umkreis des Bischofs von Riga kommend, beschrieb er darin die Eroberung und Christianisierung der Liven, Esten und Letten aus Sicht der Rigaer Kirche. Wichtige Quellen sind ferner die Ältere und die Jüngere Livländische Reimchronik, in denen die Sicht der herrschenden neuen Mächte dominiert. Die litauischen Chroniken behandeln die Gründung des litauischen Reiches und die auf die Römer zurückgeführte Abstammungsproblematik, mit der das Ansehen der herrschenden Geschlechter gestärkt und diese vor Ansprüchen aus Moskau und Polen geschützt werden sollten. Insgesamt sind diese Werke sowohl beim Orden als auch bei den Litauern oft in einem stark propagandistischen und polemischen Stil verfasst. Erst die Ausweitung der Lese- und Schreibfähigkeit, die universitären Kenntnisse und die Verbreitung humanistischer Ideen bewirkten eine Lösung der Autoren von der obrigkeitlichen Sicht. Kritik an den örtlichen Zuständen enthalten litauische Traktate nach 1520 sowie besonders die Livländische Chronik von Balthasar Russow (um 1525–1600).

Architektur und bildende Kunst

Das erste aus Stein errichtete Gebäude in Estland war die nach 1180 begonnene romanische Festungskirche von Uexküll. Die frühesten erhaltenen Kunstgegenstände sind in Estland die noch im 13. Jahrhundert vollendeten Kalksteinplastiken der Kirche zu Wolde (Valjala) auf der Insel Oesel. Aus dem 14. Jahrhundert stammen die ursprünglich über 1000 Terrakottafiguren der Johanniskirche zu Dorpat, von denen heute noch über 330 Kopfdarstellungen, über 25 knapp lebensgroße Sitzskulpturen und ca. 70 weitere figürliche Flachreliefs erhalten sind.

Sie zählen zu den bedeutendsten Zeugnissen mittelalterlicher Bildhauer- und Terrakottakunst, da sie vor dem Brennen aus dem Tonrohling erarbeitet und nicht, wie später üblich, in einer Form modelliert wurden, also jeweils Einzelstücke individueller Prägung darstellen. Dieser Skulpturenreichtum der Dorpater Johanniskirche blieb einzigartig im gesamten Verbreitungsgebiet der Backsteingotik im nördlichen Europa.

Im Übrigen kennzeichnen Monumentalität und eher bescheidener Dekor die Sakralarchitektur in Reval und Riga im 13. bis 14. Jahrhundert. Der größte Sakralbau Alt-Livlands war der Dorpater Dom mit seinem Ende des 14. Jahrhunderts angebauten Umgangschor. Die Nikolai- und die Olaikirche in Reval besaßen als »Ecclesiae mercatoriae« (Kaufmannskirchen) kurze und breite Langhäuser und in der Urform einen massiven, festungsartigen Westturm nach westfälischem Vorbild. Eine Besonderheit stellt die zweischiffige Heiligengeistkirche mit ihrem schlanken, achteckigen Konsolenturm dar, der später am Revaler Rathaus eine bauliche Wiederholung fand.

Als erster Steinbau in Litauen gilt die um die Wende vom 13. zum 14. Jahrhundert errichtete Residenz des Großfürsten. Schon bald wurde hier der romanische vom gotischen Stil abgelöst. In Vilnius und Kaunas wurden spätgotische Kirchen Ende des 14. und im 15. Jahrhundert erbaut, in den Bistümern herrschten Holzkirchen vor. Nach dem Brand von 1530 wurde der imposante Bau des großfürstlichen Schlosses in Vilnius in neuartigem Renaissance-Stil wieder aufgebaut. Seit Ende des 14. Jahrhundert lassen sich im litauischen Burgenbau Einflüsse der mitteleuropäischen Gotik feststellen. Im 15. und 16. Jahrhundert entstanden backsteingotische Kirchen, Wohnbauten und Wehranlagen in Vilnius, Kaunas, Trakai und Gardinas. Nach Einführung des Christentums wurden in Vilnius im 15. Jahrhundert zunächst die Kathedrale, dann die Pfarr- und Kosterkirchen als gotische Backsteinbauten neu errichtet. Westeuropäische Formen, die nach 1410 Litauen leichter erreichten, wurden dort den örtlichen Verhältnissen angepasst und weiterentwickelt, sodass sie einen Regionalcharakter erhielten. Deutlich wird das u.a. in der spätgotischen Giebeldekoration des Perkunas-Hauses in Kaunas oder in den Gewölben der Bernhardiner-Kirche in Vilnius.

Im 13. und 14. Jahrhundert wurden in Livland über 150 Steinburgen errichtet, in Litauen lag deren Zahl Ende des 16. Jahrhunderts bei etwa 20. In den livländischen Städten dominierte Steinarchitektur, in den litauischen dagegen bis zum 15. Jahrhundert die Holzbauweise. Die prächtigsten städtischen Bauten waren neben den Kirchen die Rat-

und Gildenhäuser. Besonders erwähnenswert sind auch die mit zahlreichen Wehrtürmen versehenen Stadtmauern von Riga und Reval. Letztere ist bis heute weitgehend erhalten und vermittelt mit der Gesamtarchitektur der Altstadt einen Eindruck davon, wie stark die Architektur der livländischen großen Städte jener der norddeutschen Hansestädte ähnelt.

Einflüsse örtlicher Bautraditionen sind bereits früh sowohl im Kirchenbau als auch in der Architektur der Herrenhäuser festzustellen, die sich bis Mitte des 18. Jahrhunderts von Bauernhäusern im Wesentlichen nur durch ihre Ausmaße unterschieden. In der Architektur der Gutshäuser des Klassizismus flossen deutsche und russische Einflüsse zusammen, sodass Lettland in diesem Bereich zu einem »Brennpunkt der Kulturwechselwirkung« (Krastiņš) wurde. Da die Mehrheit der Bauhandwerker stets Letten waren, wurde deren Einfluss auf die Bauverfahren bei Gutshäusern und Kirchen besonders in Kurland festgestellt.

Zu den hochwertigen Kunstschätzen Revals gehören die aus Lübeck stammenden, im 15. Jahrhundert geschnitzten Gestühlswangen im Rathaus sowie die 1478–1482 entstandenen gemalten Flügel des von dem Lübecker Hermen Rode (in Lübeck nachweisbar 1485–1504) geschaffenen Altars in der Nikolaikirche. Dessen Zeitgenossse Bernt Notke (1440–1517) schuf 1463 seinen »Totentanz«, von dem heute die ersten 13 Figuren ebenfalls in der Nikolaikirche erhalten sind. Der bedeutendste mittelalterliche Künstler Estlands war der Porträtist Michel Sittow (1469–1525/26), der nach Lebensstationen in Spanien, Flandern, England und Dänemark 1518 in seine Heimatstadt Reval zurückkehrte. Während des reformatorischen Bildersturmes wurden 1524 viele sakrale Kunstwerke vor allem in Reval, Dorpat und Pernau zerstört.

Im 18. Jahrhundert wurden in Litauen Buchillustrationen und Andachtsbilder zunehmend von einheimischen Graphikern gestochen, vor allem im Dienste der zahlreichen Klöster. Für diese oder für den Adel arbeiteten im Spätbarock und Klassizismus auch viele einheimische Baukünstler. Hauptmeister des Frühklassizismus in Litauen war Martin Knackfuß (um 1740–1800), seit 1773 »Professor der praktischen Architektur« an der soeben säkularisierten Universität Vilnius, der eine breite Bautätigkeit in der Provinz entfaltete. Sein bekanntestes Werk war der Anbau an das Astronomische Observatorium der Universität 1782–1788.

DIE UNIVERSITÄTEN IM BALTIKUM

Dorpat

Eine entscheidende Rolle in der kulturellen Entwicklung der baltischen Länder kam der Universität Dorpat zu, die im 19. Jahrhundert nach den Worten des viel gelesenen Publizisten Julius Eckardt (1836–1908) als das »nordische Heidelberg« das wahre »Herz des Landes« bildete.

Die schwedische Universität

Als Dorpat nach der polnischen Herrschaft 1625 schwedisch geworden war, hatte Gustav II. Adolf mitten im Dreißigjährigen Krieg 1632 von Deutschland aus seinem Feldlager bei Nürnberg die Academia Gustaviana in Dorpat gegründet, der aber nur zweieinhalb Jahrzehnte friedlichen Wirkens beschieden waren. 1656 geschlossen, konnte sie erst 1690 für knapp 20 Jahre als Academia Carolina wieder eröffnet werden. Nach ihrer Verlegung nach Pernau beendete der Nordische Krieg auch ihre Tätigkeit dort im Jahre 1710. Die Bedeutung

Die »Academia Gustaviana«

dieser relativ kurzen Wirksamkeit aber lag darin, dass sie als der nach Uppsala zweiten Universität im schwedischen Reich entscheidend zur Festigung des Protestantismus in den baltischen Provinzen beitrug. Sie entwickelte sich besonders in ihrer zweiten Phase zu einer Antenne für die Aufnahme von Strömungen der Frühaufklärung. Das äußerte sich vor allem in der Lösung von religiöser Intoleranz und im Wechsel von der lateinischen Unterrichtssprache zur deutschen. Trotz ihrer geringen Größe schuf sie damit die Grundlagen für die spätere Rolle als Brücke und als Schrittmacher der Modernisierung des gesamten russischen Reiches.

Die deutsche Universität der Ostseeprovinzen

In seinen Kapitulationen stellte Zar Peter I. 1710 die Beibehaltung der Universität in Dorpat und ihre Besetzung mit Professoren evangelisch-lutherischen Bekenntnisses in Aussicht. Mit seiner Zusage, dass er »aus dero eigenen Reichen und Ländern die Jugend ebenfalls dahin schicken« werde, bekräftigte Peter seine Absicht, die Ausbildungsmöglichkeiten der baltischen Provinzen für sein Reformwerk zu nutzen. Nach dem Elend des Nordischen Krieges aber hatten zunächst alle Restaurierungspläne keine Aussicht auf Erfolg. Erst Paul I. gab 1798 die Erlaubnis zur Neugründung der baltischen Universität, verbunden mit dem Verbot für Studenten aus dem Baltikum, an ausländischen Hochschulen zu studieren. Am Anfang dieser Wiedergeburt stand also die Furcht vor dem Eindringen aufklärerischen, revolutionären Gedankengutes aus Westeuropa. Mit der Thronbesteigung Alexanders I. fiel dann die Entscheidung für den Standort Dorpat, wo 1802 die Universität wiederbegründet wurde.
Auf der Eröffnungsfeier betonte der Historiker Georg Friedrich Pöschmann (1768–1812) in seiner Rede »Über den Einfluß der abendländischen Kultur auf Russland« die Chance der Universität Dorpat, der »Kanal« zu werden, durch den westeuropäische »Kenntnisse und Erfahrungen« in das Zarenreich gelangen könnten. Diesen Kulturaustausch sah er aber keineswegs etwa als Einbahnstraße nur in west-östlicher Richtung, sondern vielmehr als einen Kommunikationsweg, auf dem auch Russlands Geistesleben dem übrigen Europa näher gebracht würde. Im Zusammenhang solcher kulturellen Wechselwirkungen hat später Hans Rothfels (1891–1976) die baltischen Provinzen als »Kulturbrücke« bezeichnet, zugleich aber auch das »alte Problem der Doppelseitigkeit« betont, nämlich »Sperrblock oder Verbindungsstück« zu sein.

Mehrere der meist von dem Architekturprofessor Johann Wilhelm Krause (1757–1828) entworfenen Universitätsbauten, besonders das Hauptgebäude (1804–1809), bilden einen Höhepunkt des Klassizismus in Estland.
Unter maßgeblichem Einfluss des deutschen Idealismus vor allem Kantscher Prägung bestimmten die dynamische Persönlichkeit des ersten Rektors, des Elsässers Georg Friedrich Parrot (1767–1852), sowie der einstige Sturm-und-Drang-Dichter Friedrich Maximilian Klinger (1752–1831) als Kurator zusammen mit dem Bibliotheksdirektor Karl Morgenstern (1770–1852) die Entwicklungsrichtung dieser Universität. Sie erlebte in den folgenden Jahrzehnten wechselnde Phasen von bürokratischer Überwachung und Freiheit. Zur eigentlichen Blütezeit sollten die 1860er-Jahre unter dem Kurator Alexander Graf →Keyserling (1815–1891), dem Jugendfreund Bismarcks, werden. In regem Berufungsaustausch mit deutschen Universitäten stehend, strahlte Dorpat tief nach Russland hinein, dessen weite Landschaft einschließlich der asiatischen Gebiete für die Naturwissenschaftler zum bevorzugten Forschungsgebiet wurde. So bereitete der spätere Admiral Ferdinand von Wrangell (1796–1870) hier seine Sibirienreisen vor, die zu großen Expeditionen und Weltumseglungen führten und ihm 1829 die Ernennung zum Gouverneur von Russisch-Amerika (= Alaska) brachten.
Die Forschung war besonders in den medizinischen Naturwissenschaften ausgeprägt. So begründete Friedrich Bidder (1810–1894) eine

Das Porträt des Biologen Karl Ernst von Baer (1792–1876) erinnert heute auf dem estnischen Zwei-Kronen-Schein an die Blütezeit der Dorpater Universität

bedeutende Physiologenschule, Alexander Schmidt (1831–1894) erforschte die Blutgerinnung, fast alle Pharmazeuten Russlands wurden bei Johann Georg Dragendorff (1836–1898) ausgebildet, und der später berühmte Berliner Chirurg Ernst von Bergmann (1836–1907) studierte ebenfalls in Dorpat. Der Astronom Wilhelm Struve (1793–1864) leitete die trigonometrischen und Gradmessungen in den Osteeprovinzen und war Direktor der Dorpater Sternwarte, bis er 1838 als Mitglied der Petersburger Akademie der Wissenschaften die Leitung der Hauptsternwarte in Pulkovo übernahm. Ganze Generationen lutherischer Theologen in Russland wurden geprägt von den Dorpater Professoren Theodosius Harnack (1816–1889), dem Kirchenhistoriker Moritz von Engelhardt (1828–1881), dem Dogmatiker Alexander von Oettingen (1827–1905) oder dem Alttestamentler Wilhelm Volck (1835–1904). Als führender Gelehrter und Begründer der baltischen Rechtsgeschichte begann der Jurist und Historiker Friedrich Georg von Bunge (1802– 1897) das »Livländische Urkundenbuch« und arbeitete entscheidend mit an der 1845 beendeten Kodifikation des baltischen Provinzialrechts.
Einer der prominentesten von den zahlreichen Wissenschaftlern, die aus der Universität Dorpat hervorgegangen sind, war der Biologe Karl Ernst von →Baer (1792–1876), an den noch heute ein Denkmal auf dem Domberg vor dem Universitätsmuseum erinnert. Anlässlich der 50-Jahr-Feier würdigte er 1852 als Deputierter der Petersburger Akademie der Wissenschaften in seiner Festansprache die Leistung der »Zöglinge Dorpats« bei der Erschließung und Durchforschung des eurasischen Raumes von Kamčatka bis zum Kaukasus.
Wärend des Ersten Weltkrieges wurde die Universität zum Teil nach Voronež ins Innere Russlands evakuiert. Am 1. Dezember 1919 konnte sie als estnische Landesuniversität wieder eröffnet werden. Die anfangs noch zahlreichen deutschen und russischen Professoren wurden allmählich von estnischen abgelöst, und die Studentenzahl erreichte Mitte der 1920er-Jahre mit 4651 im Vergleich zu Deutschland und Skandinavien einen ungewöhnlich hohen Anteil an der Gesamtbevölkerung. Das Schicksal Dorpats mit seinen unterschiedlichen politischen Herrschaftsträgern seit dem 17. Jahrhundert spiegelt sich nicht zuletzt in den wechselnden Bezeichnungen der Universität wider: 1632 Academia Gustaviana, 1690 Academia Gustavo-Carolina, 1802 Kayserliche Universität zu Dorpat, 1893 Imperatorskij Jurevskij Universitet, 1918 Landesuniversität zu Dorpat, 1919 Tartu Ülikool, 1940 Tartu Riiklik Ülikool, 1941 Landesuniversität zu Dorpat, 1944 Tartu Riiklik Ülikool, 1989 Tartu Ülikool. Die Erforschung der Univer-

sitätsgeschichte Dorpats führte bereits Anfang der 1980er-Jahre zur Kooperation deutscher und baltischer Wissenschaftler und wird vor allem auf estnischer Seite weiter intensiv betrieben.

Das Rigaer Polytechnikum

1862 entstand auf Initiative Rigaer Kaufleute ein Polytechnisches Institut samt Vorschule, dem unter dem ersten Direktor Ernst Nauck (1819–1875) im Unterschied zu vergleichbaren Lehranstalten in Deutschland auch eine Handelsabteilung angegliedert wurde – »eine große gemeinnützige Stiftung der altständischen Welt, die durch die Förderung der neuen Berufsarten unvermeidlich der Auflösung dieser Welt dienen musste« (Wittram). Als einzige technische Ausbildungsstätte in Russland erhielt sie mehrere Fakultäten und führte 1867/68 als grundsätzliche Neuerung eine bedingte Studienfreiheit ein, was sie von ihren Vorbildern in Hannover und Zürich unterschied, die sie zudem nach 25 Jahren an Schülerzahl übertraf. 1869 bezog das Polytechnikum das von Professor Gustav Hilbig (1822–1887) erbaute Haus. Als einziges Unternehmen, an dem sich alle drei baltischen Provinzen sowohl als Geldgeber wie auch als Nutznießer beteiligten, entwickelte es sich zum »Baltischen Polytechnikum« im übergreifenden Sinn. Ausgebildet wurden aufgrund des rasanten Industrialisierungsprozesses an erster Stelle Maschinenbauer, von denen Friedrich Zander (1887–1933) zum Begründer der sowjetischen Raumfahrt werden sollte. An zweiter Stelle kamen durch die Konjunktur des Eisenbahnbaus Ingenieure, denen Chemiker folgten – vor allem während der Lehrtätigkeit des späteren Nobelpreisträgers Wilhelm Ostwald (1853–1932). Mit dem Chemiker Paul Walden (1863–1957) und dem Nationalökonom Karl August Lieventhal (1844–1900) waren noch vor dem Ersten Weltkrieg zwei Letten Direktoren des Rigaer Polytechnikums, das 1913/14 mit 2088 seine höchste Studentenzahl erreichte. 1915 wurde das Polytechnikum nach Moskau evakuiert, und Mitte Oktober 1918 kam es unter der deutschen Okkupation zu einer kurzzeitigen Wiedereröffnung in Riga.

Die Lettländische Universität

Die am 28. September 1919 vom lettischen Bildungsminister feierlich eröffnete Universität Lettlands baute auf den Grundlagen des Rigaer Polytechnikums auf. Durch Angliederung der Fakultäten für humanistische Wissenschaften und Medizin wurde dieses zur Volluniversität ausgebaut. Nach der Unterbrechung durch die bolschewistische Herrschaft konnte eine überarbeitete Universitätsverfassung im März 1923 von der Saeima, dem lettländischen Parlament, endgültig bestätigt werden. Paul Walden lehnte das ihm angebotene Rektorat allerdings ab und wanderte aus. 1920 traten zu den neun Fakultäten eine theologische und eine veterinärmedizinische, 1938 eine gesonderte Fakultät für römisch-katholische Theologie. Ein Jahr darauf wurde die landwirtschaftliche Fakultät in eine selbstständige Landwirtschaftsakademie umgewandelt und nach Jelgava verlegt.
Internationales Ansehen errang besonders die Abteilung für baltische Philologie unter Jānis Endzelīns (1873–1961), der die lettische Schriftsprache maßgeblich beeinflusste. Die Tätigkeit des von der Romanistik zur Kulturgeschichte gewechselten Humanismusforschers Arnolds Spekke (1887–1972) und des Historikers Arveds Švabe (1888–1959) fiel in eine Zeit, in der die lettische Geschichtswissenschaft vor allem nach 1934 zunehmend von nationalen und intoleranten Strömungen beherrscht wurde. In diesem Zusammenhang verlor auch der deutschbaltische Historiker Leonid Arbusow (1882–1951) im Jahre 1935 seine Professur an der Lettländischen Universität.

Die Universität Vilnius

Als wichtigstes kulturelles Ereignis in der Geschichte Litauens im 16. Jahrhundert gilt die Erhebung des Jesuitenkollegiums Vilnius durch König Stefan Bathory (1575–1586) im Jahre 1579 zur Universität. An deren drei Fakultäten, der philosophischen, theologischen und der juristischen, wurde in Latein unterrichtet. Die Universität entwickelte sich schnell zu einem Zentrum der wissenschaftlichen und pädagogischen Arbeit und bestimmte schon im 17. Jahrhundert das intellektuelle Niveau der litauischen Gesellschaft.
Nach der Auflösung des Jesuitenordens 1773, der die Universität bis dahin geleitet hatte, wurde sie als akademische »Hauptschule« reorganisiert, an der von 1784 bis 1787 der Naturforscher und Revolutionär Johann Georg Forster (1754–1794) Botanik lehrte. 1803

wurde diese unter Alexander I. in eine Kaiserliche Universität umgewandelt, die bald einen beachtlichen wissenschaftlichen Standard erreichte und sich schnell zu einem wichtigen Zentrum des polnischen Geisteslebens entwickelte. In dieser Zeit verfasste der seit 1804 hier lehrende Danziger Gräzist Ernst Gottfried Groddeck (1762–1825) das erste Handbuch für griechische Literatur in Europa. Er weckte das Interesse für klassische Antike und humanistische Bildungsideale bei seinen Studenten, zu denen auch der polnische Nationaldichter Adam Mickiewicz (1798–1855) und der Historiker Ignacy Lelewel (1786–1861) gehörten. Nach dem polnischen Aufstand jedoch wurde die Universität 1831 geschlossen.

1918 wurden in Vilnius die Statuten für eine Landesuniversität Litauens zwar angenommen, diese musste aber wegen der polnischen Besetzung nach Kaunas ausweichen. 1922 kam es hier zur Gründung der litauischen Universität, die seit 1930 den Namen »Universität Vytautas' des Großen« führte. Die litauische Universität Kaunas war von 1922 bis 1940 eine moderne Volluniversität mit sieben Fakultäten, ca. 4000 Studenden und 100 bis 200 Hochschullehrern, zu denen u. a. der Sozialwissenschaftler und Schriftsteller Vincas →Kreve-Mickevičius (1882–1954) gehörte. Nach dem Wiederanschluss von Vilnius an Litauen 1939 wurde schon im Januar 1940 mit der Verlegung der Einrichtungen der Universität Kaunas dorthin begonnen. – Während der Zwischenkriegszeit hatte im polnischen Wilno (Vilnius) eine polnische Stefan-Bathory-Universität bestanden.

DIE OSTSEEPROVINZEN DES ZARENREICHES IM 19. JAHRHUNDERT

Hauptthemen der baltischen Geschichte dieses Jahrhunderts waren die Agrarfrage und die mit ihr verbundenen Verfassungsreformen, das nationale Erwachen der Esten und Letten sowie die so genannte Russifizierung. Alle drei Strömungen laufen auf die große Krise der Revolution von 1905 zu und münden im Umbruch des Ersten Weltkrieges 1914/18 mit der Herauslösung der baltischen Länder aus dem russischen Reichsverband und der Erringung der Selbstständigkeit.

Die Agrarfrage

Die mit den baltischen Agrarreformen verbundene gründliche Umwandlung des agrarökonomischen Systems schuf die Grundlagen der nationalen Emanzipation der Esten und Letten. Unter dem Einfluss der Aufklärungsideen trat die livländische Agrargesetzgebung zwischen 1797 und 1805 sowie besonders zwischen 1816 und 1819 in ein entscheidendes Stadium. Dabei ging es aber selbst den ritterschaftlichen Anhängern der rationellen Landwirtschaft zunächst nur um die Einführung einer »modifizierten Knechtswirtschaft« – radikale Neuerungen wurden erst 1849 von der Ritterschaft beschlossen und 1860 zum Gesetz.

Während in den Bauernverordnungen von 1802–1804 die Schollenpflicht noch erhalten blieb, gab die Ritterschaft 1816–1819 endgültig das Recht an der Person des Bauern auf, behielt aber das alleinige Recht am Grund und Boden. Die Nutzung durch den Bauern erfolgte nun aufgrund von Pachtverträgen, wobei die Pacht als Fronpacht in Arbeitsleistung zu erbringen war. Die erwartete Freizügigkeit der Landbewohner trat allerdings nicht ein. Die Situation verschärfte sich, als im Sommer 1841 im Zusammenhang mit Missernten und Hungersnöten tausende von Esten und Letten in Livland und Oesel aufgrund von Gerüchten, bei einem Glaubenswechsel so genanntes »warmes Land« im Süden Russlands zu erhalten, zum russisch-orthodoxen Bekenntnis des Zaren übertraten. Diese wiederholten Bekehrungsaktionen der orthodoxen Geistlichkeit hatten Ende der 1840er-Jahre zur Folge, dass sich über 106 000 Esten und Letten in Livland und

Oesel der orthodoxen Kirche anschlossen. Als sich die auf den Konfessionswechsel gesetzten wirtschaftlichen Hoffnungen als unbegründet erwiesen, setzte eine Rekonversionsbewegung ein, mit der die Enttäuschten zum Protestantismus zurückkehren wollten. Wer aber von der russisch-orthodoxen Staatskirche und damit aus russischer Sicht von der Rechtgläubigkeit abfiel, verstieß gegen Staatsgesetze. Schon bald setzten daher Prozesse gegen Pastoren ein, von denen die Abgefallenen wieder in die lutherische Kirche aufgenommen worden waren.

Die nächste Phase der Agrarreformen war bestimmt von der Tätigkeit des liberalen Reformers Hamilcar Baron →Fölkersahm (1811–1856), der zu Recht als »livländischer Mirabeau« bezeichnet worden ist (Eckardt). Er wollte mit sozialethischem Impuls der estnischen und lettischen Landbevölkerung durch klare Trennung von Guts- und Bauernland zu eigenem Besitz verhelfen. Der Pächter konnte im Agrargesetz von 1849 als Partner des Gutsbesitzers mit öffentlichen Krediten Grund und Boden erwerben. Auf dem somit gesetzlich abgetrennten Land war die Geldpacht einzuführen, und unter Einfluss der preußischen Agrarreformen sollte ein Sechstel des bäuerlich genutzten Landes (die so genannte Quote) vom Gutsbesitzer möglichst zur Ansiedlung von Gutsknechten verwendet werden. Die entscheidende Neuerung lag darin, dass nun neben den Bauerngesinden eigene Gutswirtschaften mit Knechten aufgebaut werden mussten. Politisches Ziel der Agrarreform war es, einen wirtschaftlich unabhängigen Stand bäuerlicher Eigentümer entstehen zu lassen. Das alles diente allerdings nach wie vor der Erhaltung des ständischen Prinzips, »um eine Verbindung des Herrn mit dem Bauern zu erhalten – und ersterem die oberherrlichen Vorrechte zu konserviren.«

Diese in mehreren Stufen durchgeführten Maßnahmen bedeuteten zu jener Zeit noch keine Einbeziehung der Esten und Letten in die politische Verantwortung. Denn es gelang den liberalen Kräften nicht, die damit selbstständig gewordenen Bauern an der politischen Führung des Landesstaates zu beteiligen – nur in Livland wurde ihnen 1870 auf Kirchspielsebene eine Mitentscheidung eingeräumt. In den Ostseeprovinzen kam es weder zu einer Kreisreform noch zur bäuerlichen Mitsprache auf der höheren Provinzialebene. Mit dem Übergang zur Geldpacht und zum Bauernlandverkauf wurde die ständische Ordnung ökonomisch zwar gesprengt, politisch jedoch versteinerte sie, denn die als nationale Gegensätze empfundenen sozialen Spannungen blieben bestehen. Sie bewirkten jedoch – so überfällig sie auch immer waren – die Entstehung eines Kerns estnischer und lettischer

Bauernwirte. Der wirtschaftliche Erfolg leistungsfähiger estnischer und lettischer Einzelbetriebe hatte eine ausgeprägte soziale Differenzierung zur Folge – neben landbesitzenden Bauern gab es bald Pächter und Landarbeiter. Insgesamt eröffneten sich durch die Intensivierung der Landwirtschaft und die Entwicklung einer Industriewirtschaft nunmehr den Esten und Letten Chancen für den Aufstieg in unterschiedliche Berufe.

Industrialisierung und Urbanisierung

Mehrere Modernisierungsschübe schufen grundlegende Veränderungen auf dem Lande und in den Städten: Die Freizügigkeit nach der Bauernemanzipation bildete die Voraussetzung zur Erschließung neuer Erwerbszweige, und mit der Urbanisierung wurden lokale Begrenztheiten überwunden.

Die Abschaffung der Leibeigenschaft hatte Arbeitskräfte freigesetzt, die von den in den Städten entstehenden Großunternehmen benötigt wurden. Motor der Industrialisierung war seit der Jahrhundertmitte vor allem der Eisenbahnbau, durch den die Zahl der Metall, Holz und Leder verarbeitenden Fabriken stieg. Eine Eisenbahnstrecke wurde 1868 zwischen Riga und Mitau eröffnet, und 1870 baute man eine Verbindung von Baltischport über Reval und Narva nach St. Petersburg. 1861 war in Litauen die erste Verbindung zwischen Kaunas und Wirbalis fertiggestellt worden. Der Ausbau des Eisenbahnnetzes förderte entschieden den Handel, insbesondere mit den Hafenstädten.

Zu den ersten größeren Unternehmen gehörten die einheimische Wolle verarbeitenden Textilfabriken wie die Tuchfabrik Joala bei Narva, wo 1827 die erste Dampfmaschine Estlands eingesetzt wurde, oder die 1858 in Narva gegründete Baumwollspinnerei Kreenholm, die bereits 1872 an modernsten Maschinen eine Belegschaft von über 4600 Arbeitern beschäftigte. 1858 waren in Riga und Umgebung 47 Fabriken mit 4500 Arbeitern tätig. Neben der Textilindustrie spielten hier auch die Tabak-, Metall- und Holzindustrie eine Rolle. Die Porzellanfabrik von Kuznetzov beschäftigte in Riga über 200 Arbeiter. Nach der Gründung von Schiffswerften in Windau (Ventspils) und Libau (Liepāja) entstanden zwischen 1865 und 1873 die Maschinenfabrik Bolderai, die Russisch-Baltische Waggonfabrik oder Fabriken zur Herstellung landwirtschaftlicher Maschinen.

Nach dem Einschnitt der Wirtschaftskrise 1873–1875 gab es einen neuen Aufschwung. Die Waggonfabrik Dvigatel zog in Reval tausende russischer und estnischer Arbeiter an, und in Riga, wo u. a. die größte Drahtfabrik Russlands aufgebaut wurde, waren im Waggonbau etwa 15 000 Arbeiter beschäftigt. So stand Riga 1879 mit 145 Fabriken und über 12 000 Arbeitern gemessen an der Arbeiterzahl an dritter, nach dem Produktionsumfang an vierter Stelle im Zarenreich. Vor 1914 gab es damit in den Ostseeprovinzen eine voll ausgebaute Industriewirtschaft mit Großunternehmen und einer Fülle von mittleren und vor allem kleineren Betrieben. Estland, Livland und Kurland spielten vor dem Ersten Weltkrieg ökonomisch eine Vorreiterrolle in Russland. Häfen und Großstädte begünstigten diese Entwicklung in den Ostseeprovinzen gegenüber Litauen, wo erst in den 1890er-Jahren die Metallindustrie anwuchs. Vilnius wurde mit seinen Gerbereien und Pelzwerkstätten zum Zentrum der handwerklichen Industrie. Um 1890 aber gab es in den litauischen Gouvernements erst 25 Betriebe, die mehr als 100 Arbeiter beschäftigten.

Die Urbanisierung war in den Ostseeprovinzen Estland, Livland und Kurland ein entscheidender Faktor, nicht dagegen in den weitaus stärker agrarisch geprägten litauischen Gouvernements.

Die unterschiedliche Entwicklung von Riga, Libau, Reval, Pernau und Narva auf der einen und Vilnius und Kaunas auf der anderen Seite war bedingt durch die zeitverschobenen Auswirkungen des Eisenbahnbaus. Nach dem direkten Anschluss an die inneren Gouvernements und damit an die zentralen Getreideanbaugebiete der Ukraine und Südrusslands gewann Rigas Seehafen größte Bedeutung, und die Stadt wuchs von 103 000 Einwohnern im Jahre 1871 auf 282 000 im Jahr 1897 und 520 000 im Jahr 1913. Diese Verfünffachung der Bevölkerung Rigas in nur eineinhalb Generationen wurde vor allem durch den Zuzug vom flachen Lande Südlivlands und Kurlands bewirkt und bedeutete einen enormen Verstädterungsprozess in einer bis dahin stark ländlich geprägten Region. Einen ähnlichen Aufstieg erlebte Libau aufgrund des Anschlusses an das Eisenbahnnetz zwischen 1863 mit noch 10 000 Einwohnern auf 29 000 Einwohner 1881 und 64 000 im Jahre 1897. Reval wiederum entwickelte sich zum zweitgrößten Importhafen des Russischen Reiches nach St. Petersburg und noch vor Odessa. In den 1860er-und 1870er-Jahren wuchsen auch andere Städte im estnischen Siedlungsgebiet enorm an, innerhalb einer Generation verdreifachten sie ihre Bevölkerungszahlen.

Während in Reval und Riga mit dieser Entwicklung der estnische bzw. lettische Bevölkerungsanteil stark zunahm, wuchs in den litauischen

Städten dagegen der Anteil der Russen, Polen und Juden. Noch im 20. Jahrhundert waren in Vilnius und Kaunas die Litauer selbst in der Minderheit.

Das nationale Erwachen

Die zweite Stufe der baltischen Agrarreformen machte den Weg frei für die geistige Emanzipation. Für den Prozess der sozialen und politischen Differenzierung war der hohe Grad der Alphabetisierung bei Esten und Letten von ausschlaggebender Bedeutung. Während 1897 in den innerrrussischen Gouvernements nur 30% der Jugendlichen und Erwachsenen wenigstens in Ansätzen lesen konnten, lag die geläufige Lesefähigkeit in Estland bei 95% und in Livland bei über 92%. In Litauen bestanden dagegen schlechtere Startbedingungen, da hier die Russifizierung des Schulwesens eine Bevölkerung getroffen hatte, die kaum alphabetisiert war, während in den Ostseeprovinzen die erst 1889 einsetzenden Russifizierungsmaßnahmen im Schulbereich keine durchschlagende Wirkung mehr erzielen konnten.
In Fortsetzung der Pflege lettischer Volksüberlieferungen gründete der kurländische Pastor August Bielenstein (1826–1907) im Jahre 1824 die »Lettisch-literärische Gesellschaft«. Der lettische Journalist Krišjānis Barons (1835–1923) schuf eine umfassende Sammlung lettischer Volkslieder, und der Lehrer Atis Kronvaldis (1837–1875) setzte sich für ein eigenständiges lettisches Bildungswesen ein. 1888 erschien das von Andrejs Pumpurs (1841–1902) verfasste lettische Epos »Lačplesis« [Bärenreißer].
Im estnischen Bereich verlief die Entwicklung ähnlich: Die 1838 in Dorpat gegründete »Estnische Gelehrte Gesellschaft« verdankte ihre Bedeutung vor allem dem estnischen Arzt Friedrich Robert Faehlmann (1798–1850), dessen Freund Friedrich Reinhold →Kreutzwald (1803–1882) zum Herausgeber des estnischen Volksepos »Kalevipoeg« [Sohn des Kalev] wurde, das 1857–1861 in erster Auflage erschien. Der estnische Pastor Jakob →Hurt (1839–1906) aus Odenpäh (Otepää) befasste sich als einer der Ersten mit der Sammlung und Veröffentlichung von Volksgut.
So begann die nationale Bewegung sowohl im nord- und südestnischen Bereich mit den Zentren Reval und Dorpat als auch im lettischen mit dem dominierenden Zentrum Riga als Kultur- und Bildungsbewegung. Die Alexanderschul-Bewegung wollte in den 1860er-Jahren gegen den Widerstand deutschbaltischer Kreise die

Gründung eines estnischen Gymnasiums erreichen. Die von seinen deutschbaltischen Zeitgenossen für ganz unwahrscheinlich gehaltene Prophezeiung des Arztes und Schriftstellers Georg Schultz-Bertram (1808–1875) aus dem Jahre 1869, die Esten könnten in 50 Jahren eigene Universitätslehrer stellen, sollte sich genau zum vorausgesagten Termin erfüllen, als 1919 die estnische Universität Tartu eröffnet wurde.

Das Anwachsen der nationalen Bewegungen äußerte sich auch in der Gründung zahlreicher kultureller und landwirtschaftlicher Vereine, Kreditinstitute oder Zeitungen. Von besonderer Bedeutung wurde die 1863 in St. Petersburg von Krišjānis Valdemārs (1825–1891) begründete lettische Zeitung »Peterburgas Avizes« [Petersburger Zeitung]. In Dorpat als dem Zentrum der estnischen nationalen Bewegung gründete 1864 der Küster und Volksschullehrer Johann Voldemar Jannsen (1819–1890) die Wochenschrift »Eesti Postimees« [Estnischer Postbote] und im Jahr darauf den Gesangverein »Vanemuine« [= mythischer Gott des Gesanges]. Seine Tochter Lydia errang als nationale Schriftstellerin unter dem Namen Koidula (1843–1886) Bedeutung. Von Dorpat ging auch die Initiative für die estnischen Sängerfeste aus. Nach dem Vorbild deutscher Schillerfeiern versammelte das erste im Jahre 1869 in Dorpat bereits 845 Aktive und 10–15 000 Zuhörer (bis 1894 wuchs diese Zahl auf 50 000). Damit wurde eine weit reichende Tradition begründet: Die Sängerfeste sind bis in unsere Gegenwart neben kulturellen vor allem auch politische Manifestationen, was nicht zuletzt zu der Bezeichnung »Singende Revolution« für die Unabhängigkeitsbewegung der 1980er-Jahre geführt hat.

Als sich während der Russifizierung die estnischen und lettischen nationalen Bewegungen radikalisierten, trat besonders Valdemārs für ein Zusammengehen mit dem russischen Nationalismus ein. Auch der 1868 gegründete Rigaer Lettische Verein hoffte unter Führung von Krišjānis Kalniņš (1847–1885) und dem Deutschen Alexander Wäber (1848–1910) zunächst auf russische Unterstützung. Vom Lettischen Verein wurde auch die umfassende Bittschriftenaktion mit 20 000 Einzelpetitionen und zahlreichen weiteren Unterschriften aus Anlass der Revision des Senators Nikolai Manaseïn (1834–1895) im Jahr 1882/83 koordiniert. Deren Folge war ein deutliches Votum des Senators gegen die Agrarverhältnisse und für die Einführung der russischen Landschafts-Institutionen (*Zemstva*). Allerdings empfahl er auch den Gebrauch der russischen Sprache in Gericht und Schule. Als scharfer Kritiker der deutschbaltischen Vorherrschaft förderte Carl Robert Jakobson (1841–1882) das estnische Landvolksschulwesen und setzte in seiner ausgeprägt antikirchlichen Einstellung auf die russischen Unterrichtsbehörden, wobei er die Russifizierungsgefahr unterschätzte.

In den 1890er-Jahren erfuhren die nationalen Bewegungen einen erneuten Schub und zugleich eine politische Zersplitterung. Unter der Schriftleitung des jungen Juristen Jaan →Tõnisson entwickelte sich in Dorpat die Zeitung »Postimees« [Postbote] zu einem wichtigen Motor. In Reval erwuchs dieser ab 1901 eine Konkurrenz in der ebenfalls von einem Juristen, dem jungen Konstantin →Päts, geleiteten Zeitung »Teataja« [Anzeiger]. Beide Persönlichkeiten sollten für ein halbes Jahrhundert das Geschick des Landes maßgeblich bestimmen. Aus dem Bauerntum Südestlands stammend, hatten beide in Dorpat Rechtswissenschaften studiert und politischen Einfluss als Redakteure gewonnen. In ihrer äußeren Erscheinung ebenso gegensätzlich wie in ihrer Veranlagung – der intellektuell gewandte Redner Tõnisson gegenüber dem bedächtigen bis eigensinnigen Päts – bildeten sie Antipoden: zunächst in der Publizistik, später dann in der politischen Opposition ihrer Parteien. Gegen den das gehobene estnische ländliche und städtische Besitzbürgertum repräsentierenden Tõnisson schlug Päts vor 1905 in Reval radikalere Töne an.

Neue Impulse gab es um die Jahrhundertwende auch bei den Letten. Der Charakter Rigas als einer Metropole des Russischen Reiches trug mit dazu bei, dass die lettische nationale Bewegung eine Art Vorreiterrolle übernahm. Während sich die Altnationalen um den Lettischen Verein gesammelt hatten, kam in der so genannten »Neuen Strömung« [*Jauna strava*] bereits sozialistisches Gedankengut zum Tragen. Deren Vertreter fühlten sich gleichermaßen als Repräsentanten eines eigenständigen Volkes, und ihre Politik richtete sich ebenso gegen die russische Autokratie wie gegen die dominierende deutsche Oberschicht. Die marxistische Ideen aufnehmende »Dienas Lapa« [Tageszeitung] wurde so geschickt vom Dichter Jānis →Rainis redigiert, dass die Behörden erst bei Ausbruch von Streiks in Riga 1895 mit Strafen und Verboten reagierten. Bis dahin hatten sie dieses sozialdemokratische Blatt als Gegengewicht gegen die nationale Bewegung betrachtet.

Die so genannte »Russifizierung«

Die russische Gouvernements-Administration in den Ostseeprovinzen versuchte, die estnischen und lettischen nationalen Bestrebungen für die eigene Politik im Zeichen eines russischen Nationalismus panslawistischer Prägung zu instrumentalisieren. Die Maßnahmen einer »kulturellen Russifizierung« wurden von Esten und Letten im Rahmen ihres Emanzipationsprozesses von der deutschen Vorherrschaft teilweise aus taktischen Gründen bis in die ersten Herrschaftsjahre Alexanders III. (1845–1894) hinein noch begrüßt. Diese Situation beschrieb ein livländischer Ritterschaftsvertreter auf dem Landtag von 1865 nicht unzutreffend: »Hierbei kooperierten und reichten sich gewissermaßen die Hand die junglettische Partei und die russische Partei, indem jene den Kampf gegen das Deutschtum, letztere aber gegen den Protestantismus vor Augen hatte und beide es für das vorteilhafteste erkannten, den Kampf auf das agrare Gebiet zu verpflanzen.« Schließlich aber setzte sich auch bei Esten und Letten die Erkenntnis durch, dass sie vom staatsbefehligten russischen Chauvinismus keine dauerhafte Unterstützung erwarten konnten.

Strenge Zensurbestimmungen in den Ostseeprovinzen machten es deutschbaltischen Publizisten seit 1865 unmöglich, auf die in der russischen Presse vehement vorgetragene Anklage des Separatismus angemessen zu reagieren. Der Pressefeldzug eskalierte 1868/69 in der Konfrontation zwischen dem Slawophilen Jurij Samarin (1818–1876) und dem Dorpater Professor Carl →Schirren (1826–1910), in dessen Folge auch der Kurator des Dorpater Lehrbezirks, Alexander Graf Keyserling, vorzeitig zurücktreten musste. Er hatte noch gewarnt vor einem »Nationalfanatismus, der nichts duldet, was einer fremden Nation eigenthümlich« sei. Sein darauf in Riga residierender Nachfolger Michail Kapustin (1828–1899) gründete zahlreiche Schulen und drängte den Einfluss der Ritterschaften und der evangelisch-lutherischen Kirche weitgehend zurück.

Bereits 1867 sah ein Sprachenukas den Übergang von der deutschen zur russischen Verhandlungssprache in den provinzialen Kronsbehörden vor. 1876 wurde das Generalguberniat für die drei Ostseeprovinzen als eine Art Generalvertretung der Provinzen nicht erneuert, womit das »Ostseekomitee«, das seit 1846 die Eigenständigkeit der Ostseeprovinzen im Russischen Reich repräsentiert hatte, seine Funktion verlor. Die Einführung der russischen Städteordnung auch für die baltischen Städte im Jahre 1877 hatte scharfe Wahlkämpfe zur Folge. Die fortwährenden Einschüchterungsversuche gegenüber der Estländischen Ritterschaft und die neue russische Präsenz seit Beginn der 1880er-Jahre fanden ein sichtbares Zeichen im Bau der gewaltigen orthodoxen Kathedrale auf dem Domberg in Reval.

Dieses Jahrzehnt stand zudem im Zeichen einer zweiten Konversionsbewegung, ausgelöst durch die Wiederherstellung des Reversalzwanges mit rückwirkender Kraft im Jahre 1885. Dadurch mussten sich die Nachkommen russisch-orthodox gewordener Konvertiten der 1840er-Jahre plötzlich als Mitglieder der russischen Staatskirche begreifen. Davon waren ca. 35 000 Esten und Letten betroffen, und etwa 90% der livländischen Pastoren wurden schließlich angeklagt, weil sie diese wieder aufgenommen hatten.

1885 wurde die Oberaufsicht des Volksschulwesens von der deutschbaltischen Geistlichkeit und den Ritterschaften auf das Volksbildungsministerium übertragen; der Gebrauch der russischen Sprache wurde im Schriftverkehr mit allen staatlichen Stellen und damit auch zwischen den Landes- und den Reichsbehörden verbindlich. 1888/89 verloren die Ritterschaften durch eine neue Polizeiorganisation und Justizreform das Recht auf die Stellenbesetzung bei den Justiz- und Polizeibehörden. An die Stelle der bisherigen einheimischen deutschen Richter traten nun meist Russen, die nicht nur mit dem Landesrecht oft erhebliche Schwierigkeiten hatten, sondern auch auf unzuverlässige und korrupte Übersetzer angewiesen waren. Als Höhepunkt der staatlichen Unifizierungspolitik wurde zwischen 1887 und 1890 das gesamte Schul- und Hochschulwesen russifiziert. Alle Bewohner der Ostseeprovinzen sollten »russisch sprechen und denken, um das befriedigte Gefühl geistiger Einigung mit dem gemeinsamen Vaterlande an sich zu erfahren«. Das versuchte man durch Einführung des Russischen als Unterrichtssprache in mehreren Etappen an den Schulen zu erreichen sowie 1893 durch die Umbenennung der Universitätsstadt Dorpat in Jurev, wo alle Professoren bald die russische Lehrsprache zu verwenden hatten. Die Zahl russischer Studenten stieg hier nicht zuletzt durch die Zulassung auch der Absolventen griechisch-orthodoxer geistlicher Seminare aus ganz Russland innerhalb weniger Jahre von etwa 100 auf 1000.

Die Russifizierung wurde von den Deutschbalten als Verschmelzungspolitik begriffen, was der Landespolitiker Max von Oettingen (1843–1900) krass zum Ausdruck brachte, als er 1887 schrieb, der russische Staat verfolge unverhüllt die Absicht, Esten und Letten »in jenen sarmatischen Topf« einzustampfen, »in welchem aus Orthodoxie, Nihilismus, Tschinownikthum, Papierrubeln, Branntwein und Dynamit die ›große russische Idee‹ gebraut« werde.

Neue Sicht der »Russifizierung«

Heute werden die damaligen Versuche, nichtrussische Ethnien in den verschiedensten Bereichen von Staat und Gesellschaft den Russen anzugleichen, differenzierter bewertet. Denn entgegen der Auffassung einer unter Katharina II., spätestens unter Nikolai I. (1825–1855) einsetzenden durchgängigen Russifizierungspolitik gab es weder ein in sich geschlossenes einheitliches Russifizierungskonzept, noch verlief die Russifizierungspolitik geradlinig und kontinuierlich. Bei genauerer Analyse der Motive und Ziele der zarischen Nationalitätenpolitik treten die unterschiedlichen Ebenen einer solchen administrativen, konfessionellen und ethnischen Integrationspolitik stärker hervor. Diese wird auch als Bestandteil einer notwendigen Modernisierung des Gesamtstaates betrachtet. Damit kommt die Funktion der einzelnen Elemente jener staatlichen Unifizierungspolitik im Rahmen des umfassenden Veränderungsprozesses für den Aufbruch Russlands ins 20. Jahrhundert stärker in den Blick und kann mit dem allgemeinen Modernisierungsprozess anderer europäischer Staaten verglichen werden.

Die nationale Emanzipation der Litauer

Litauen, das erst 1795 mit der dritten Teilung Polens an Russland gefallen war, wies eine regionale Besonderheit in der Suwalkia auf. Denn diese kam zunächst an Preußen (1795–1807) und darauf unter Napoleon an das Großherzogtum Warschau, bis sie nach dem Wiener Kongress 1815 an das Zartum Polen fiel. Von weit reichender Folge war die Einführung des Code Napoléon, der hier den Beginn entscheidender sozialer Wandlungen markiert: Die Bauern erhielten persönliche Freiheit und Freizügigkeit, allerdings ohne wirtschaftliche Freiheit von der adligen Gutsherrschaft.

Im übrigen Litauen folgte die agrar-soziale Emanzipation nicht dem baltischen, sondern dem russischen Muster. Die Leibeigenschaft wurde erst mit der russischen Bauernbefreiung 1861 abgeschafft und brachte zunächst weder eine Beseitigung der wirtschaftlichen Vormachtstellung der Großgrundbesitzer noch eine Lösung der Bauern von den verschiedenartigen Bindungen an das Gut. Die Bauernbefreiung erfolgte hier zu einer Zeit, als die Agrarreformen bei den nördlichen Nachbarn bereits eine zweite Stufe erreicht hatten. Die Suwalkia errang durch die rechtliche Lage der Bauern und aufgrund der besseren Böden einen Vorsprung vor dem übrigen Litauen in sozialer und wirtschaftlicher Hinsicht. Viele der in der Emanzipationsbewegung später führenden Persönlichkeiten stammten aus eben diesem Grenzgebiet.

Die erste Phase der lituanistischen Bewegung

Im nationalen Erwachen der Litauer zeigen sich drei Frontstellungen: gegen die Großrussen, gegen die Weißrussen im östlichen Siedlungsraum sowie gegen die frühere polnische Oberschicht aus Großgrundbesitz und Stadtadel. Der Anstoß kam aus der 1803 von Alexander I. wieder eröffneten Universität Wilna, die zur Geburts- und Pflegestätte der »lituanistischen Bewegung« wurde. Die auch hier aus der Aufklärung erwachsenen Bemühungen um die Hebung der allgemeinen Volksbildung verbanden sich mit einer Wiederentdeckung geistiger Werte in Volkskunst und Sprache der bislang eher verachteten Bauern. Diese sollten für das Ziel gewonnen werden, die Wiederherstellung Polens in den Grenzen von 1772, wenn auch zunächst unter russischer Oberhoheit, zu erreichen. Aus dem weitgehend polonisierten Kleinadel Schamaitens entwickelten sich Kräfte, welche die lituanistische Bewegung trugen. Sie wurde unterstützt von zahlreichen polnischen Schriftstellern und Historikern, die in den ersten Jahrzehnten des 19. Jahrhunderts ihr Herz für das Bauerntum und die Vergangenheit des litauischen Volkes entdeckten.

Die nationalen Bestrebungen erreichten breitere bäuerliche Schichten durch die Vermittlung der Geistlichkeit. Das von ihr geleitete Volksschulwesen bildete eine erste Pflegestätte der litauischen Sprache, wenn auch ein eigenes litauisch-nationales Selbstbewusstsein noch nicht vorhanden war – weder in Schamaiten noch im litauisch besiedelten östlichen Ostpreußen, wo seit dem Ausgang des 18. Jahrhunderts mit Kristijonas →Donelaitis [Christian Donalitius] (1714–1780) ähnliche Bestrebungen wirksam waren. Das zeigte sich u.a. in der 1879 in Tilsit gegründeten »Littauischen litterärischen Gesellschaft«.

Die Aufstände von 1830 und 1863 und ihre Folgen

Unter dem Einfluss der Revolution von 1830 in Frankreich brach auch in Polen ein Aufstand aus, der sich 1831 auf Litauen ausweitete. Im Frühjahr gelang es den Aufständischen zunächst, neben Vilnius und Kaunas einen großen Teil des litauischen Gebietes unter ihre Kontrolle zu bringen. Hinsichtlich einer künftigen Staatsordnung herrschten bei

ihnen aber unterschiedliche Vorstellungen, die vom Anschluss an das Königreich Polen bis zur Gründung eines selbstständigen litauischen Staates reichten. Nach der Niederlage gegen die überlegenen russischen Truppen nahm der Druck der zarischen Regierung zu: Die Aufständischen wurden bestraft und ihre Güter eingezogen, es mussten Kontributionen geleistet werden, die Zensur wurde verstärkt, die Geistliche Akademie wurde nach St. Petersburg verlegt und 1832 erfolgte die Schließung der Wilnaer polnischen Universität. Dem folgte zunächst aber noch keine Loslösung der Litauer von den Polen. Denn die nationalen Strömungen der russischen Politik riefen gemeinsame Abwehrkräfte hervor, und litauische Gebiete wurden in die Vorbereitungen zum Aufstand von 1863/64 miteinbezogen.
An diesem nahmen in größerem Umfang auch litauische Bauern teil als Folge der Entnationalisierungstendenzen sowie der großen Unzufriedenheit mit der Bauernbefreiung. Die nationale Bewegung in Litauen hatte sich schon 1861 in zwei Richtungen gespalten: Die liberalen Gutsbesitzer erstrebten eine Wiederherstellung des polnisch-litauischen Staates, während ein radikaler Flügel vordringlich die Landreform vorantreiben und damit die Lage der Bauern verbessern wollte. Trotz der Meinungsunterschiede in der sozialen Frage gelang es, breitere Massen zu mobilisieren und den Aufstand über ganz Litauen auszudehnen. Zwischen April und Juli 1863 fanden in den Gouvernements Vilnius und Kaunas zahlreiche Gefechte mit russischen Truppen statt, aber auch diesmal scheiterte der Aufstand. Der im Mai zum Generalgouverneur von Vilnius ernannte Michail Muravev (1796–1866) wurde durch seine harten Strafmaßnahmen als »der Henker« berüchtigt. Neben der Verurteilung der Anführer des Aufstandes wurden in einer neuen Welle von Unterdrückungsmaßnahmen katholische Beamte durch orthodoxe ersetzt, Repressalien gegen die katholische Kirche eingeleitet und ein Druckverbot für litauische Publikationen in lateinischer Schrift erlassen. Letzteres unterliefen die Litauer mit dem illegalen Einschleusen meist erbaulicher Schriften aus Ostpreußen durch die so genannten »Bücherträger«.
Verstärkt wurde der Widerstand durch die intensive Werbung der orthodoxen Staatskirche, die völlige Russifizierung des ländlichen Schulwesens im Generalgouvernement Vilnius sowie die erschwerte Möglichkeit für litauische Bauern, Grund und Boden zu erwerben. Hinzu kam die Ansiedlung russischer Kolonisten im Lande – ein Vorgang, der in den Ostseeprovinzen so nicht stattfand. Das rief zwei große Abwehrbewegungen hervor. Die eine bestand in der Ende der 50er-Jahre einsetzenden und nach 1864 enorm anschwellenden Emig-

ration nach Übersee, insbesondere in die USA – zu Beginn der 1880er-Jahre gab es dort bereits litauische Kolonien von mehreren zehntausend Mitgliedern. Diese litauische Westmigration ist lange nicht zum Stillstand gekommen. Die zweite Abwehrbewegung war eine Weiterentwicklung der litauischen Nationalbewegung. Die Priesterseminare wurden zu wichtigen Widerstandszentren und zu Pflegestätten der litauischen Sprache. In der Frontstellung gegen russisch-orthodoxe Kirche und slawophile Partei gingen hier Religion und Nationalismus eine enge Symbiose ein.
Im Zusammenhang mit dem sozialen Wandel erstarkte – zuerst in der Suwalkia – das litauische Bauerntum, und eine Art Bildungshunger ergriff die ländliche Bevölkerung. Mit der Vorstellung, der Abstammung nach zwar Litauer, der Nation nach aber Pole zu sein, kamen die jungen Bauernsöhne auf die Universität. Dort trafen sie mit anderen ethnischen Gruppen zusammen. Jonas →Basanavičius (1851–1927), Sohn eines wohlhabenderen Bauern aus der Suwalkia, berichtet davon, wie er und seine Kommilitonen den jungen Krišjānis Valdemārs und andere Letten an der Moskauer Universität trafen. Von deren bereits stark ausgeprägtem nationalen Selbstbewusstsein ließen sie sich anregen, untereinander Litauisch zu sprechen. Sie besorgten sich litauische Grammatiken und begannen, ihre bis dahin polnisch abgefassten Briefe nun auf Litauisch zu schreiben. Aus der Beschäftigung mit der litauischen Geschichte entwickelten sich erste Umrisse eines eigenen Geschichtsbildes.

Die lituanistische Bewegung in der zweiten Hälfte des 19. Jahrhunderts

Basanavičius gab mit Freunden ein hektographiertes Blättchen unter dem Titel »Aušra« [»Morgenröte«], heraus, das als Zeitschrift seit 1883 in Tilsit erschien. Indem vor allem Denkmäler der litauischen Vergangenheit gesammelt und beschrieben wurden, wollte man von dieser kulturpolitischen Basis aus das eigene nationale Bewusstsein wecken. Die lituanistische Bewegung, deren Träger die Kleinadligen gewesen waren, wandelte sich nun von einer aufklärerisch-humanistischen Bewegung in eine nationale, in der die aus dem Bauerntum kommenden Kräfte die Führung übernahmen.
Mit einer romantischen Verklärung der historischen Leistung des eigenen Volkes wurde die Vergangenheit zum eigentlichen Kampffeld, auf dem der Gegensatz zu Polen deutlich hervortreten musste. Die Lebensgemeinschaft löste sich seitdem fortschreitend auf. In offenem Konflikt mit den Polen forderten die »Litwomanen« die nationale

Gleichberechtigung und Ebenbürtigkeit der Litauer, wogegen in den letzten beiden Jahrzehnten bewusste Polonisierungsversuche auftraten. Die litauische Nationalbewegung des ausgehenden 19. und des beginnenden 20. Jahrhunderts war das zeitlich letzte Glied in der Kette nationaler Emanzipationsbestrebungen in Ostmitteleuropa.

Innerhalb der Nationalbewegung unterschieden sich bald die Sozialisten und die linksliberalen Demokraten mit ihrer Frontstellung gegen den Zarismus von einer eher gemäßigten Gruppe mit dem Ziel einer kulturellen Autonomie. In mehreren Zeitschriften wurden die politischen Ziele nationaler und sozialer Art immer schärfer formuliert. 1895 gründeten litauische Marxisten zusammen mit polnischen Sozialisten in Vilnius und Kaunas die »Litauische Sozialdemokratische Partei«, die 1899 die volle politische Autonomie der Litauer in einer freien Föderation forderte. Durch breite Agitation wurden die Sozialisten zu einem der aktivsten Elemente der litauischen Nationalbewegung und konnten bis zur Revolution von 1905 einen Teil der litauischen Schuljugend und Studenten gewinnen. Die 1902 gegründete »Litauische Demokratische Partei« stützte sich vor allem auf das Bauerntum, kleine Handwerker und Gewerbetreibende sowie Landarbeiter. Ein städtisches Bürgertum als das eigentliche Reservoir für nationaldemokratische Parteien existierte in Litauen nur in Ansätzen.

Erst unter dem Eindruck der anwachsenden revolutionären Bewegung wurde am 24. April 1904 den Litauern der Druck von Schriften in ihrer Muttersprache mit lateinischen Lettern wieder erlaubt. Das aber reichte nun nicht mehr aus, denn die Gewährung der Druckfreiheit bedeutete noch keineswegs eine Aufhebung der Pressezensur.

DIE REVOLUTION VON 1905

Die russische Revolution von 1905 war bestimmt sowohl von sozialrevolutionärer Aktion als auch von nationaler Dynamik. Neben den Schwerpunkten St. Petersburg und Moskau entbrannte sie besonders heftig in den Ostseeprovinzen, vor allem in Südlivland und Kurland, wo bereits Ende der 1890er-Jahre Missstände in den Industriestädten zu Streikaktionen geführt hatten. Der unglückliche Verlauf des Russisch-Japanischen Krieges mit seinen unpopulären Mobilisierungen verstärkte die Unzufriedenheit. In Estland wurde Reval zum eigentlichen Zentrum der sozialistischen Agitation. An ihr beteiligte sich intensiv zwischen 1901 und 1904 auch Michail Kalinin (1875–1946), der später Vorsitzender des Obersten Sowjets und Staatsoberhaupt der Sowjetunion werden sollte.
Sowohl in der estnischen als auch in der lettischen Sozialdemokratie rangen nationale und föderalistische Vorstellungen mit dem Prinzip des Internationalismus. Im lettischen Siedlungsgebiet, vor allem in Riga, gruppierten sich die reformerischen Gruppen um verschiedene Zeitungen. Diese reichten von einer kleinen zarentreuen Gruppe über die politische Mitte um Fricis Grosvalds (1850–1924) und den späteren Staatspräsidenten Jānis Čakste (1859–1927) bis zu den Radikalen Arveds Bergs (1875–1942), den Dichter Jānis Rainis (1865–1929) und dessen Schwager Pēteris Stučka (1865–1932), dem späteren engen Mitkämpfer Lenins. Die dominierende »Lettische Sozialdemokratische Arbeiterpartei« war internationalistisch und marxistisch eingestellt. Sie erstrebte eine parlamentarische Demokratie in ganz Russland auf der Basis ausgebauter örtlicher Selbstverwaltungen und verfügte mit Pauls Kalniņš (1872–1945) über einen herausragenden Führer. Der Gedanke einer nationalen Autonomie nach der Theorie des Austromarxismus wurde von der kleineren Gruppe um Mikelis Valters (1874–1968) vertreten. Bereits im Dezember 1905 forderte diese einen eigenen lettischen Staat unter Einschluss Lettgallens, stand damit aber zunächst noch allein da.
Das Ziel einer nationalen Autonomie innerhalb einer russischen Föderation wurde von bürgerlichen estnischen nationalen Kreisen vertreten. Politisch organisierten sich die national-liberalen Kräfte in der von Tõnisson in Dorpat begründeten »Estnischen Nationalen Fortschrittspartei«. Sie forderte eine administrative Vereinigung Estlands

mit dem von Esten besiedelten Nordlivland, die Erweiterung der ländlichen Selbstverwaltung, Aufhebung gutsherrlicher Vorrechte, Landzuteilung, verbesserte Arbeitsbedingungen für die Industriearbeiter sowie ein uneingeschränktes muttersprachliches Schulwesen.
Der »Blutsonntag« von Petersburg löste Anfang 1905 revolutionäre Unruhen auch in baltischen Städten aus. Die Streikaktionen steigerten sich bis zum Oktober, als der russische Generalstreik auch auf die baltischen Provinzen übergriff. Eine im Oktober in der Aula der Dorpater Universität zusammengetretene Versammlung erhob bereits radikale Forderungen nach Gründung einer demokratischen Republik Russland und Aufteilung des Großgrundbesitzes. Von den Städten wurde die Revolution auf das flache Land zu den Landarbeitern und Landlosen hinausgetragen. Aufständische Bauern besetzten die kurländische Stadt Tuckum und lieferten sich Anfang Dezember 1905 zwei Tage lang Kämpfe mit dem russischen Militär. Insgesamt wurden in den baltischen Provinzen 184 Herrenhöfe niedergebrannt und 82 Deutsche ermordet, darunter viele Geistliche, worin sich der besondere kirchenfeindliche Zug der Revolution zeigte. Deren Niederwerfung erfolgte mit äußerster Härte: Durch Strafexpeditionen und Standgerichte wurden unter Beteiligung auch deutschbaltischer Offiziere in den drei Provinzen zusammen 908 Esten und Letten hingerichtet, Hunderte zu Gefängnisstrafen verurteilt und mehrere Tausend nach Sibirien verschickt. Die Zahl der niedergebrannten Bauernhöfe überstieg jene der Gutshäuser um ein Vielfaches.
Zu den unmittelbaren Auswirkungen der Revolution gehörten an erster Stelle Erleichterungen auf dem Gebiet des Schulwesens. 1906 wurde die Gründung von Privatschulen mit muttersprachlichem Unterricht wieder erlaubt. Das gesamte Kulturwesen erfuhr einen Aufschwung durch Gründung literarischer Gesellschaften, von Verlagen, Schriftstellervereinigungen, Museen und Theatern. Auch das Genossenschaftswesen konnte weiter ausgebaut werden. Durch das Aufblühen des nationalen Vereins- und Parteilebens entwickelte sich bei den baltischen Völkern zunehmend eine Zivilgesellschaft.

Die Deutschbalten in der Revolution

Die revolutionären Ereignisse bewirkten bei den Deutschbalten ein gesteigertes Nationalbewusstsein besonders im Bürgertum und Landadel, am stärksten beim so genannten »Literatenstand«, d.h. den Vertretern akademischer Berufe. Ihre früher als selbstverständlich empfundene Solidarität mit der Landbevölkerung lockerte sich. Das fand einen Ausdruck in der Gründung der »Deutschen Vereine« sowie in der forcierten Ansiedlung deutscher bäuerlicher Siedler aus Wolhynien in Kurland und Livland. Ausgleichs- und Vermittlungsversuche wie jener des Estländischen Ritterschaftshauptmanns Baron Eduard von Dellingshausen (1863–1939), eine paritätische Vertretung des deutschen Groß- und des estnisch-lettischen Kleingrundbesitzes auf Kreisebene einzurichten, wurden von der russischen Regierung nicht bestätigt. 1906 hob die Livländische Ritterschaft immerhin das Patronatsrecht auf, d.h. die Predigerwahl durch die Gutsbesitzer. Die ihrer Struktur nach noch immer aristokratische Landesverfassung war aber letztlich nicht vereinbar mit den Forderungen nach Mitbeteiligung breiter estnischer und lettischer Bevölkerungsschichten. Eine politische Verständigung zwischen den Nationalitäten gelang nach der Revolution von 1905 nicht mehr, ihre weitere Auseinanderentwicklung konnte nicht aufgehalten werden.

Die Revolution in Litauen

Die Ereignisse in Litauen waren kein bloßer Reflex auf die Revolution in Russland und in den Ostseeprovinzen, sondern hatten ihre eigene Prägung. Da ein Industrieproletariat fehlte, lag der Schwerpunkt der Unruhen hier auf dem flachen Lande, und die Tendenz war antirussisch und nicht antiklerikal. Den Höhepunkt bildete ein »Großer Litauischer Landtag« Anfang Dezember 1905 in Vilnius mit rund 2000 Delegierten, auf dem auch der spätere Ministerpräsident Ernestas Galvanauskas (1882–1967) auftrat. Man forderte eine nationale Autonomie auf territorialer Grundlage mit einem demokratisch gewählten Landtag, die Vereinigung mit dem Gouvernement Suwalki sowie Litauisch als Amtssprache. Ohne größeren Widerhall blieb zunächst noch die Forderung von Vincas Mickevičius-Kapsukas (1880–1935) nach Gründung einer unabhängigen litauischen Republik. Fast alle Teilnehmer setzten sich aber von den Polen ab. Bei der Gründung neuer Parteien wie des »Litauischen Bauernbundes«, der »Christlich-Demokratischen Partei« oder einer übergreifenden Katholisch-Demokratischen Partei zur Sammlung von Litauern, Polen und Weißrussen handelte es sich generell noch um relativ »unorganisierte Zirkel« (Yčas).

In der Folge konnten sich auch in Litauen ein reges Vereinsleben und eine zwar unter Zensur stehende, aber immerhin öffentlich tätige

Presse entfalten. Hinzu kam, dass die Auseinandersetzungen mit den Polen im Gouvernement Vilnius nun einen Höhepunkt erreichten, wobei die russischen Behörden die litauischen Wünsche unterstützten.

Vorschule parlamentarischer Erfahrung in der Duma

Durch die Umwandlung der zarischen Autokratie in eine konstitutionelle Monarchie und die Bildung der Reichsduma als Volksvertretung hatten auch baltische Politiker die Möglichkeit, sich an der Legislative zu beteiligen – wenn auch in zunehmend eingeschränkter Form. Denn das schon 1907 veränderte Wahlrecht verringerte die Zahl besonders der Vertreter nichtrussischer Nationalitäten. Das Wahlsystem mit der getrennten Wahl nach Kurien über Wahlmänner wirkte sich besonders ungünstig für die unteren Bevölkerungsklassen aus (ein Wahlmann für je 30 000 Bauern, 90 000 Arbeiter, aber 7000 Städter, 2000 Gutsbesitzer). Dennoch brachten die Litauer durch ein Wahlbündnis mit den Juden – diese bildeten mit den Polen in den Städten die Mehrheit, kamen aber allein als Bündnispartner in Betracht – in die I. und II. Duma (1906–1907) sieben (+1 Jude) Abgeordnete, aufgrund des veränderten Wahlrechts in die III. und IV. Duma (1907–1917) nur noch vier (+1). Esten und Letten waren in den ersten beiden Dumen mit je fünf Abgeordneten vertreten, in der III. Duma saßen noch vier Letten und zwei Esten, in der IV. Duma nur noch je zwei Letten und Esten.

Die baltischen Abgeordneten bildeten keinen einheitlichen Minderheitenblock, sondern verteilten sich auf mehrere Parteien. Es gelang ihnen in den Reichsdumen nicht, Autonomieforderungen durchzusetzen. Immerhin war diese erste parlamentarische Tätigkeit eine wichtige Vorstufe für die Epoche der Selbstständigkeit, eine »Vorschule parlamentarischer Erfahrung« (v. Rauch). Das kam später einer Reihe maßgebender Politiker zugute wie u.a. Jānis Čakste, Andrejs Priedkalns (1873–1923) und Jaan Tõnisson. Nachteilig dagegen wirkte es sich aus, dass führende Persönlichkeiten nach 1905 fliehen mussten, wie Konstantin Päts in die Schweiz oder Kārlis →Ulmanis in die USA. Von den deutschbaltischen Abgeordneten trat besonders Alexander Baron Meyendorff (1869–1964) hervor, der als Mitglied der deutschen Gruppe in der russischen Oktobristenpartei in der III. und IV. Duma vertreten war und 1907–1909 das Amt eines Vizepräsidenten wahrnahm. Im Plenum und in verschiedenen Ausschüssen wandte er sich gegen staatliche Repressivmaßnahmen und trat im Rahmen der Reformbestrebungen für eine Stärkung des bäuerlichen Mittelstandes ein.

Vergleich der Revolution in Litauen und in den Ostseeprovinzen

Dynamik und Ausmaß der revolutionären Ereignisse waren in den Ostseeprovinzen entschieden schärfer ausgeprägt, und auch die Strafmaßnahmen fielen hier härter aus als in Litauen. Die estnische und lettische revolutionäre Bewegung richtete sich in Verknüpfung nationaler Motive mit sozialen gegen die russische Autokratie und gegen die deutschbaltische Oberschicht. Litauische nationale Gruppen gingen eine Verbindung mit der katholischen Kirche gegen die russische Orthodoxie ein, während sich Esten und Letten besonders gegen die protestantische Landeskirche stellten.
Von der Frühphase der Emanzipationsbewegungen an gab es Kontakte zwischen Vertretern der baltischen Völker. Auf parlamentarischer Ebene waren diese allerdings mehr informeller Art. Neben den sozialen Forderungen wurde eine Autonomie angestrebt, die staatliche Unabhängigkeit aber war noch kein Ziel der breiteren Massen. Als Ergebnis der Duma-Periode entstand in den baltischen Provinzen ein Netz gesellschaftlicher Einrichtungen und Organe, das die Basis abgeben konnte für eine breitere Aktivierung der Bevölkerung.

ERSTER WELTKRIEG UND STAATSGRÜNDUNGEN

Der Zusammenbruch der beiden großen Nachbarländer Russland und Deutschland am Ende des Ersten Weltkrieges schuf ein machtpolitisches Vakuum, das von den Balten entschlossen genutzt wurde – erst im Kampf gegen den Bolschewismus, zeitweilig auch gegen das konservative Deutschland. Die Jahre 1918–1920 bilden damit eine Umbruchphase mit weit reichenden historischen Weichenstellungen.
Das war zu Beginn des Krieges noch keineswegs zu erwarten. Esten, Letten und Litauer sahen in den Auseinandersetzungen vielmehr einen Kampf zwischen dem deutschen und dem russischen Großmachtimperialismus und verhielten sich der Regierung gegenüber vorwiegend loyal. Ihre nationalpolitischen Forderungen beschränkten sich zu Anfang auf Autonomiewünsche mit einem administrativen Zusammenschluss nach ethnischen Prinzipien. Erst gegen Kriegsende überkreuzten sich in der baltischen Region diametral entgegengesetzte Zielvorstellungen, die sich zusammenfassen lassen unter den Begriffen »Nationale Demokratie, sozialistische Arbeiterkommune oder gesamtbaltischer Ständestaat« (v. Taube).
Bereits früh wurden Teile des Baltikums zum Kriegsschauplatz: Zwischen März und September 1915 eroberten deutsche Truppen das gesamte von Litauern besiedelte Gebiet. Am 8. Mai besetzten sie Libau und am 1. August Mitau, was die Flucht von drei Fünfteln der Bevölkerung Kurlands zur Folge hatte. Insgesamt wurde über ein Drittel des lettischen Volkes entwurzelt. Der deutsche Vormarsch kam Ende 1915 an der Düna kurz vor Riga zum Stehen.
Die zahlreichen litauischen und lettischen Flüchtlinge bildeten in Russland selbst organisierte Hilfskomitees, die sich bald zu nationalen Sammelpunkten mit wachsender politischer Bedeutung entwickelten. Die deutsche Besetzung Kurlands führte darüber hinaus zur Aufstellung der ersten nationallettischen Truppeneinheiten in Russland. Auf Initiative lettischer Duma-Abgeordneter entstanden zwei lettische Schützenbataillone, die zu Regimentern mit einer Stärke von 130 000 Mann anwuchsen. Sie wurden an der Düna-Front eingesetzt und gewannen eine wichtige Funktion für das lettische nationale Bewusstsein.
Im estnischen Siedlungsgebiet waren die unmittelbaren Folgen des Krieges weniger gravierend. Zur Aufstellung nationaler Regimenter

kam es hier nicht, da man estnischerseits befürchtete, dass diese durch einen Einsatz an den gefährlichsten Frontabschnitten vorzeitig dezimiert werden könnten. Ein Zentrum der estnischen nationalen Aktivität bildete Dorpat (Tartu), wo sich Jaan Tõnisson schon 1915 mit der Gründung eines so genannten »Nordbaltischen Komitees« um eine Konzentration der bürgerlichen gesellschaftlichen Kräfte bemühte. Man erwartete hier, dass der Krieg eine föderative Umgestaltung des Reiches mit einer Autonomie für die nichtrussischen Völker ermöglichen würde.

Februar- und Oktoberrevolution 1917

Unerwartete Aktualität gewannen diese Hoffnungen durch den Sturz der Zarenherrschaft in der Februarrevolution 1917. Denn mit der Bildung der russischen Provisorischen Regierung schien ein Umbau des Reiches bevorzustehen. Nach der Abdankung des Zaren setzte daher in den russisch beherrschten Gebieten eine massive Kampagne estnischer und lettischer politischer Gruppierungen für die Autonomie ein. Auftrieb erhielten diese, als anstelle der Gouverneure erstmals ein Este und ein Lette zu Gouvernementskommissaren ernannt wurden. Die amtierenden Stadthäupter (= Oberbürgermeister) von Riga, Andrejs Krastkalns (1868–1939), und von Reval, Jaan →Poska (1866–1920), sollten in dieser Funktion die Verbindung zwischen Lokal- und Zentralregierung wahrnehmen. Bei Esten und Letten entstanden nun mehrere politische Parteien mit nationalpolitischen und sozialen Forderungen.

Entscheidend für die weitere Entwicklung war, dass sich im Verlauf des Krieges eine militärische Führungsschicht bei ihnen herausbilden konnte. Denn die schweren Verluste des russischen Offizierskorps zu Kriegsbeginn wurden durch intensive Schulungen auf Militärakademien ausgeglichen. Daraus resultierte eine beachtliche Zahl estnischer und lettischer Offiziere, die bei Ausbruch der Februarrevolution als militärisch gut ausgebildete und kriegserfahrene Offizierselite zur Verfügung standen – wenn auch auf unterschiedlichen Seiten: bei Esten auf bürgerlicher, bei Letten bald auf bolschewistischer.

Estland

In Estland hatte Anfang März 1917 eine Versammlung unter Jaan Tõnisson die Autonomie und administrative Zusammenlegung des estnischen Siedlungsgebietes gefordert. Ende des Monats wurde dieser Wunsch in Petrograd durch den bis dahin größten Demonstrationszug von ca. 40 000 Esten (darunter 12–15 000 Soldaten der Petrograder Garnison) zum Taurischen Palais, dem Sitz der Provisorischen Regierung, unterstützt. Am 30. März reagierte diese mit einem Erlass, der das ehemalige Gouvernement Estland und Nordlivland mit den Inseln zu einer administrativen Einheit zusammenfasste und der Verwaltung des Gouvernementskommissars Poska unterstellte. Diesem stand ein im Mai/Juni 1917 in allgemeinen Wahlen gewählter Landesrat (*Maapäev*) zur Seite, der am 7. September erstmals die Möglichkeit des Ausscheidens aus dem russischen Reichsverband erörterte.

Dabei brachte Tõnisson den Plan einer selbstständigen nordischen Union mit den skandinavischen und baltischen Ländern zur Sprache. Die Mehrheit der estnischen Politiker aber hielt noch an einer gesamtrussichen Föderation fest. Zu diesem Zweck entsandten Esten und Letten im September ihre Vertreter zum Kongress der Völker Russlands nach Kiev. Aber auch bei den Letten wurden Pläne einer föderativen Verbindung, in diesem Fall mit Litauen, erörtert. Erst unter dem Eindruck der zunehmenden politischen Radikalisierung sowie der auch in Estland vorhandenen Doppelherrschaft von Provisorischer Regierung und konkurrierender Gewalt der Räte und zumal nach der Oktoberrevolution forderte der Maapäev im November die völlige Unabhängigkeit des Landes und Anlehnung an die westlichen Großmächte.

Nach der Oktoberrevolution enthoben die neuen Machthaber in Estland den Gouvernementskommissar Poska seines Amtes. Der Maapäev wurde im November auseinandergejagt, hatte aber zuvor noch in geheimer Sitzung ein Manifest verabschieden können, in dem er die Ausübung der höchsten Gewalt in Estland bis zum Zusammentritt einer Konstituierenden Versammlung für sich in Anspruch nahm. Zwar beteiligten sich estnische und lettische Delegierte an der Eröffnung der russischen Konstituierenden Versammlung am 18. Januar 1918 – diese wurde aber von Lenin mit Waffengewalt aufgelöst. Ähnliches geschah in Estland, wo der bolschewistische Stimmenanteil bei den Wahlen zur Konstituante nur um 25–30% lag, sodass diese vom Arbeiter- und Soldatenrat aufgehoben wurde.

Einem »Rettungskomitee« unter Konstantin Päts gelang es, unmittelbar vor der Besetzung Revals durch deutsche Truppen, am 24. Februar 1918 in einem »an alle Völker Estlands« gerichteten Manifest den selbstständigen Freistaat zu proklamieren. Auch wenn dieser Akt von der deutschen Okkupationsmacht nicht anerkannt wurde, gilt der 24. Februar seitdem als Gründungstag der Republik Estland.

Lettland

Ende März 1917 wurde in Wolmar ein lettischer »Provisorischer Landesrat« gewählt, der die Zusammenfassung Südlivlands, Kurlands und Lettgallens zu einer Einheit »Lettland« forderte und der vor allem die Funktionen des bisherigen ritterschaftlichen Landtags beanspruchte. Dieser Wolmarer Landesrat wurde zwar von der russischen Regierung anerkannt, geriet aber in Konflikt mit einem Landlosenkongress, der sich nach russischem Muster als sozialistischer Selbstverwaltungsrat bildete.
Die sich nun entfaltenden bürgerlichen Parteien mit dem »Bauernbund« an der Spitze waren sämtlich radikal-demokratisch. Einschließlich der »Lettischen Sozialistischen Revolutionären Partei« forderten sie die Autonomie Lettlands in einer gesamtrussischen Republik. Einvernehmlich ersetzte man den Gouvernementskommissar durch den sozialdemokratischen ehemaligen Duma-Abgeordneten Priedkalns, dessen Stellvertreter der Führer des Bauernbundes, der spätere Staatspräsident Kārlis Ulmanis, wurde. Auch an die Spitze des Rigaer Stadtrats trat mit Gustavs Zemgals (1871–1939) einer der späteren Staatspräsidenten Lettlands.
Die russische Provisorische Regierung verhielt sich den lettischen Wünschen gegenüber zurückhaltend: Zwar wurde der ritterschaftliche Landtag als provinziales Selbstverwaltungsorgan zugunsten des Landesrates entmachtet, die Vereinigung mit Lettgallen dagegen lehnte sie strikt ab, da man die Festlegung der künftigen Struktur des Reiches der Konstituierenden Versammlung überlassen wollte. Anfang September 1917 aber eroberten die deutschen Truppen Riga. Die Haltung der russischen Provisorischen Regierung war wie die der deutschen Okkupationsmacht von einer weit gehenden Unterschätzung des Nationalitätenproblems bestimmt. Nur eine konsequente Fortsetzung des im März 1917 eingeschlagenen Weges politisch-gesellschaftlicher Dezentralisation hätte eine neue innere Bindung der Nationalitäten an Russland entstehen lassen können. So aber trat im September 1917 an die Stelle der bisherigen Parole »Ein freies Lettland

im freien Russland« der Gedanke an den unabhängigen lettischen Staat.
Bei den Kommunalwahlen erhielten die Bolschewiki in estnischen Städten nur um 35% der Stimmen, in lettischen dagegen zwischen 40 und 70%. Im Oktober kam es wegen der nationalen Autonomieforderungen zum Bruch zwischen den Bürgerlichen und den bolschewistischen Sozialdemokraten in Lettland. Der bolschewistische Umsturz hatte zur Spaltung der lettischen Sozialdemokratie als ältester und stärkster Partei des Landes geführt, in der sich die Gewichte von den Menschewiki zu den Anhängern Lenins verschoben. Die Menschewisten sahen nun ihre Hauptaufgabe im Kampf für die Demokratie und die Unabhängigkeit Lettlands. Während die lettischen Bolschewiki die Wiedervereinigung Lettlands mit Sowjetrussland wollten, erstrebte die konservative lettische Volkspartei einen Anschluss an Deutschland; Sozialdemokraten, Liberale und konservative Bauern schließlich traten für die Unabhängigkeit Lettlands ein.
Die Lage wurde immer verworrener, als die Livländische Ritterschaft am 28. Januar 1918 dem sowjetischen Geschäftsträger in Stockholm eine Unabhängigkeitserklärung überreichte, die sich sowohl auf die staatsrechtlichen Privilegien von 1710 (vgl. S. 46) berief als auch auf Lenins Deklaration des Selbstbestimmungsrechts aller nichtrussischen Völkerschaften Russlands vom 15. November 1917. Die Stockholmer Erklärung und das Drängen auf eine Fortsetzung des deutschen Vormarsches führten zur Deportation von 567 Deutschbalten und zur berüchtigten Vogelfreierklärung des gesamten deutschbaltischen Adels durch die Bolschewiki.
An der Gründung eines Volksrates, zu dessen Vorsitzendem der spätere erste Staatspräsident Jānis Čakste gewählt wurde, waren acht lettische sozialistische und bürgerliche Parteien und ein lettgallischer Vertreter sowie die nationalen Minderheiten beteiligt. Das 1. Ministerkabinett bildete Kārlis Ulmanis aus bürgerlichen Parteien, während die Sozialdemokraten eine wohlwollende, den neuen Staat anerkennende Position einnahmen. Anstelle einer noch einzuberufenden Verfassunggebenden Versammlung proklamierte der Volksrat am 18. November 1918 im städtischen Theater in Riga feierlich das unabhängige und demokratische Lettland, das eine Woche später vom Deutschen Reich anerkannt wurde.

Zu einem nationalen Sammelpunkt für die Litauer hatte sich in Petrograd das »Litauische Hilfskomitee für die Flüchtlinge« entwickelt, an dessen Spitze der Duma-Abgeordnete Martynas Yčas (1885–1931) trat. Im März 1917 wurde ein »Litauischer Nationalrat« gebildet, der ein vorläufiges »Verwaltungskomitee für Litauen« wählte. Dieses wollte die Voraussetzungen für ein autonomes demokratisches Litauen schaffen. Sogar der russische Ministerpräsident Fürst Georgij Jevgenevič Lvov (1861–1925) empfing eine Delegation unter Führung von Yčas und sagte, wie zuvor bereits den Polen, eine Berücksichtigung nationaler Belange zu. Auch in Minsk trat im Juni 1917 ein litauischer Kongress zusammen. Auf einem in Petrograd tagenden Landtag (*Seimas*) schieden die Vertreter der extremen Linken aus, da sie den Anschluss an ein marxistisches Russland wünschten. Weitere litauische Aktivitäten hatte es bereits 1915 mit der Gründung eines Informationszentrums in Genf unter Leitung von Juozas Gabrys (1880–1951) gegeben, das die Verbindung zu den Ententemächten hielt, und im Oktober 1917 trafen sich auf einer litauischen Konferenz in Stockholm Litauer aus Amerika und aus Russland.

In Litauen selbst war eine Autonomie zunächst nur mit Deutschland zu verwirklichen. Ein vorbereitendes Komitee durfte sich aber zunächst nur auf karitative Aufgaben beschränken, da sämtliche Verwaltungsaufgaben vom Gerichts- bis zum Schulwesen von der deutschen Okkupationsmacht wahrgenommen wurden. Der litauische Widerstand wuchs besonders nach der Zwangsrekrutierung von Arbeitsbataillonen. Nach zunächst nur vorsichtiger Propaganda änderte sich die Situation, als der deutsche Reichskanzler am 5. April 1916 erklärte, Polen, Litauer und Balten niemals wieder an Russland ausliefern zu wollen. Nun bemühten sich litauische Politiker verstärkt um die Durchsetzung ihrer nationalen Selbstständigkeit.

Im September 1917 forderten in Vilnius Vertreter aller politischen Parteien die Bildung eines unabhängigen demokratischen litauischen Staates mit noch abzuklärenden Beziehungen zu Deutschland. Aus der Konferenz wurde ein Landesrat [*Lietuvos Taryba*] unter Führung des Präsidenten des Flüchtlingshilfskomitees, Antanas →Smetona, gewählt, zu dem auch die nationalen Minderheiten gehören sollten. Die Polen aber verweigerten ihre Mitarbeit, und erst Ende 1918 nahmen Weißrussen und Juden daran teil. Denn polnische Großgrundbesitzer und litauischer Kleinadel hatten schon im Mai 1917 den Zusammen-

schluss des Landes mit dem wieder hergestellten Polen zu einem gemeinsamen polnisch-litauischen Staat gefordert.
Im Folgenden kam es zu heftigen Auseinandersetzungen zwischen der Gruppe um Smetona, die ein Zusammengehen mit Deutschland unterstützte, und den Sozialdemokraten, die jegliche Einschränkung der künftigen Unabhängigkeit ablehnten. Smetona löste sich in einem Berliner Protokoll von der Vorstellung eines »historischen Litauen« und bekannte sich zum ethnographischen Prinzip sowie zu einem festen »Bundesverhältnis mit dem Deutschen Reich«. Am 11. Dezember 1917 verkündete die Taryba die »Wiederherstellung eines unabhängigen litauischen Staates mit der Hauptstadt Vilnius« und verpflichtete sich zu einer Militär-, Zoll- und Münzgemeinschaft mit Deutschland. Die litauische Opposition dagegen aber war so stark, dass Smetona kurzzeitig von Jonas Basanavičius abgelöst wurde. Die Taryba proklamierte am 16. Februar 1918 den demokratischen Staat und löste sich von allen staatlichen Bindungen mit anderen Völkern. Eine Anerkennung durch Deutschland erfolgte aber erst am 23. März, nachdem Smetona und Augustinas →Voldemaras in Berlin die Bündnisverpflichtung wieder akzeptiert hatten. Smetona wurde später von Gabrys vorgeworfen, er wäre wohl am liebsten Oberpräsident einer preußischen Provinz Litauen geworden.
Nach Ausarbeitung eines Verfassungsentwurfs für eine konstitutionelle Monarchie wählte die Taryba unter Boykott ihrer linksgerichteten Mitglieder am 9. Juli 1918 den Herzog Wilhelm von Urach, Graf zu Württemberg (1865–1928), zum litauischen König, dessen Einsetzung aber an den innerdeutschen Rivalitäten scheiterte.
Erst Reichskanzler Prinz Max von Baden (1867–1929) überließ den Litauern die Erarbeitung ihrer Verfassung. Nachdem Ergänzungswahlen zur Taryba die ehemaligen Duma-Abgeordneten Yčas und Voldemaras in das Präsidium gebracht hatten, erließ das Plenum am 2. November eine vorläufige, nach westlichem Vorbild gestaltete demokratische Verfassung. Voldemaras wurde zum Ministerpräsidenten ernannt, und am 11. November 1918 hob man den Beschluss über die Bildung einer konstitutionellen Monarchie wieder auf – am selben Tage, an dem das Deutsche Reich den Waffenstillstand von Compiègne unterzeichnete.

Die deutsche Okkupation

Die deutsche Okkupationspolitik im Baltikum bestand aus einem Geflecht von strategischen Sicherheitserfordernissen und imperialistischen Herrschaftsansprüchen, von völkisch-rassenbiologischen Schlagworten und wirtschaftspolitischen Forderungen. Die annexionistischen Ziele wurden dabei in keiner Phase aufgegeben. Landadel und Besitzbürgertum sollten die Stützen einer monarchisch-konservativen Staatsordnung bilden. Um das Land »dem Deutschtum zu gewinnen«, plante man die Massenansiedlung deutscher Bauern und wollte mit einer zielbewussten Schulpolitik die lettische Kultur allmählich aufsaugen. In Riga gelang es aber der lettischen städtischen Bildungsschicht zusammen mit deutschbaltischen Pädagogen, die lettische Sprache an allen Schulen zu erhalten. Erfolgreicher noch konnten sich deutschbaltische und estnische Pädagogen Anfang 1918 in Estland gegenüber ähnlichen Bestrebungen durchsetzen.

Die Politik der deutschbaltischen Führungsschicht aber verband sich eng mit der Okkupationspolitik der deutschen Besatzungsmacht. Deutschbaltische Konservative kämpften nicht nur gegen den Bolschewismus, sondern auch gegen die Errichtung selbstständiger demokratischer baltischer Staaten, da sie den Deutschen als den »Trägern der ältesten Kultur im Lande« auch weiterhin die Führung sichern wollten. Ein »Vereinigter Landesrat« unter ritterschaftlicher Führung beschloss am 12. April 1918, den deutschen Kaiser zu bitten, die baltischen Provinzen als monarchischen Staat unter den Schutz Preußen-Deutschlands zu stellen. Vorangegangen waren Pläne eines unmittelbaren Anschlusses an Preußen in Form einer Personalunion oder nach litauischem Vorbild die Krone eines vereinigten baltischen Herzogtums dem Herzog Adolf Friedrich von Mecklenburg (1873–1969) anzubieten. Dieser »im Grunde groteske Wettbewerb der deutschen Dynastien« (Herzfeld) zeigt den illusionären Charakter ebenso der damaligen deutschen Ostpolitik wie der politischen Hoffnungen deutschbaltischer Führungskräfte.

Die neue Ostpolitik des ersten parlamentarisch berufenen Reichskanzlers Prinz Max von Baden vollzog dann einen totalen Bruch mit der bisherigen Baltikumpolitik, indem sie sich nunmehr am Selbstbestimmungsrecht der Nationalitäten orientierte. Es war insbesondere der spätere Vorsitzende der deutschen Saeimafraktion, Paul →Schiemann, der in Deutschland dafür warb, den baltischen Völkern eigene Parlamente und Regierungen zuzugestehen. Seine auch an den Reichskanzler gerichteten Appelle zur Bildung von Volksvertretungen unter gerechter Berücksichtigung aller in den baltischen Ländern lebenden Nationalitäten dürften den Anstoß zur entscheidenden Wende in der deutschen Baltikumpolitik gegeben haben.

Der Freiheitskrieg

Der baltische Freiheitskrieg 1918–1920 hing nicht nur eng zusammen mit dem russichen Bürgerkrieg, er war in mancher Hinsicht zugleich eine Fortsetzung der Konflikte zwischen den großen Gegnern des Weltkrieges. Denn England und Frankreich fürchteten eine Vereinigung der russischen revolutionären Bewegung mit jener in Deutschland ebenso wie ein mögliches Zusammengehen Deutschlands mit einem nichtbolschewistischen Russland. Nach den Plänen des deutschen Generals Rüdiger Graf von der Goltz (1865–1946) wiederum sollten die deutschen Truppen »die im August 1918 verhinderte Ostpolitik« wieder aufnehmen und die Gegner der Weimarer republikanisch-demokratischen Ordnung stützen. Im Verständnis der baltischen Völker dagegen ging es in diesem Kampf um die Durchsetzung ihrer staatlichen Unabhängigkeit nicht nur gegen die bolschewistischen und bürgerlichen Russen, sondern ebenso gegen die jahrhundertealte deutschbaltische Vormachtstellung im Lande und gegen reichsdeutsche Annexions- und Kolonisationspläne.

Estland

In ihren Kämpfen gegen die Rote Armee, von der das Baltikum als Brückenkopf im Kampf um die Weltrevolution betrachtet wurde, erhielten die estnischen Verbände Unterstützung vor allem durch finnische Freiwillige sowie durch das spontan von estländischen Deutschen gebildete Baltenregiment. Ende November 1918 war mit dem Ministerpräsidenten und Kriegsminister Päts die Aufstellung von nationalen Freiwilligenverbänden mit eigenen Offizieren unter estnischem Oberbefehl vereinbart worden. Das Baltenregiment trug durch seine uneingeschränkte Loyalität der estnischen politischen und militärischen Führung gegenüber zu einem entschieden besseren Klima bei, als es in Lettland herrschte.
In verlustreichen Kämpfen gelang es, bis zum ersten Jahrestag der Unabhängigkeitserklärung die weit vorgerückten bolschewistischen Truppen wieder aus dem Lande zu verdrängen. Dabei engagierten sich auch estnische Arbeiter und Landlose für die neue Ordnung, die

sich sowohl gegen sozialistische Programme als auch gegen den Rittergutsbesitz richtete. Die Notwendigkeit einer bald durchzuführenden tief greifenden Agrarreform zeichnete sich damit zwangsläufig ab.

Lettland

Angesichts der bolschewistischen Bedrohung und der beginnenden Auflösungserscheinungen im deutschen Heer beschlossen Vertreter aller Nationalitäten im Oktober in Riga, jeweils eigene militärische Einheiten unter einheitlichem Kommando aufzustellen. Am 11. November 1918 wurde die Bildung einer »Baltischen Landeswehr« als Verteidigungsorgan eines gesamtbaltischen Staates genehmigt, sie blieb aber aufgrund der eigenständigen Entwicklung in Estland schließlich auf Lettland beschränkt. Ihre Führung war theoretisch dem lettischen Verteidigungsministerium unterstellt, arbeitete faktisch aber mit der deutschbaltischen politischen Führung, dem Baltisch-Deutschen Nationalausschuss, zusammen. Dieser bestand aus Vertretern der Ritterschaften, berufsständischen Körperschaften und der neu gegründeten politischen Parteien und sollte eine Art Clearingstelle bilden. Nach der Räumung Rigas entwickelte sich der Baltisch-Deutsche Nationalausschuss in Libau zum maßgebenden deutschbaltischen Gremium gegenüber dem lettischen Volksrat und der Provisorischen Regierung, zu der er bald in scharfe Opposition trat.

Die Baltische Landeswehr war neben der aus Freiwilligen der abziehenden deutschen 8. Armee gebildeten »Eisernen Brigade« anfangs der einzige militärische Schutz Rigas und des westlichen Lettlands. Sie musste aber nach verlustreichen Kämpfen am 2. Januar 1919 die Hauptstadt räumen und sich über Mitau nach Libau zurückziehen. Hier geriet ihr Stoßtrupp unter Führung des jungen Kommandeurs Hans Baron Manteuffel (1894–1919) in Gegensatz zum Nationalausschuss. Am 16. April 1919 stürzte der Stoßtrupp im so genannten »Libauer Putsch« die Regierung Ulmanis. An ihre Stelle trat im Mai der lettische Pastor Andrievs Niedra (1871–1942), der sich fast nur auf die deutschen militärischen Kräfte sützen konnte. Die »Episode Niedra« dauerte zwar nur knapp 80 Tage, war aber von folgenschwerer Bedeutung für das deutschbaltisch-estnisch/lettische Verhältnis. Denn der Putsch und die Einsetzung einer deutschbaltischen Schattenregierung hatten eine Konsolidierung des zersplitterten lettischen Lagers im gemeinsamen Bekenntnis zur Regierung Ulmanis und zum Volksrat zur Folge.

Am 22. Mai 1919 wurde Riga im Zusammenwirken reichsdeutscher, russischer und lettischer Einheiten zurückerobert, nachdem der Stoßtrupp der Baltischen Landeswehr als erster die Dünabrücken erstürmt hatte, wobei ihr Kommandeur Manteuffel fiel. Die Bedeutung der Eroberung Rigas geht weit über den engeren baltischen Rahmen hinaus. Mit Blick auf die sowjetrussischen Expansionspläne ist zu Recht gesagt worden: »Vor dem *Wunder an der Weichsel* am 14. August 1920, das die Bolschewisierung Polens verhinderte, steht das *Wunder an der Düna* vom 22. Mai 1919.« (v. Rauch)
Die Fortsetzung des Kampfes ließ die Interessengegensätze aber immer deutlicher hervortreten. Estnische Truppen, die an der Befreiung Nordlettlands beteiligt waren, setzten nach dem Zusammenbruch der bolschewistischen Herrschaft in Riga ihre Offensive fort und drangen bis an die Düna vor. Bei Wenden (*Cēsis*) stießen sie auf die Baltische Landeswehr. Trotz britischer Vermittlungsversuche kam es am 22./23. Juni 1919 zu einer Schlacht, in der sich tief verwurzelte historische Ressentiments entluden. Die Deutschen unterlagen und mussten sich auf Riga zurückziehen. Dieser militärische Triumph estnischer Truppen über die Baltische Landeswehr hatte neben dem militärisch-strategischen Aspekt eine erhebliche symbolische Bedeutung: Den Erfolg über die so genannten »Baltischen Barone« werteten die Esten als Vergeltung für das viel beschworene 700-jährige Unrecht. Bemerkenswert bleibt, dass sich die estländischen Deutschen des Baltenregiments daran in keiner Weise beteiligten. Dennoch wirkten sich diese Ereignisse bei den zur selben Zeit stattfindenen Parlamentsdebatten über die Agrarreform negativ für sie aus.
Nach der Schlacht bei Wenden wurden aus der Baltischen Landeswehr alle Reichsdeutschen ausgesondert und die Truppe selbst unter dem Kommando des englischen Oberstleutnant Harold Rupert Alexander (1891–1969) einem lettischen Oberkommandierenden unterstellt. Sie kämpfte anschließend in Lettgallen gegen die Rote Armee. Diese Vorgänge belasteten insgesamt den jungen lettischen Staat und zögerten seine Konsolidierungsphase hinaus. Dazu trug nicht zuletzt auch der vom 8. Oktober bis zum 11. November 1919 dauernde Angriff des russischen Oberst Pavel Bermont-Avalov (1884–1970) auf Riga mit einem Heer von immerhin circa 40 000 Mann bei.

Litauen

Der sowjetische Vormarsch erreichte auch in Litauen seinen Höhepunkt im Januar 1919. Die schon Ende November 1918 aufgestellte litauische Armee konnte von den abziehenden deutschen Truppen Ausrüstung und Kriegsmaterial übernehmen. Ende des Sommers 1919 war das gesamte litauische Territorium von den Bolschewiki befreit. Nun aber tauchten neue Probleme auf, denn es mussten Forderungen des historischen Partnerlandes Polen nach politischer Einheit zurückgewiesen werden. Das führte schließlich zur völligen Entfremdung und Spaltung dieser einst miteinander verbundenen Nationen.

Die Friedensschlüsse

Die zwischen der estnischen Regierung und der Sowjetregierung für den 10. September 1919 vereinbarten Friedensverhandlungen wurden zunächst noch einmal unterbrochen. Die Alliierten wandten sich gegen einen Alleingang Estlands, und außerdem sollte der Ausgang der Offensive des russischen Generals Nikolai Nikolaevič Judenič (1862–1933) mit der von ihm kommandierten Nordwestarmee auf Petrograd abgewartet werden. Die an sich wenig populäre Weiterführung des Krieges über die Narva-Linie hinaus war eine Konsequenz der vom estnischen Oberkommandierenden General Johan Laidoner (1884–1953) betriebenen Unterstützung der »weißen« antibolschewistischen Russen und Teil einer Strategie der »aktiven Verteidigung«, die den Krieg auf russisches Territorium zu verlagern suchte. Nach dem Scheitern dieser Offensive trafen sich im November 1919 in Dorpat Vertreter der drei baltischen Staaten mit sowjetrussischen Abgesandten unter Führung von Maksim Litvinov (1876–1951) und vereinbarten den Austausch von Kriegsgefangenen. Da aber Letten und Litauer weiterhin zögerten, auf das russische Friedensangebot einzugehen, entschloss sich Estland zum Alleingang. In dem am 2. Februar 1920 in Dorpat unterzeichneten Friedensvertrag erkannte die RSFSR die Unabhängigkeit Estlands an und verzichtete »freiwillig und auf alle Zeiten« auf sämtliche Souveränitätsrechte in Estland. Dieses bekam einen Streifen auf dem östlichen Ufer der Narova sowie das Petschurgebiet zugesprochen und erhielt darüber hinaus eine Entschädigungszahlung von 15 Millionen Goldrubeln. Der Abschluss des Friedensvertrages brachte im Übrigen Estland und Sowjetrussland ihre erste völkerrechtlich verbindliche diplomatische Anerkennung.

Die selbstständigen Republiken Estland und Lettland 1920 bis 1940 (nach H. Laakmann)

Lettland erhielt bei seiner nach dem Bermont-Feldzug (vgl. S. 102) begonnenen Offensive zur Befreiung Lettgallens eine willkommene Unterstützung von Polen, dem wegen der Spannungen mit Litauen an guten Beziehungen gelegen war. In den lettisch-sowjetischen Friedensverhandlungen ging es Moskau vor allem darum, eben diese lettisch-polnische Allianz zu beenden. Unmittelbar vor der entscheidenden Wende im polnisch-sowjetischen Krieg erfolgte am 1. August 1920 in Riga die Unterzeichnung des Friedens, der den Bedingungen des Dorpater Friedens weitgehend entsprach. Die lettische Ostgrenze wurde nach der Sprachengrenze festgelegt, wodurch auch Kreise des ehemaligen Gouvernements Vitebsk an Lettland kamen. Das seit 1629 von Livland getrennte Lettgallen wurde nunmehr wieder mit den übrigen lettischen Gebieten verbunden. – Die litauisch-sowjetischen Friedensverhandlungen schließlich führten am 12. Juli 1920 zur Unterzeichnung des Vertrages in Moskau. Darin wurde das Wilna-Gebiet von Sowjetrussland ausdrücklich als Teil Litauens anerkannt.

Für die baltischen Staaten begann damit die Epoche ihrer Eigenstaatlichkeit. Diese hatten sie sowohl fremder Hilfe, in weit stärkerem Maße aber den eigenen politischen und militärischen Anstrengungen zu verdanken. Die Erringung der Unabhängigkeit war keineswegs nur eine zufällige Folge aus dem »Patt der Mächte«, sondern das Ergebnis einer zielgerichteten und konsequenten Wahrnehmung der historischen Chance, verbunden mit erheblichen Opfern.

DIE REPUBLIKEN ESTLAND, LETTLAND UND LITAUEN 1920 BIS 1939

Die drei baltischen Staaten waren in territorialer Hinsicht durchaus größer als eine Reihe westeuropäischer Staaten, an deren Existenzberechtigung nie jemand gezweifelt hat. Estland (47 549 qkm), Lettland (65 791 qkm) und Litauen (55 670 qkm) übertrafen beispielsweise Belgien (30 507 qkm), die Niederlande (32 400 qkm), die Schweiz (41 288 qkm) ebenso wie das große Vorbild der Balten, den Agrarstaat Dänemark (42 936 qkm). Allerdings blieben die baltischen Staaten ihnen gegenüber in Bevölkerungszahl und -dichte, in Wirtschaftskraft und Lebensstandard weit zurück.

Verfassungen und Parteiwesen

Die baltischen Staaten konstituierten sich als demokratisch-parlamentarische Republiken, denn eine monarchische Staatsform kam nach dem November 1918 für sie nicht mehr in Frage. Es erschien den Staatsgründern selbstverständlich, dass mit der parlamentarischen Demokratie eine volle Verantwortung der Regierung vor dem Parlament verbunden sein müsse. So kam in allen drei Staaten der Legislative ein ausgesprochenes Übergewicht bei der Gewaltenteilung zu. Es wurde ein Einkammersystem eingerichtet, und eine Vielfalt von Parteien entwickelte sich auf der Grundlage eines allgemeinen, gleichen, direkten, geheimen und proportionalen Wahlrechts.

Estland

Der Etablierung demokratischer Strukturen noch während des Krieges folgten unmittelbar nach der Befreiung Estlands im April 1919 die Wahlen zur Verfassunggebenden Versammlung (Konstituante). Diese war in Zusammensetzung und Tendenz radikaler als alle späteren Parlamente, denn 40% der Abgeordneten gehörten zu den Sozialisten und 25% zur radikaldemokratischen Arbeitspartei, denen 25% liberale Demokraten und 6,5% Agrarier gegenüberstanden. Dieses Übergewicht der Linken und linken Mitte hatte einen Machtwechsel zur Folge. Die konservative Provisorische Regierung von Konstantin Päts

wurde durch Otto Strandmann (1875–1941) von der Arbeitspartei und im selben Jahr 1919 noch durch Jaan Tõnisson von der Volkspartei abgelöst.
Die Delegierten der Konstituante verabschiedeten am 15. Juni 1920 eine Verfassung mit deutlichem Übergewicht der Legislative. Denn die Regierung konnte jederzeit vom Parlament (*Riigikogu*) abberufen werden und verfügte weder über ein suspensives Vetorecht noch konnte sie Neuwahlen vornehmen. Sie erhielt dadurch nahezu den Charakter einer Parlamentskommission und ist überspitzt auch als »Sekretariat des Parlaments« bezeichnet worden. Der Ministerpräsident mit dem Titel *Riigivanem* (Staatsältester) besaß keinerlei außerordentliche Vollmachten und fungierte zugleich als Staatsoberhaupt. Nach dem Muster der Schweizer Bundesverfassung fehlte das Amt eines Staatspräsidenten. Das auf drei Jahre gewählte Parlament konnte nur durch Volksabstimmung aufgelöst werden. Durch Gesetzesinitiative und Volksreferendum hatte die Bevölkerung unmittelbaren Anteil an der Legislative.
Parlamentarisches System und Parteistruktur brachten wenig Stabilität in das politische Leben der jungen Republik, denn das Parlament wurde nach einem reinen Verhältniswahlrecht und bis 1932 ohne jegliche Sperrklausel gewählt. So war die Zahl der darin vertretenen Parteien groß: 1923 waren es insgesamt 14 Parteien, von denen der Bauernbund die stärkste Fraktion bildete, obwohl er weniger als 25% der Stimmen erhalten hatte. Diese generelle Situation beeinträchtigte die Parlamentsarbeit erheblich, erschwerte Koalitionsbildungen und führte zu häufigen Regierungsumbildungen. Man hat errechnet, dass ein estnisches Kabinett zwischen 1919 und 1933 durchschnittlich nur 8 Monate und 20 Tage im Amt war.

Parteiwesen

Der in der Konstituante noch schwache Bund der Landwirte entwickelte sich in den 1920er-Jahren immer mehr zu einem Sammelbecken weiter bürgerlicher Schichten besonders aus Handel und Industrie. Mit seinem Eintreten für Privatinitiative und im Kampf gegen den Staatskapitalismus wuchs er stark an und bildete 1932 nach der Vereinigung mit der Ansiedlerpartei mit 42 Abgeordneten die stärkste Parlamentsfraktion. Aber bereits 1934 lösten sich die Ansiedler wieder von ihm und stellten den 20 verbliebenen Abgeordneten des Bundes 19 eigene an die Seite. Sozialdemokraten und Arbeitspartei erzielten ihre höchsten Gewinne in der Konstituante; Letztere war bis 1932 die Partei der bäuerlichen Hofbesitzer, der »Altbauern«. Von den 21 Regierungschefs zwischen 1919 und 1934 stellte der Bund der Landwirte insgesamt 10; je viermal waren es die Arbeitspartei und die Volkspartei und zweimal die Christliche Volkspartei – nur einmal die Sozialdemokraten.

In der Mitte stand in Estland die Volkspartei mit dem Gründer und Parteiführer Tõnisson, der dreimal das Amt des Staatsältesten bekleidete. Diese national-liberale Partei hatte traditionell ihren Rückhalt in Tartu. Ihre größte Bedeutung entfaltete sie mit 25 Abgeordneten in der Konstituante, war aber selbst mit verringerter Abgeordnetenzahl später an 17 Regierungskoalitionen beteiligt. Die ihr nahe stehende Christliche Volkspartei schloss sich ihr 1931 an, ebenso wie die ursprünglich radikaldemokratische Arbeitspartei, die schon bald als bürgerliche Partei auch des mittleren Beamtentums ihre sozialistischen und revolutionären Forderungen aufgab. So entstand eine große Nationale Zentrumspartei, die 1932 immerhin 23 Abgeordnete aufwies. Insgesamt aber nahm die gesamte Mitte seit 1919 kontinuierlich ab.

Lettland

Bereits der Volksrat hatte in seiner Politischen Plattform vom 18. November 1918 die rechtsstaatlichen demokratischen Strukturen festgelegt. Die am 1. Mai 1920 zusammengetretene Konstituante verabschiedete am 15. Februar 1922 eine im Vergleich zur estnischen gemäßigtere Verfassung. Das Parlament (*Saeima*) hatte das Recht, den Staatspräsidenten auf drei Jahre zu wählen, der gegen den Widerspruch der Sozialdemokraten den Oberbefehl über die Armee sowie ein nachträglich von der Saeima zu bestätigendes Notverordnungsrecht für die parlamentsfreie Zeit erhielt. Auch hier finden sich Elemente direkter Demokratie in Form von Referendum und Volksinitiative.

In der entscheidenden Abstimmung erhielt der gesamte zweite Hauptteil der Verfassung mit seinem ausführlichen Katalog der Bürgerrechte und Freiheitsgarantien keine Mehrheit. Die Sozialdemokraten versagten ihre Zustimmung, weil sie gegen die beabsichtigte Regelung der Streikfreiheit waren, und die Lettgaller, weil sie die Trennung von Kirche und Staat nicht wollten und keine hinreichende Gebietsverwaltung erhielten. Wegen dieses Fehlens der Bürgerrechtsgarantien ist die Verfassung Lettlands auch als »Rumpfverfassung« bezeichnet worden (Laserson).

Die lettische Sozialdemokratische Partei teilte sich in zwei Flügel: einen gemäßigten mit dem langjährigen Parlamentspräsidenten Pauls Kalniņš an der Spitze sowie einen marxistischen linken Flügel. Wie in Estland war auch die lettische Sozialdemokratie in der Konstituante die stärkste Partei und zeigte später eine rückläufige Tendenz. In beiden Ländern hatte sie 1933/34 nicht die Kraft, eine sozialistische Alternative zur Präsidialdemokratie anzubieten und durchzusetzen.
Von den zahlreichen bürgerlichen Parteien war der Bauernbund die stärkste. Sein Vorsitzender Kārlis Ulmanis nahm in den 18 Regierungen der beiden Unabhängigkeitsjahrzehnte 1918–1940 achtmal das Amt des Regierungschefs wahr. Die Lettgaller gingen mit der regionalen Christlichen Bauernpartei eigene Wege. Schon 1922 kam es zu einem Zusammenschluss der Mitte im »Demokratischen Zentrum«, das sich vor allem aus der liberalen städtischen Bevölkerung rekrutierte. In den 30er-Jahren vertrat es einen übersteigerten Nationalismus mit starken Ressentiments gegenüber den Minderheiten. Auch wenn die Mittelparteien in der Saeima nicht über ca. 10% hinauskamen, konnten die rechten und linken Parteien ohne sie doch keine Regierungen bilden – stärker als in Estland bildeten sie hier das Zünglein an der Waage.
Mit Bezug auf den mittelalterlichen Chronisten Heinrich von Lettland wählten die Letten eine dunkelrote Flagge mit weißem Mittelstreifen zu ihrem nationalen Symbol. Im Staatswappen vereinigten sie die Embleme der historischen Provinzen: den livländischen Greif und den kurländischen Löwen unter einer aufgehenden Sonne. – Zur Flagge des estländischen Freistaates wurde die blau-schwarz-weiße Fahne, und drei blaue schreitende Leoparden in goldenem Feld wurden zum tragenden Symbol des neuen Staatswappens – sie stammten aus der Zeit der dänischen Herrschaft und hatten seit 1284 das Wappen der Estländischen Ritterschaft gebildet. Diese Übernahme von Emblemen aus Zeiten fremder Vorherrschaft zeigte den deutlichen Willen estnischer und lettischer Politiker, die neue Staatlichkeit dennoch in der Vergangenheit zu verwurzeln und sich zu einer Kontinuität zu bekennen.

Die Konstituante konnte in Litauen erst Mitte April 1920 gewählt werden. Nach dem Inkrafttreten der endgültigen Verfassung am 1. August 1922 trat an die Stelle der Taryba das Parlament (*Seimas*), dem das Ministerkabinett voll verantwortlich war und das den Präsidenten der Republik auf rein repräsentative Funktionen beschränkte. Auf Antanas Smetona als Taryba-Vorsitzenden und provisorischen Präsidenten folgte 1922 Aleksandras Stulginskis (1885–1969). In Konstituante und erstem Seimas hatten die konservativen Christlichen Demokraten eine deutliche Mehrheit vor den Volkssozialisten und Sozialdemokraten.
Für Litauen trifft das dreigliedrige Parteienschema Estlands und Lettlands nicht zu, denn hier übte aufgrund des stärker ausgeprägten konfessionellen Charakters und der dominierenden agrarischen Struktur eine klerikal beeinflusste Agrarpartei den größten Einfluss aus – die Christlich-Demokratische Partei als Sprachrohr des Bauernbundes und darüber hinaus auch der nichtmarxistischen Arbeiterschaft. Bis 1926 verfügte sie in der Konstituante und den beiden ersten Parlamenten über eindeutige Mehrheiten. Die Sozialdemokratie als älteste Partei Litauens dagegen hat keine besondere Rolle spielen können. Etwas links von der Mitte standen als linksliberale Partei die Volkssozialisten (oder Partei des Landvolks); die Kommunisten wurden 1919 verboten.
1926 konnten die Volkssozialisten nach Fusion mit zwei Mittelparteien einen Wahlsieg erringen, der sie in Koalition mit den Sozialdemokraten erstmals zur Regierungsbildung befähigte. Die später bedeutende Nationale Partei (*Tautininkai*), hervorgegangen aus einem Kreis litauischer Intellektueller, spielte in den ersten Jahren keine größere Rolle. Zu ihr gehörten neben Smetona fast alle führenden Männer des litauischen Unabhängigkeitskampfes wie Basanavičius, Voldemaras und Yčas. Diese maßgeblichen Vorkämpfer der Unabhängigkeitsbestrebungen sahen sich nach 1919 zunächst weitgehend ausgeschaltet.
Nach der Regierungskrise vom Frühjahr 1926 gerieten Volkssozialisten und Sozialdemokraten mit ihrem linksdemokratischen Ministerkabinett unter Mykolas Sleževičius (1882–1939) sehr bald in Konflikt mit der Kirche, weil sie sich weigerten, Priestern staatliche Gehälter zu zahlen. Als sie den seit 1919 bestehenden Kriegszustand aufhoben, führende Kommunisten begnadigten und Vertreter der polnischen Minderheit in die Regierungskoalition holten, eskalierten die Demonstrationen nationalistischer Studenten schließlich zum Putsch der Armee. In Kombination mit außenpolitischen Motiven zeigte die

gewaltsame Machtübernahme der Tautininkai und der Christlichen Demokraten, dass das einzige Machtmittel von politischer Bedeutung in Litauen eben die Armee war – und das sollten auch die folgenden Jahre noch mehrmals beweisen.

Agrarreformen

Zu den Voraussetzungen für den Aufbau eigener nationaler Volkswirtschaften gehörte in erster Linie eine Umstrukturierung der Agrarverhältnisse. Den Reformen in Estland und Lettland lagen als Motive dabei folgende Überlegungen zugrunde: Landarbeitern und Landlosen musste zu eigenem Besitz verholfen werden, um mit einem bodenständigen Kleingrundbesitz ein Gegengewicht gegen die kommunistische Sozial- und Wirtschaftspolitik und damit eine Immunisierung gegen kommunistische Propaganda zu erreichen. Schließlich sollte auch der bisherigen deutschbaltischen Führungsschicht die wirtschaftliche Basis entzogen werden. Beide Staaten hatten zweifellos nur nach einer tief greifenden Agrarreform eine politische Überlebenschance. Die diskriminierenden Formen, unter denen die Enteignung des deutschbaltischen Großgrundbesitzes 1919/20 durchgeführt wurde, sind allerdings ohne den Landeswehrkonflikt mit dem Höhepunkt in der Schlacht bei Wenden nicht zu verstehen (vgl. S. 102). Dadurch hatten Vermittlungsvorschläge aus den unterschiedlichsten Lagern in der estländischen Konstituante keine Chance.

Der bolschewistischen Propaganda einer Kollektivierung setzte man das Prinzip der individuellen Landzuteilung durch staatliche Landfonds entgegen. Mit der Lösung des Landhungerproblems sollte ein neues Staatsethos geschaffen werden. Sozialdemokraten stimmten dabei mit den Mittel- und Rechtsparteien in der Forderung überein, dass der zukünftige freiheitlich-demokratische Verfassungsstaat trotz gleichzeitiger Verfassungsgarantie des Privateigentums den Großgrundbesitz enteignen müsse.

Estland

Nach kontroversen Debatten nahm die estnische Konstituante am 10. Oktober 1919 ein Agrargesetz an, mit dem der gesamte Großgrundbesitz einschließlich des Inventars enteignet wurde. Davon waren im Übrigen auch 57 estnische Großgrundbesitzer betroffen. Vor dem Kriege befanden sich auf dem Gebiet des späteren Freistaates Est-

land 1149 Rittergüter (58% des gesamten Grund und Bodens) mit einer Durchschnittsgröße von 2113,4 ha. Der bäuerliche Besitz von 51 460 Bauernhöfen (42%) mit einer Durchschnittsgröße von 31,4 ha wurde in der Agrarreform dagegen nicht angetastet. Der Staat gab von diesen bis 1921 übernommenen 2,3 Millionen ha Gutsbesitz ca. 1,2 Millionen ha an ca. 23 000 Pächter auf den ehemaligen Gütern und sukzessive an etwa 53 000 Neusiedler. Die ehemaligen Besitzer erhielten nur 3,6% des Besitzes zurück. Später konnten auch Restgüter bis zu 50 ha zugewiesen werden. Der Rest von ca. 1,1 Mill. ha mit den Forsten (800 000 ha) blieb in staatlichem Besitz.
Mit der Zeit ergab sich eine Konsolidierung der Höfe um 23 bis 24 ha. Dennoch war die Lage der Neusiedler Besorgnis erregend – bis 1939 wechselten auf 11 763 Neuhöfen die Besitzer, und im Vergleich zu den Altbauern waren die Neubauern schließlich wesentlich höher verschuldet. Waren zu Anfang des Krieges noch zwei Drittel der Landbevölkerung landlos, so gab es 1934 in Estland nur noch 17,6% Landlose; 67,4% der Landbevölkerung bildeten selbstständige Landwirte oder deren Familienangehörige.

Lettland

Mit dem lettländischen Agrargesetz vom 19. September 1920 gingen Rittergüter, Pastoratsländereien und städtische Güter entschädigungslos mit dem gesamten Zubehör und allen Wirtschaftsgebäuden in staatlichen Besitz über. Den bisherigen Rittergutsbesitzern blieb allerdings ein so genanntes »Restgut« von ca. 50 ha – das betraf insgesamt 1887 Besitzer – zusammen aber nur 1,7% des früheren Gutsbesitzes. 1929 erfolgte der Ausschluss von Angehörigen der Baltischen Landeswehr von der bevorzugten Landzuteilung. Der lettländische Staat erhielt also ein faktisch schuldenfreies Territorium von fast 3,5 Millionen ha, während die bisherigen Gläubiger ihre Ansprüche in Höhe von etwa einem Drittel des Gesamtwertes der enteigneten Ländereien entschädigungslos einbüßten.
Für die neuen Bauernwirtschaften wurde eine Maximalgröße von 22 ha festgesetzt, zusätzlich 5 ha landwirtschaftlich nicht genutzter Fläche. Trotz des im Prinzip allgemeinen Anspruchs wurde de facto eine Klassifikation der Bewerber vorgenommen, wobei man die Teilnehmer des Freiheitskrieges und ihre Hinterbliebenen bevorzugte. Darin zeigt sich die Dominanz politischer und sozialer Motive vor ökonomischen. An zweiter Stelle berücksichtigte man die Inhaber bisheriger Pachtgesinde. Die dadurch verstärkten Alteigentümer, die so

genannten »grauen Barone«, hielten 1935 mit über 75 000 Betrieben von einer Durchschnittsgröße von ca. 38 ha etwa 64% der gesamten landwirtschaftlichen Betriebsfläche in Besitz. An dritter Stelle kamen die über 54 000 so genannten »Jungwirtschaften« mit Durchschnittsgrößen von 17 ha, gleichsam als »Juniorpartner« der Altwirte. Bei akutem Landarbeitermangel musste in Lettland eine größere Zahl von Saisonarbeitern – meist aus Litauen – beschäftigt werden.

Litauen

In Litauen fiel die Agrarreform von 1923 dank der gemäßigteren Haltung der Christlichen Demokraten weit weniger radikal aus. Der Großgrundbesitz befand sich hauptsächlich in polnischen und russischen und nur zu einem kleinen Teil in deutschen Händen. Die Besitzer durften in freier Auswahl 80 ha Land und bis zu 25 ha Wald behalten, ab 1929 konnte das Restgut sogar bis auf 150 ha erweitert werden. Neben der Umverteilung ging es hier wesentlich auch um Flurbereinigung und um Auflösung der Dörfer in Einzelhöfe. Diese Maßnahmen hatten eine soziale Umschichtung innerhalb der Bauernschaft und insgesamt deren wirtschaftliche Stärkung zur Folge.
Die Zahlungsverpflichtungen für die Neusiedler waren höchst unterschiedlich in allen drei Ländern; ebenso die Abtragung, die von Hypotheken und genossenschaftlichen Bürgschaften in Estland über die neue staatliche Agrarbank in Lettland bis zur entgegenkommendsten Regelung in Litauen führte – dort nämlich brauchte der ohnehin niedrige Kaufpreis erst im Verlauf von 36 Jahren gezahlt zu werden, mit der ersten Rate nach 13 Jahren.

Das Problem der Entschädigung

Die Entschädigungsfrage führte zu unterschiedlichen Lösungen. Nach heftigen Debatten und ausländischem Druck legte ein Gesetz vom 1. 3. 1926 in Estland eine Entschädigung für das enteignete Land (Waldbesitz ausgenommen) in Höhe von 3 EKr (Estnische Kronen) pro ha, auszahlbar in staatlichen Pfandbriefen, fest. Das machte etwa 3,5% des tatsächlichen Wertes aus. In Lettland wurde 1924 in der Saeima mit 50:35 Stimmen jede Entschädigung abgelehnt. In Litauen übernahm der Staat den gesamten ehemaligen russischen Domänen- und Waldbesitz, enteignete Privatbesitzer erhielten nur eine geringe Entschädigung.

Grundzüge der Wirtschafts- und Sozialpolitik

Nach dieser Agrarrevolution von oben, deren Durchführung als sozialer und ökonomischer Erfolg gewertet wurde, musste es vordringliches Ziel aller drei baltischen Staaten sein, die Kriegsfolgen zu beseitigen und zu intensiveren Formen der Landwirtschaft überzugehen. Besondere Bedeutung kam dabei den Vermarktungsinstitutionen sowie dem Ausbau von Weiterverarbeitungsbetrieben zu. Neue Produkte für den Export waren Flachs und Zuckerrüben. Im Kornanbau erstrebten Estland und Lettland Autarkie, die sie auch allmählich erreichten. Litauen exportierte bereits seit langem Korn, zunächst vor allem in die beiden anderen baltischen Länder.
Die Eingriffe des Staates in die Marktregulierung und Kreditvergabe waren in allen drei Ländern erheblich. Besonders gefördert wurde das Genossenschaftswesen, das schon im 19. Jahrhundert eng mit den Emanzipationsbestrebungen bei Esten und Letten verbunden gewesen war. Deren Konsumgenossenschaften entwickelten sich zu Bezugs- und Absatzgenossenschaften und bauten Ladenketten auf. In allen drei Ländern entstanden entsprechende Zentralorganisationen, die schließlich einen großen Teil des Marktgeschehens und auch die Ausbildung des Nachwuchses kontrollierten.
Auch die Produktionsgenossenschaften dienten dem Ziel einer Verbesserung der Infrastruktur und der Investition in Märkte. Sie unterlagen dem Trend zur Zentralisierung, wobei sie in Estland weniger von Staatseingriffen abhängig waren als in Lettland und Litauen. Die besonders wichtigen Molkereigenossenschaften verringerten zwar den inländischen, verbesserten aber die Position der baltischen Staaten im europäischen Wettbewerb. Das Ziel einer gemeinsamen Verkaufsinstitution für alle drei Länder wurde jedoch nicht erreicht. Im Agrarbereich entwickelten sich Estland und Lettland weitgehend parallel, wobei Letzteres dank günstiger natürlicher Voraussetzungen eine größere Produktivität erreichte. Litauen dagegen konnte trotz erheblicher Erfolge in der Fleischproduktion den Rückstand nicht aufholen.

Lettland

Nach dem Verlust des russischen Hinterlandes, den vielfältigen Zerstörungen und den Evakuierungen im Ersten Weltkrieg befand sich Lettland in einer schwierigen Lage. Es hatte am stärksten unter den industriellen Demontagen gelitten, und an einen Wiederaufbau der

Großindustrie im früheren Umfang war nicht zu denken. Dennoch blieb Lettland unter den baltischen Staaten industriell der am weitesten entwickelte. In Nutzung landeseigener Rohstoffe baute man eine reiche Holzindustrie auf, und Lettland entwickelte sich in der Zwischenkriegszeit zu einem der führenden Flachsproduzenten in Europa. Die Viehzucht wurde bald zur Haupteinnahmequelle der Landwirtschaft, wichtige Exportartikel waren Butter und Speck. Die lettische Landmaschinenindustrie konnte weitgehend Estland mitversorgen. Die über die eisfreien Häfen erfolgende Schifffahrt führte im Zusammenhang mit dem Außenhandel zu einer positiven Handelsbilanz.

Estland

Die ersten Jahre der Selbstständigkeit waren auch in Estland von einer Umstrukturierung des Absatzmarktes und der Produktionsschwerpunkte bestimmt. Für die früher in Russland vorhandenen Märkte mussten neue im Westen erschlossen werden, was vor allem mit dem Export nach Deutschland gelang. Besonderen Wert legte man auf die Erschließung des Brennschiefers als dem Hauptreichtum des Landes. Dieser ließ sich nicht nur als Heizmaterial, sondern auch als Grundstoff für die Gewinnung von Ölen, Benzin und Asphalt verwenden. Deren Export stellte bald neben Landwirtschaftsprodukten einen Großteil der estnischen Ausfuhr dar. Aber auch die Landwirtschaft konnte in Konzentration auf die Produktion hochwertiger Erzeugnisse ihr Exportvolumen stark vergrößern – 1938 waren das 53,2% der Gesamtexporte. Daneben blieben Textilfabriken, Holz verarbeitende Industrie, Metall- und Zementindustrie, Kunstdüngerproduktion sowie die Nahrungsmittelindustrie von Bedeutung.

Litauen

Für ein Land ohne nennenswerte Industrie wie Litauen musste die erfolgreiche Bodenreform von entscheidender Bedeutung sein. Die Zahl der Industriearbeiter stieg zwar von 7000 (1911) auf ca. 20 000 (1929) und 34 000 (ohne das Memelgebiet) nach der Weltwirtschaftskrise an. Der relativ niedrige Grad der Industrialisierung zeigte sich aber darin, dass im industriellen Bereich 1939 kaum 8% aller Arbeitskräfte beschäftigt waren. Das dringend erforderliche Fremdkapital konnte nur durch monopolistische Konzessionen gewonnen werden. Der Staat selbst übernahm die Rolle des Hauptinvestors, unter Antanas Sme-

tona hielt er bis zu 62% des Stammkapitals von Aktiengesellschaften, und unterstützte zwischen 1923 und 1926 intensiv die Weiterentwicklung von Produktions- und Marktgenossenschaften, vor allem im Bereich der Molkerei- und Fleischindustrie.
In den späten 1920er-Jahren konzentrierte sich die Regierung statt auf Getreideexporte auf die Milch- und Fleischproduktion und förderte deshalb die Gründung von Genossenschaften und staatlichen Gesellschaften – ein durchaus erfolgreicher Weg, denn in den 1930er-Jahren nahm Litauen durch den Export landwirtschaftlicher Produkte erhebliche Devisen ein. Nicht zuletzt aus wirtschaftlichen Gründen erfolgte in Litauen schon 1926 der Übergang zu einer autoritären Regierungsform mit einer interventionistischen Wirtschafts- und Sozialpolitik. Estland und Lettland folgten diesem Beispiel erst 1934 unter dem Eindruck der Weltwirtschaftskrise.
Die baltischen Staaten waren gemeinsam aus dem Zusammenbruch des russichen Imperiums hervorgegangen. Es gelang ihnen, eine begrenzte, aber wachsende Verflechtung der Gesamtwirtschaft in den europäischen Markt zu erreichen. Nicht verschont blieben sie allerdings von der Nachkriegsdepression der frühen 1920er-Jahre, von Konjunkturschwankungen, der Weltwirtschaftskrise und dem Druck, der schließlich von der Außenwirtschaftspolitik des Dritten Reiches ausging.

Autoritäre Regierungsformen

Litauen

Die neue Koalition aus Volkssozialisten und Sozialdemokraten anstelle des bis dahin maßgeblichen klerikalen Blocks konnte im Mai 1926 nur mit Vertretern der Minderheiten eine parlamentarische Mehrheit erreichen. Sie hob die noch immer bestehenden Einschränkungen der Bürgerrechte auf, was u.a. eine ungehinderte kommunistische Propaganda zur Folge hatte. Das beunruhigte die konservativen Bauern ebenso wie das Militär und forderte auch die katholische Kirche heraus.
In der Nacht vom 16. auf den 17. Dezember 1926 putschten Armeeoffiziere, erklärten den Kriegszustand und jagten das Parlament auseinander. Mit dem Staatsstreich wurde ein Präsidialregime unter Antanas Smetona und Augustinas Voldemaras als Ministerpräsident etabliert. Die überrumpelten Sozialdemokraten und Volkssozialisten

räumten kampflos das Feld. Dieser Putsch war ein Ausdruck von unbesonnenem Nationalismus, übersteigerter emotionaler Furcht vor den Kommunisten und Ablehnung der kulturellen Konzessionen an die polnische Minderheit (Vardys). Nutznießer blieb der kleine Bund der litauischen Nationalisten (*Tautininku Sajunga*) mit Smetona und Voldemaras an der Spitze. Ein Rumpfparlament wählte mit den Stimmen des Christlich Demokratischen Blocks Smetona zum Präsidenten, der sich mit der National-Partei ein politisches Instrument schuf. Seine Herrschaft hatte einen konservativen, nationalen Charakter, aber keinen faschistischen, denn sie blieb eingeschränkt von der beibehaltenen pluralistischen Sozialstruktur, in der die katholische Kirche als mäßigende Kraft wirkte.

Bald schon aber kam es zu Gegensätzen zwischen Christlichen Demokraten und den Tautininkai. Nach der Auflösung des Landtags im April 1927 begann deren Alleinherrschaft, die sich im Rahmen des sofort nach dem Staatsstreich verkündeten Kriegszustandes auf Offiziere der Armee stützte und bis März 1939 die litauische Politik bestimmen sollte. Die von Smetona am 15. Mai 1928 erlassene neue Verfassung verstärkte die Macht des Staatspräsidenten, der zum eigentlich gesetzgebenden Organ wurde. Mit Hilfe des Kriegszustandes konnte Voldemaras, der bis 1929 die Innen- und Außenpolitik leitete, seine diktatorische Regierung führen.

Bei wachsender Opposition konservativ-kirchlicher Kreise gegen seine Herrschaft und nach einem Attentatsversuch verstärkten sich Voldemaras' diktatorische Züge, sodass Staatspräsident Smetona ihn am 19. September 1929 verhaften und verbannen ließ. Die weiterhin bestehenden Parteien konnten zwar trotz erheblicher Beschränkungen noch politisch tätig sein, allmählich aber bauten die Tautininkai einen Parteiapparat auf, wobei sie sich auf den ständig anwachsenden Kampfverband »Eiserner Wolf« stützten, der dem Vorbild der faschistischen Miliz Italiens nachgebildet war. Er wurde geleitet von Voldemaras selbst, und Smetona war Ehrenmitglied.

1931 räumte kurz vor der Wiederwahl Smetonas zum Staatspräsidenten ein Wahlgesetz den Tautininkai entscheidenden Einfluss ein. Wegen angeblich staatsfeindlicher Bewegungen im Memelland (vgl. S. 150) sah ein neues »Gesetz zum Schutz von Nation und Staat« vom Februar 1934 für Vergehen gegen die Regierung und die bestehende Staatsordnung strenge Strafen vor. Hiergegen opponierten nicht nur die Parteien, sondern auch die Anhänger des gestürzten Voldemaras. Diese unternahmen im Sommer 1934 einen vergeblichen Putschversuch, und im Herbst des folgenden Jahres kam es zu schweren

Bauernunruhen, die gleichermaßen von Kommunisten und Voldemaras-Anhängern geschürt wurden. Das führte zum völligen Verbot der Parteien. Ein nach erneut geändertem Wahlgesetz 1936 gewählter Landtag war nur mehr beratendes Organ der Regierung. Die im Februar 1938 angenommene (inzwischen fünfte) Verfassung hatte neben der Trennung von Staat und Kirche ein weiteres Anwachsen der Macht und der Rechte des Staatspräsidenten zur Folge. Das Präsidialregime erfuhr damit zwar eine gewisse formale Legalisierung, gewann aber durch die autoritäre Staatsverfassung einen ausgesprochen diktatorischen Charakter.

Auch im gesellschaftlichen Bereich bemühte sich die Tautininkai-Regierung um Sicherung ihrer Machtposition. Dazu gehörte die Errichtung berufsständischer Kammern, über welche die Wirtschaft und einzelne Berufsgruppen unmittelbar gelenkt werden konnten. Der als »Volksführer« (*Tautos Vadas*) auftretende Smetona knüpfte bewusst an die Tradition des alten Großfürstentums Litauen als Großmacht an. Mit der Knebelung der Vereinsfreiheit und der Presse sowie durch Kontrolle der Selbstverwaltung beschritt Litauen entschlossen den Weg zum autoritären Einparteienstaat.

Estland

Durch das Fehlen eines Staatsoberhauptes war bei jeder Regierungskrise die Stabilität des Gesamtstaates gefährdet. So wurde besonders in bäuerlichen Kreisen der Ruf nach einem »Herrn im Hause« laut. Die Agrarpartei regte 1926 als Erste eine Verfassungsänderung an. Konstantin Päts wollte den Präsidenten direkt durch das Volk wählen lassen und der Regierung mehr Macht und Verantwortung geben. Die anderen Parteien aber lehnten seine Vorschläge ab.

Der Beginn der Weltwirtschaftskrise 1929 verschaffte diesen Forderungen neue Aktualität. Die Vereinigung der bürgerlichen Parteien zu zwei großen Blöcken brachte ein Zusammengehen für eine Grundgesetz-Initiative, mit der eine stärkere Regierung zwischen Volksvertretung und ebenfalls gestärktem Präsidenten ermöglicht werden sollte. Dieser im März 1932 vom Parlament angenommene Vorschlag wurde aber im August in einer Volksabstimmung mit knapper Mehrheit abgelehnt.

Die krisenhafte Entwicklung wurde dadurch beschleunigt, dass sich ein 1929 aus ehemaligen Teilnehmern des Freiheitskrieges gebildeter »Verband der Freiheitskämpfer« (*Vabadussõjalaste Liit*, im Volksmund *vaps*, Plural: *vapsid* genannt) 1932 als politische Partei konstituierte.

Mit dem pensionierten General Andres Larka (*1879) und als treibender Kraft dem Rechtsanwalt Artur Sirk (1900–1937) an der Spitze forderte sie einen starken Staat und die Abschaffung des Parteiwesens zugunsten einer so genannten Volksgemeinschaft. Dieser Verband der Freiheitskämpfer wies eine Reihe der für damalige faschistische Bewegungen typischen Negationsmerkmale auf: Seine Anhänger standen gegen Kommunismus und Liberalismus, damit auch gegen Parlamentarismus und repräsentative Demokratie. Folglich legten sie das Hauptgewicht auf die exekutive Macht, die von einem starken Mann an der Spitze ausgeübt werden sollte. Zu dieser rechtsradikalen politischen Partei gehörten infolge der Weltwirtschaftskrise bald auch zahlreiche Angehörige des Mittelstandes, und sie fand Unterstützung ebenfalls bei größeren Industrieunternehmen und Banken.

Mit geringfügigen Änderungen übernahmen die Freiheitskämpfer den abgelehnten Verfassungsentwurf und brachten ihn sowohl im Parlament als auch bei der anschließenden Volksabstimmung vom Oktober 1933 mit 56% der Stimmen durch. Diese Verfassungsreform konzentrierte die Staatsgewalt in den Händen eines vom Volk direkt zu wählenden Staatspräsidenten. Er sollte das Recht haben, das Parlament zu entlassen, den Ausnahmezustand zu erklären, die Regierung ein- oder abzusetzen und Dekrete mit Gesetzeskraft zu erlassen. Damit wurde der extreme Parlamentarismus der Verfassung von 1920 ins Gegenteil einer fast absoluten Präsidialverfassung gekehrt. Nach der Volksabstimmung verstärkten die Freiheitskämpfer ihre Agitation, die Lage spitzte sich zu. Die Regierung Tõnisson trat am 21. Oktober 1933 zurück, und Konstantin Päts von der Landwirte-Partei bildete ein neues Kabinett mit dem Auftrag, das Land zur neuen Staatsform überzuleiten. Folglich liefen die nach der neuen Verfassung vom 1. Januar 1934 vorgesehenen Präsidenten- und Parlamentswahlen an. In dem heftigen Wahlkampf stellte der Verband der Freiheitskämpfer, gestärkt durch Erfolge bei den Kommunalwahlen, die aussichtsreichsten Kandidaten – sowohl für eine Mehrheit im Parlament als auch für das Amt des Präsidenten.

Um ihrer drohenden Machtübernahme zuvorzukommen (und wohl auch aus Furcht vor einer Niederlage), erklärte Päts am 12. März 1934 mit Unterstützung durch das Militär den Ausnahmezustand. Dieses war fest in der Hand von General Laidoner, der bereits am 1. Dezember 1924 den Revaler Kommunistenputsch niedergeworfen hatte. Der Verband der Freiheitskämpfer wurde wegen Gefährdung der öffentlichen Ordnung und des versuchten Staatsstreichs verboten. Dieser

letzte Anklagepunkt war überspitzt, denn die Erfolge sowohl bei der Kommunalwahl als auch bei der Unterschriftensammlung für ihren Präsidentschaftskandidaten hatten gezeigt, dass sie die Macht auch mit legalen Mitteln hätten erreichen können.
Der Staatsstreich vom 12. März 1934 verlief unblutig; die Freiheitskämpfer wurden verboten, ihre Anführer verhaftet, einige Förderer zeitweilig verbannt. Laidoner berief sich ausdrücklich auf den autoritären Kurs des österreichischen Bundeskanzlers Engelbert Dollfuß (1892–1934) und das Verbot der dortigen Nationalsozialisten. Der Gerichtshof kam zu dem Ergebnis, dass ein Putschversuch der Freiheitskämpfer nicht nachweisbar sei und lediglich von einer Gefährdung der öffentlichen Sicherheit gesprochen werden könne. 37 Angeklagte wurden zu Haftstrafen verurteilt. Ebenso bemerkenswert wie die Unabhängigkeit des Gerichtes ist die Tatsache, dass die autoritäre Regierung dieses Urteil respektierte, obwohl darin die Veranlassung zum Staatsstreich infrage gestellt wurde. Mit zwei ergebnislosen Sitzungen des Parlaments im Herbst war die demokratische Periode der Republik Estland beendet, und das »schweigende Zeitalter«, der Ausnahmezustand 1934 bis 1937, begann.

Neue Verfassung für Estland

Die neue Verfassung gab dem Präsidenten (eigentlich: Premierminister mit den Aufgaben eines Staatsoberhauptes) eine große Machtfülle, und er regierte in der Folge durch Dekrete, die nicht alle verfassungsgemäß waren – wie z. B. die Suspendierung des Parlaments am 3. Oktober 1934. Die politischen Parteien wurden im März 1935 aufgelöst, an ihre Stelle trat die neu gegründete Einheitsorganisation »Vaterländische Union« (*Isamaaliit*). Das politische Leben wurde auf berufsständischer Basis umorganisiert durch Bildung von 15 selbst verwaltenden Interessenvertretungen oder Kammern. Päts erklärte am 17. Januar 1935 die von den Freiheitskämpfern ausgearbeitete Verfassung vom Oktober 1934 für nicht realisierbar, da sie einer Diktatur Vorschub leiste, und veranlasste im Februar 1936 ein Referendum über die Einberufung einer neuen Konstituante. Der vergebliche Versuch der Freiheitskämpfer, Anfang Dezember 1935 gewaltsam die Macht zu übernehmen, verhalf Päts´ Vorschlag zu einer deutlichen Mehrheit. Das Referendum autorisierte ihn zur Einberufung einer aus zwei Kammern bestehenden konstituierenden Nationalversammlung, unter deren 120 Mitgliedern sich noch 43 Abgeordnete der ehemaligen Parteien befanden, davon 20 des Bundes der Landwirte.

Die am 18. Februar 1937 zusammengetretene neue Nationalversammlung bestätigte den Regierungsentwurf für die Verfassung, die am 1. Januar 1938 in Kraft trat. Es handelte sich um eine Präsidialverfassung mit beachtlichen Vollmachten für den Präsidenten, der von einer Wahlkammer gewählt wurde, die sich aus Abgeordneten des Parlaments und der Selbstverwaltungskörperschaften zusammensetzte. Der Präsident ernannte und entließ die Regierung, die zwar dem Parlament verantwortlich war, aber nicht gegen ihn arbeiten konnte. Verlor sie das Vertrauen des Parlaments, konnte der Präsident sie entlassen oder Neuwahlen ansetzen. Er besaß ein suspensives Vetorecht gegen Gesetzesbeschlüsse des Parlaments.
Innerhalb der neuen Staatsversammlung gab es sowohl eine sozialistische als auch eine liberaldemokratische oppositionelle Strömung, zusammen aber nur 17 von 80 Sitzen. Forderungen nach Aufhebung des Parteienverbotes oder der Einschränkung der Versammlungs- und Pressefreiheit wurden nicht erfüllt. Trotzdem bleibt festzustellen, dass Estland als einziger der zwischen den Weltkriegen zu einer autoritär-diktatorischen Staatsform umgestalteten Staaten aus eigener Kraft den Weg zu einer demokratischen Verfassungsmäßigkeit zurückgefunden hat.

Lettland

Auch in Lettland wurde von vielen eine Neuordnung und Stabilisierung der innenpolitischen Verhältnisse für notwendig gehalten – auch hier verlangte angesichts der Weltwirtschaftskrise die Wirtschaft energische Maßnahmen. Hinzu kam ein Anwachsen des aggressiven lettischen Nationalismus. Dieser führte 1929 zur Sprengung des von den Deutschbalten zum 10. Jahrestag der Befreiung Rigas errichteten Landeswehrdenkmals. Zwei Jahre später begannen die ersten Versuche, die Schulautonomie einzuschränken. Zu dieser Betonung des Patriotismus gehört auch die Einweihung des Freiheitsdenkmals in Riga 1936. Nach dem vergeblichen Versuch des Bauernbundes, eine Verfassungsreform durchzusetzen, konnte Ulmanis nunmehr einer breiten Zustimmung sicher sein. Denn auch in Lettland hatten sich Gruppen gebildet, die nach deutschem und italienischem Vorbild die bestehende Ordnung stürzen und durch eine faschistische ersetzen wollten. Die bedeutendste davon war die extrem nationalistische und minderheitenfeindliche Organisation *Pērkonkrusts* [Donnerkreuz] mit Gustavs Celmiņš (* 1895) an der Spitze.
Nicht zuletzt um ihrem Einfluss entgegenzuwirken, verhängte der im

März zum siebten Mal zum Ministerpräsident gewählte Kārlis Ulmanis in der Nacht vom 15. auf den 16. Mai 1934 den Kriegszustand. Er stützte sich dabei auf den Kriegsminister General Jānis Balodis (1881–1956) und die lettische Schutzwehr (*Aizsargi*). Wenn es in dem Manifest der Regierung auch hieß, die Parteistreitigkeiten dürften das Volk nicht weiter spalten, so ging es tatsächlich um die Ausschaltung des Parlaments, Beseitigung der Parteien und Suspendierung der Verfassung. An der neuen Regierung wurden zwar zunächst noch alle bürgerlichen Parteien beteiligt, schon bald aber nahm Ulmanis keinerlei Rücksicht mehr auf sie. Selbst der dem Bauernbund angehörende Staatspräsident Alberts Kviesis (1881–1944), dem die Vorbereitungen zum Staatsstreich verheimlicht worden waren, musste 1936 weichen. Indem Ulmanis in seiner Person die gesetzgebende Gewalt sowie die Ämter des Ministerpräsidenten und des Staatspräsidenten vereinigte, setzte er ganz auf die eigene Autorität und verzichtete sogar auf die Bildung eines Einparteiensystems. Er bezeichnete sich als »Führer des Volkes« (*Tautas Vadonis*) und propagierte das eindeutig vom Nationalsozialismus übernommene Führerprinzip ideologisch mit pseudohistorischen Rückgriffen, indem er sich z. B. zu Oliver Cromwell als Vorbild bekannte.
Zu einer Verfassungsreform kam es trotz wiederholter Ankündigungen nicht – die autoritäre Ordnung wurde nicht einmal durch eine nachträgliche Volksabstimmung legalisiert. Die völlige Machtkonzentration in einer Hand entwickelte sich zu einer Diktatur, die alle Bereiche des öffentlichen Lebens nach dem Führerprinzip umgestaltete. Berufskammern wurden den entsprechenden Ministerien unterstellt und erhielten als nur beratende Organe keinen Einfluss auf die Politik. Das ließ auch die anfangs wohlwollende Haltung liberaler Kreise allmählich schwinden. Sogar der als Teilnehmer des Freiheitskrieges bei der Bevölkerung sehr populäre stellvertretende Regierungschef Balodis verließ Anfang 1940 die Regierung, nachdem er vergeblich auf der Ausarbeitung einer demokratischen Verfassung und damit auf Wiederherstellung der Legalität bestanden hatte.

Autoritäre Entwicklung im Vergleich

Sowohl in Estland als auch in Lettland richteten sich die Staatsstreiche von 1934 gegen den Machtanspruch rechtsradikaler »Freiheitskämpfer«. Ziel der Maßnahmen war in Estland die Festigung der Position des Staatspräsidenten auf der Basis eines auf ihn zugeschnittenen Verfassungssystems. In Lettland dagegen wurden die rechtsradikalen Tendenzen vom neuen System selbst aufgesogen. Unter dem Motto »Lettland den Letten« versuchte dieses, das Idealbild einer »geeinten Nation« zu verwirklichen. Hinter einem ausgeprägten Antiparlamentarismus wirkten dabei sowohl antideutsche als auch antisemitische Tendenzen, vor allem sollte die noch immer vorhandene Wirtschaftskraft der Minderheiten eingeschränkt werden. Die Maßnahmen von Konstantin Päts im März 1934 bilden staatsrechtlich keinen Staatsstreich, da die Regierung noch das Vertrauen des Parlaments besaß. In Lettland dagegen handelte es sich um einen solchen, was sich nicht zuletzt in der Verhaftung des Vizepräsidenten des Parlaments zeigte. Kārlis Ulmanis' Regierungsweise wurde auch als »konsultativer Autoritarismus« bezeichnet (Levits). In Litauen wurde die extreme profaschistische Rechte nach dem Staatsstreich zum brennendsten Problem. Denn der Führer dieser Bewegung und ihres paramilitärischen Verbandes war mit Voldemaras der Premierminister selbst. Während Smetona nur einige lobende Worte für Mussolini fand, zeigten Voldemaras' Anhänger sehr deutliche faschistische Sympathien und später im Untergrund sogar pronazistische Tendenzen. Nach Voldemaras' Entlassung überstand Smetona Entmachtungsversuche von rechts und von links und regierte moderat autoritär.

In allen drei Fällen stützten sich die Präsidenten im Wesentlichen auf das Militär, wobei sich Ulmanis und Smetona zusätzlich die Unterstützung paramilitärischer Organisationen sicherten. Schließlich verwandelten Smetona und Päts – nicht dagegen Ulmanis – ihre alten politischen Parteien oder Bewegungen in präsidiale Instrumente, Smetona nach dem Führerprinzip. Diese besaßen keine Kompetenzen, konnten aber – abgesehen von den Kommunisten – mit begrenzter Pressearbeit einen gewissen öffentlichen Einfluss ausüben, vor allem im kulturellen Sektor. Die gegen nationale Minderheiten gerichteten Lettisierungs- und Litauisierungsbetrebungen fanden in Estland keine Entsprechung.

Während Päts 1937 und Smetona 1938 ihre Herrschaft durch neue, autoritäre Verfassungen zu legalisieren versuchten, regierte Ulmanis weiterhin nach der Verfassung von 1922, deren Kern er aber ausgehöhlt hatte. Durch die unterschiedliche Form der Einbindung oppositioneller Strömungen konnten diese in Estland im neuen Parlament, in Litauen sogar im Kabinett begrenzt mitarbeiten. So ließen die Entwicklungen in Estland und Litauen eine allmähliche Rückkehr zu den demokratischen Grundlagen erwarten, wenn auch nicht in Form der früheren parlamentarischen Parteienherrschaft. In Estland ließe sich von einer »autoritären Präsidialdemokratie« (v. Rauch) sprechen oder – wie es damals in Tallinn hieß – von einer »Regentschaft für die bedrohte Demokratie«. Die Herrschaft von Ulmanis in Lettland dagegen überschreitet deutlich die Grenze zum Dikaturregime. Um das lettische und das litauische Regime als faschistisch bezeichnen zu können, fehlte es ihnen vor allem an terroristischen Gewaltmethoden im Innern. Eine aggressive Gewaltpolitik nach außen kam für sie als Kleinstaaten ohnehin nicht in Betracht.

Kulturelle Autonomie der nationalen Minderheiten

Die in der Zwischenkriegszeit betriebene Minderheitenpolitik ist von den baltischen Staaten in wesentlichen Elementen auch unter veränderten Umständen jüngst wieder aufgegriffen worden. Trotz der einschneidenden Agrarreformen war man seinerzeit bereit, eine konstruktive Minderheitenpolitik durchzuführen. Das hing nicht zuletzt damit zusammen, dass die baltischen Völker aus ihrer Zeit als ethnische Minderheiten im Vielvölkerstaat Russland die Bedeutung nationalkultureller Autonomie kannten.

Baltische Emigranten hatten vor dem Ersten Weltkrieg die Theorien des Austromarxismus kennen gelernt und griffen nun auf Vorstellungen der österreichischen Sozialdemokraten Otto Bauer (1881–1938) und Karl Renner (1870–1950) zurück. Dabei ging es im Wesentlichen um die Lösung der Nation als Kulturgemeinschaft vom rein territorialen Prinzip, um die Erfassung der einzelnen Nationsangehörigen mit Hilfe des so genannten Personalprinzips und um das damit verbundene freie Bekenntnis des Einzelnen zur Bestimmung seiner Nationalität. In Litauen kam hinzu, dass hier die Juden als größte nationale und religiöse Minderheit bereits vom 14. bis zum 18. Jahrhundert eine kulturelle Autonomie besessen hatten.

Alle drei baltischen Staaten wiesen einen deutlichen Prozentsatz andersnationaler Bevölkerungsgruppen auf, die als Stadtbewohner oder in Streusiedlungen lebten. Somit stellte das Minderheitenproblem zunächst überwiegend keine territoriale Frage dar, die Gefahr irredentistischer Bestrebungen mit möglicher staatlicher Absplitterung entfiel – mit der Ausnahme des Wilna-Problems. Hinzu kam, dass sich die baltischen Regierungen bei ihrer Aufnahme in den Völkerbund 1922 zu den Prinzipien der Minderheitenschutzverträge verpflichten mussten. Von entscheidender Bedeutung war es ferner, dass die Minderheiten in allen drei baltischen Staaten ihre Forderungen in den Parlamenten vertreten konnten – ihre Abgeordnetenzahl schwankte in Estland zwischen 5 und 8, in Lettland immerhin zwischen 16 und 19 und in Litauen zwischen 5 und 13.

Litauen

Von den etwa 2 Millionen Einwohnern Litauens waren in der Zwischenkriegszeit ca. 84% Litauer, während die Juden mit 7,6% die größte Minderheit bildeten; dann folgten Polen mit 3,2%, Russen mit 2,5%, Deutsche mit 1,4% und Letten mit 0,7%. Noch vor Verabschiedung der ersten Verfassung überreichte die litauische Delegation bei der Pariser Friedenskonferenz am 15. August 1919 dem Comité des Délégations Juives die so genannte Pariser Deklaration. Darin wurden insbesondere die Autonomierechte der als Rechtspersönlichkeit organisierten jüdischen Minderheit angesprochen. Neben den allgemeinen Minderheitenrechten wurde die Autonomie auf Religion, Wohltätigkeit, soziale Hilfe, Unterricht und allgemeine kulturelle Angelegenheiten festgelegt. Dazu erhielt die Minderheit ein bindendes Verordnungsrecht, vor allem für eine Besteuerung, und proportionale staatliche Subventionen. Ferner wurde die Einrichtung eines besonderen Ministeriums für jüdische Angelegenheiten zugesagt.
Die auf rein personaler Grundlage beruhende jüdische Autonomie ging darauf zurück, dass die jüdische Gemeinde bereits früher gleichsam als Ersatz für die Judensteuer das Recht erhalten hatte, in einem organisierten Landesverband kulturelle Autonomie, teilweise sogar staatliche Hoheitsrechte in Form der Steuer-, Polizei- und Gerichtshoheit auszuüben. Ihr Nationalrat hatte als oberste Behörde und als Interessenvertretung aller litauischen Juden Gesetzesvorlagen für die Staatsregierung und den Gemeindetag vorzubereiten. Der »Minister ohne Portefeuille für jüdische Angelegenheiten« war einerseits Organ der Staatsregierung, andererseits oberste Instanz der nationalen Autonomie. Mit den Worten von Ministerpräsident Galvanauskas sollte er die »jüdischen Interessen im Schoße der Regierung« vertreten, musste also »die Interessen der Juden als Minderheit und als litauische Bürger in Einklang« bringen.
Diese weitgehende jüdische Autonomie wurde in der litauischen Verfassung vom 1. August 1922 auf alle Minderheiten des Landes ausgedehnt. Sie garantierte ihnen das grundsätzliche Recht auf eine nationalkulturelle, auch die soziale Fürsorge umfassende Autonomie mit selbstständigem Besteuerungsrecht. In keiner anderen Verfassung fand die nationale Kulturautonomie eine so weitgehende Aner-

kennung. In keinem der drei baltischen Staaten aber war die Lage der Minderheiten bereits fünf Jahre später so ungünstig wie in Litauen. Denn angesichts des einsetzenden nationalen Chauvinismus zeigte sich die unzureichende gesetzliche Absicherung des Nationalrats. Nach wenigen Jahren wurden er und der Nationalminister wieder aufgehoben, administrative Maßnahmen engten die autonomen Rechte zunehmend ein. So mussten bereits Anfang 1926 die litauischen Vertreter auf einer Rigaer Minderheitenkonferenz feststellen, dass trotz des so hoffnungsvollen Ansatzes ihre Situation tatsächlich die ungünstigste von allen baltischen Minderheiten war.

Lettland

In Lettland bildeten die Minderheiten über ein Viertel der Gesamtbevölkerung. Die größte Gruppe waren die Russen mit 12,5%. Juden mit 5,2% und Deutschbalten mit 3,9% dagegen lebten verstreut im Land oder gehörten überwiegend zur städtischen Bevölkerung – allein in der Hauptstadt Riga gab es 1925 9,5% Juden und 12,6% Deutschbalten. Von den weiteren Minderheiten traten nur die Polen mit 2,8% politisch hervor, nicht dagegen Litauer (1,3%) und Esten (0,4%). Dieser hohe Anteil nationaler Minderheiten sowie die von Unruhen erschütterte Gründungs- und Konsolidierungsphase veranlassten die führenden Politiker, bereits früh den dringlichen Forderungen der Minderheiten nachzukommen.

Bei der Selbstständigkeitserklärung enthielt die »Politische Plattform« eine volle Anerkennung der Minderheitenrechte, und Minderheitenvertreter wurden an der Regierungsbildung beteiligt. Die Abgeordneten der nationalen Gruppen bereiteten von Dezember 1918 bis März 1920 unter Führung des deutschbaltischen Fraktionsvorsitzenden Paul Schiemann auf der Grundlage einer vom Jüdischen Bund eingereichten Gesetzesvorlage ein Autonomie- und Sprachengesetz vor. Mit Unterstützung der Sozialdemokraten gelang es, zwei Grundrechtsartikel über den Gebrauch der Minderheitensprachen und die Bildung einer national-kulturellen Autonomie in den Verfassungsentwurf zu bringen. Bei der Ablehnung des gesamten zweiten Teils der Verfassung in der Konstituante aber (vgl. S. 108) entfielen auch diese Bestimmungen.

Inzwischen hatten sich die Deutschbalten um ein Spezialgesetz zur Sicherung ihrer Kirchen- und Schulautonomie bemüht, und der Jüdische Bund legte ein auf völlige Abtrennung der Kulturpflege von den Staatsaufgaben abzielendes Kulturautonomiegesetz vor. Als Kompro-

misslösung gelang es unter Ausnutzung einer günstigen politischen Konstellation, am 8. August 1919 das »Gesetz über das Schulwesen der nationalen Minderheiten« zur Annahme zu bringen. Unter der Oberaufsicht des Bildungsministeriums wurden besondere Abteilungen für jede Minderheit gebildet, gewissermaßen »Bildungsministerien im Kleinen« (Laserson). Deren auf Vorschlag der Minderheit vom Ministerkabinett bestätigte Chefs verwalteten ihre Schulangelegenheiten selbstständig und galten als höchstes Organ in allen Kulturfragen. Sie hatten das Recht der Teilnahme an den Sitzungen des Ministerkabinetts bei allen das kulturelle Leben ihrer Minderheit berührenden Fragen. Diese Schulautonomie bot den Minderheiten Lettlands die Möglichkeit, ihr Bildungswesen weitgehend selbstständig zu organisieren und zu verwalten. Die Deutschbalten konnten 1927 die gesetzliche Anerkennung des Herder-Instituts in Riga als private deutsche Hochschule durchsetzen. Im Unterschied zu den deutschen Schulen wurde dieses ausschließlich aus privaten Mitteln unterhalten und war mit seinen vier Abteilungen direkt dem Bildungsministerium unterstellt.
In zwei Phasen mussten die Minderheiten allerdings um die Behauptung ihrer Rechte kämpfen. Nach den relativ ruhigen Aufbaujahren gab 1923 eine große Koalition minderheitenfeindlichen Strömungen nach – über Budgetkürzungen versuchte sie, das selbstständige Inspektionsrecht der autonomen Schulverwaltungen zu beschneiden und den Gebrauch der Muttersprache in Schulen einzuschränken. Auf der Welle des sich ausbreitenden lettischen Nationalismus kam es im Dezember 1931 unter dem Bildungsminister Atis Kēniņš (1874–1961) zu einem regelrechten »Kulturkampf« gegen die Bildungsverwaltungen der Minderheiten. Diese Angriffe gipfelten Anfang 1932 in dem Versuch, die Autonomie überhaupt aufzuheben, wobei die Nationalismen wechselseitig eskalierten. Die flexibel und weitgehend gemeinsam reagierenden Minderheiten erreichten im Juni 1933 die Demission des Bildungsministers und den Sturz der Regierung. Dieses hart errungenen Sieges konnte man sich aber nur noch ein Jahr erfreuen.

Estland

Zum führenden Staat in der Entwicklung des Minderheitenrechtes wurde Estland. Hier standen den fast 90% Esten nur 8,2% Russen, 1,7% Deutschbalten, 0,7% Schweden und 0,4% Juden gegenüber. Noch vor dem Zusammentritt der Konstituante erfolgte die Anerkennung der Minderheitensprachen und muttersprachlichen Schulen, vor allem aber wurden nationale Ministerien innerhalb der Provisorischen

Regierung für Russen, Deutsche und Schweden eingerichtet. Die Verfassung vom 15. Juni 1920 enthielt weitreichende Bestimmungen über Minderheitenrechte. Besonders das freie Bekenntnisprinzip zur eigenen Nationalität und das Recht zur Bildung autonomer nationaler Institutionen waren den urprünglichen Forderungen des Austro-Marxismus ähnlich.
Nach mehreren Entwürfen und langwierigen Beratungen gelang es vor allem unter dem Eindruck des kommunistischen Putschversuchs vom 1. Dezember 1924, am 5. Februar 1925 das »Gesetz über die Kulturselbstverwaltung der nationalen Minoritäten« mit großer Mehrheit zu verabschieden. Dieses in enger Abstimmung der deutschbaltischen Parlamentarier unter Führung von Werner Hasselblatt (1890–1958) mit Konstantin Päts erarbeitete Rahmengesetz umfasste allerdings nicht Kirche und Wohlfahrtswesen. Es nannte unmittelbar Deutsche, Russen und Schweden, gab aber auch anderen Minderheiten, die über 3000 freiwillige Eintragungen in ein Nationalregister nachweisen konnten, das Recht, sich als öffentlichrechtliche Körperschaften zu konstituieren. Organe der Kulturselbstverwaltung waren der von den Mitgliedern gewählte Kulturrat, die aus seiner Mitte gebildete Kulturverwaltung sowie örtliche Kulturkuratorien in den Kreisstädten.

Die Organisation der Estländischen Deutschen Kulturselbstverwaltung

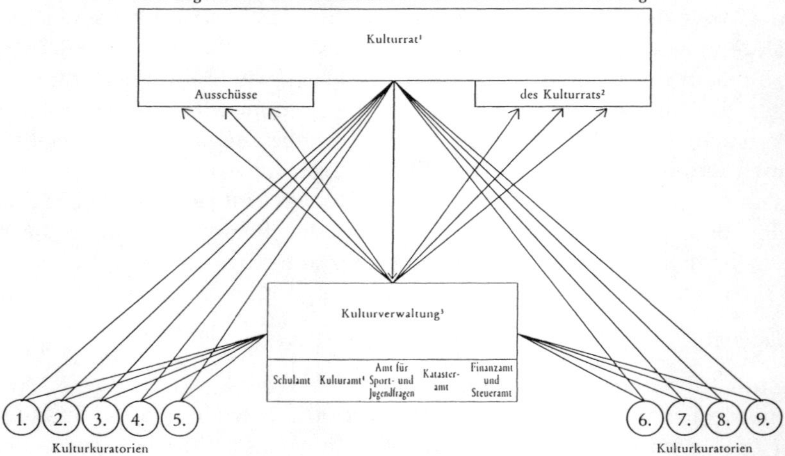

Aufgrund des Estländischen Kulturautonomiegesetzes vom 5. Februar 1925 konstituierte sich die Deutsche Kulturselbstverwaltung, die bis zur Umsiedlung 1939 bestand.

Tallinn (Reval): Dank seines Seehafens entwickelte sich das alte Reval zur führenden Handelsstadt am Finnischen Meerbusen und gehört heute mit dem beeindruckenden Ensemble seiner von Stadtmauer und Wehrtürmen umgebenen Altstadt zum Weltkulturerbe.

Die vom Deutschen Orden ausgebaute Burg auf dem Revaler Domberg gehörte zu den stärksten in Alt-Livland, ihr über 50 m hoher Turm besitzt als der »Lange Hermann« großen symbolischen Wert: hier wurde u. a. am 24. Feburar 1989 die estnische Nationalflagge wieder gehisst.

Als eine der ältesten Kirchen Estlands – der Chor stammt aus dem 13. Jh. – beherrscht die schließlich spätbarock ausgestaltete Domkirche den Revaler Domberg und enthält zahlreiche farbige Wappenepitaphe deutschbaltischer Adliger.

Die nahe der Ostsee an der Daugava (Düna) auf halbem Weg »von den Wikingern zu den Griechen« gelegene heutige Hauptstadt Lettlands Riga feierte 2001 ihr 800jähriges Jubiläum im Rückblick auf eine wechselvolle Vergangenheit als politisches, ökonomisches und geistiges Zentrum der Region.

Inmitten zahlloser Hügel und Parks gelegen, bildet die alte Hauptstadt Vilnius (Wilna) zu Füssen der Burg das wirtschaftliche und vor allem kulturelle Zentrum litauischer Geschichte, auch wenn dieses Gebiet zwischen den Weltkriegen an Polen angegliedert war.

Zu den Kostbarkeiten der 1570 gegründeten Universitätsbibliothek Vilnius (Wilna) gehören zahlreiche Werke aus der Frühzeit des Buchdrucks sowie kartographische Ausgaben, die u. a. im Parnas-Smuglevičiaus-Saal mit seinem Tonnengewölbe und den klassizistischen Wandmalereien eingesehen werden können.

Das 1809 fertiggestellte klassizistische Hauptgebäude der Universität Tartu (Dorpat) entwickelte sich zum Symbol von Forschung und Lehre zunächst der Ostseeprovinzen, dann der Republik Estland.

Die Große Kathedrale in Vilnius (Wilna) gilt als schönstes klassizistisches Bauwerk Litauens, dem mit seinem separaten, aus einem ursprünglichen Wehrturm hervorgegangenen Glockenturm ein besonderer Charakter zukommt.

Die nach dem Vorbild der Rostocker Marienkirche im 13. Jh. begonnene Petrikirche in Riga erhielt im 16. Jh. einen Barockturm als damals höchste Holzkonstruktion in Europa und wurde nach erheblichen Kriegszerstörungen zwischen 1954 und 1983 wieder restauriert, wobei der Turm eine Metallkonstruktion in der früheren Form bekam.

Die mit Plastiken geschmückte Fassade des Schwarzhäupterhauses in Riga. Postkarte, Ende des 19. Jh.

Die jüdische Synagoge in Vilnius (Wilna). Das von den litauischen Juden »Wilne« genannte Vilnius entwickelte sich im 18. Jh. zu einem Zentrum der jüdischen Aufklärung, der »Haskala«, sodass die Stadt mit ihren fast 50% jüdischen Einwohnern zum »Litauischen Jerusalem« wurde.

Die seit 1736 von Rastrelli erbaute Sommerresidenz der kurländischen Herzöge Ruhenthal (Rundāle) stellt mit seinen restaurierten prunkvollen Sälen und Parkanlagen ein eindrucksvolles Zeugnis der Rokokokunst in Lettland dar.

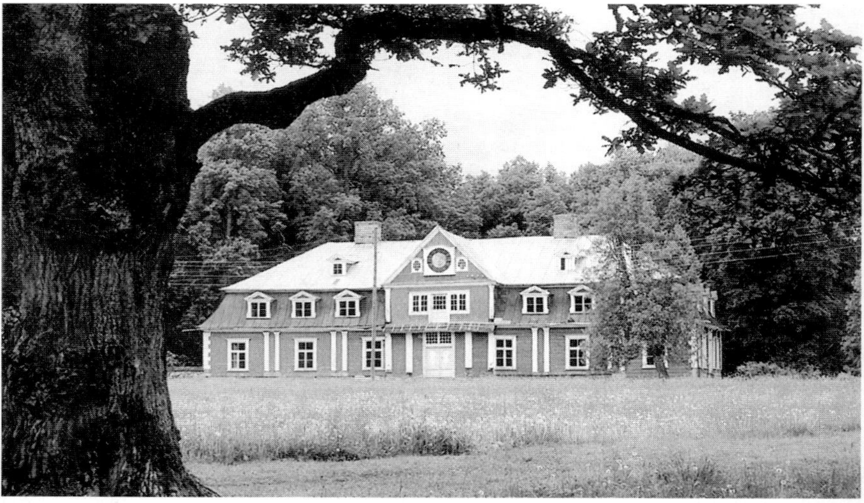

Das auch »Gutshof unter den Eichen« genannten Herrenhaus Orellen der Familie von Campenhausen fügt sich in seiner schlichten Holzkonstruktion organisch in die livländische Landschaft ein und bildet mit seinen reich bemalten Innenräumen im 18. Jh. ein Zentrum der Herrnhuter Brüdergemeine.

Johann Gottfried Herder (1744–1803) war von Oktober 1764 bis Mai 1769 Lehrer und Prediger in Riga. 1778 nahm er auch estnische und lettische Lieder in seine Sammlung von Volksliedern auf.

Der livländische Publizist Garlieb Merkel (1769–1850) erhob 1797 in seinem Buch »Die Letten« eine leidenschaftliche Anklage gegen die Unterdrückung der Bauern.

Mit der Herausgabe der Zeitung »Aušra« [Morgenröte] durch Jonas Basanavičius (1851–1927) seit 1883 begann die litauische Nationalbewegung.

Der Küster und Volksschullehrer Johann Voldemar Jannsen (1819–1890) begründete 1864 in Dorpat die estnischsprachige Wochenschrift »Esti Postimees« [Estnischer Postbote] und initiierte 1869 das erste allestnische Sängerfest.

Der Jurist und Politiker Jaan Tõnisson (1868–1941) war von entscheidender Bedeutung für die Entwicklung der estnischen nationalen Bewegung.

Während der Revolution von 1905, die in den baltischen Provinzen von den Städten ausging und zahlreiche Opfer und Verwüstungen auf dem Lande zur Folge hatte, führten die Truppen auch auf den Straßen Rigas Personenkontrollen durch.

Die Verhandlungen der estnischen und russischen Delegation führten am 2. Februar 1920 in Tartu (Dorpat) zum Abschluss des Friedensvertrages zwischen der RSFSR und der Republik Estland und damit zur Beendigung des Freiheitskrieges; dieser Vertrag wirkte beispielgebend auf die folgenden Friedensschlüsse Lettlands und Litauens mit Sowjetrussland.

Der Jurist Konstantin Päts (1874–1956) gehörte zu den führenden Persönlichkeiten der estnischen Unabhängigkeitsbewegung 1917/18 und war anschließend mehrmals Staatsältester; nach dem Staatsstreich 1934 führte er in Estland eine autoritäre Regierungsform ein.

Kārlis Ulmanis (1877–1942) war als Vorsitzender des lettischen »Bauernbundes« mehrmals Ministerpräsident und führte nach dem Staatsstreich von 1934 in Lettland eine autoritäre Herrschaft.

Der Begründer der litauischen nationalen Bewegung der »Tautininkai« Antanas Smetona (1874–1944) war Staatspräsident Litauens 1919–1920 und nach dem Putsch von 1926 bis 1940.

Am 23. August 1989, dem 50. Jahrestags des Hitler-Stalin-Pakts, bildeten ca. eine Million Menschen eine Menschenkette, die die Hauptstädte Tallinn, Riga und Vilnius im gemeinsamen Protest gegen den Abschluss des Vertrages und seine Folgen verband.

Nach der Unabhängigkeitserklärung des estnischen Parlaments am 20. August 1991 stoppten am folgenden Morgen Zivilisten die anrückenden sowjetischen Militärfahrzeuge vor dem Fernsehturm von Tallinn.

In allen drei baltischen Staaten wurden als Höhepunkt der Befreiung von der bolschewistischen Herrschaft deren Symbole beseitigt wie hier mit dem Sturz der Leninstatue in Riga 1991.

Am 31. August 1993 verließen die letzten russischen Soldaten in Kaunas nach 54-jähriger sowjetischer Besetzung Litauens das Land.

Die ersten Präsidenten der baltischen Staaten nach der Wiederherstellung der Unabhängigkeit – (v. l.) Guntis Ulmanis in Lettland, Lennart Meri in Estland und Algirdas Brazauskas in Litauen – entstammten zwar unterschiedlichen politischen Lagern, genossen aber gleichermaßen große Popularität im Innern und festigten die außenpolitische Stellung ihrer Länder.

Sie hatten das Recht, bindende Verordnungen zu erlassen, ihre Beamten und Lehrer zu ernennen sowie selbstständig Steuern zu erheben, womit der Staat wesentliche Hoheitsbefugnisse auf die Kulturselbstverwaltungen der nationalen Minderheiten übertrug. Deren Loyalitätspflicht wurde ausdrücklich betont.
Durch die Beschränkung auf den kulturellen Bereich entwickelten sich die Kulturselbstverwaltungen nicht – wie anfangs befürchtet – zu einem Staat im Staate. Vielmehr wurde später auch von Esten unterschiedlicher politischer Richtungen die Integrationsfunktion betont, da die nationalen Minderheiten ein positives Verhältnis zur estländischen Republik fanden. Nicht zu Unrecht hat man dieses vorbildlich liberal gestaltete Kulturautonomiegesetz als die »Visitenkarte des estnischen Volkes zum Eintritt in die Welt der freien Völker« (v. Rauch) bezeichnet.

Situation nach den Staatsstreichen

Die Staatsstreiche nahmen den nationalen Minderheiten die Möglichkeit, ihre Interessen in den Parlamenten wahrzunehmen. Die Auswirkungen der präsidial-diktatorischen Regime waren aber unterschiedlich. In Litauen wurden die Minderheitenrechte in den verschiedenen Verfassungen nach 1926 ständig verändert, bis sie 1936 ganz fortfielen. Mit dem 15. Mai 1934 wurden in Lettland die bis dahin zuständigen gesetzgeberischen Instanzen beseitigt, und im Juli 1934 löste man die Bildungsverwaltungen der Minderheiten auf. Die Verschärfung der Sprachengesetze, administrative Beschränkungen und die Einführung lettischer Lehrpläne trafen die ehemals autonomen Bildungseinrichtungen der Minderheiten schwer.
In Estland wurde zwar das freie Bekenntnisprinzip ebenfalls eingeschränkt, und die neue Verfassung vom 1. Januar 1938 beschnitt das Recht der muttersprachlichen Schulen. Der entscheidende Unterschied zu Lettland aber bestand darin, dass die Kulturselbstverwaltungen als öffentlich-rechtliche Institutionen unangetastet blieben. Denn die für das Kulturautonomiegesetz grundlegende Bestimmung des Grundgesetzes von 1920 wurde sowohl 1933 in die durch Volksentscheid veränderte als auch in die Verfassung von 1938 aufgenommen. Nach der Ausschaltung der Abgeordneten – nur die Russen waren in der neuen ersten Kammer vertreten – erhielten die deutsche und die jüdische Kulturverwaltung einen Sitz im Oberhaus. Damit wurde – entgegen ursprünglichen Befürchtungen möglicher Illoyalität – in dieser letzten Phase gerade den Kulturselbstverwaltungen die politische Vertretung ihrer Minderheit übertragen.

Die in den baltischen Staaten gefundenen Lösungsmodelle des Nationalitätenproblems wirkten sich auf nationaler und internationaler Ebene aus. Im Innern trugen sie zur Konsolidierung und zum friedlichen Ausgleich bei – außenpolitisch beeinflussten sie positiv die Aufnahmeverhandlungen in den Völkerbund und die bilateralen Beziehungen. Darüber hinaus fanden sie ein internationales Forum in den zwischen 1925 und 1938 meist in Genf tagenden Europäischen Nationalitätenkongressen. Hier wurde vor allem das estländische Kulturautonomiegesetz diskutiert, dessen Annahme »eine konkrete Grundlage für die Beurteilung der Durchführungsmöglichkeiten der bis dahin nur theoretischen Forderungen der Minderheiten« bildete, wie der Generalsekretär der Kongresse, der Estländer Ewald Ammende (1892–1936) ausführte. So spielten vor allem Minderheitenabgeordnete aus den baltischen Ländern auf diesen Kongressen eine besondere Rolle.

Außenpolitik

Das sowjetische Russland forderte nach dem Ersten Weltkrieg eine Sicherheitszone, um damit einer befürchteten »imperialistischen Aggression« vorzubeugen. Aus westlicher Sicht dagegen bildeten die so genannten Randstaaten einen »cordon sanitaire« oder auch die »barrière de l'est«, mit der einerseits eine Ausbreitung des Kommunismus verhindert werden sollte und die andererseits nach französischen Vorstellungen einer Einkreisung Deutschlands zu dienen hatte. Aus baltischer Sicht ergab sich eine dritte Funktion gerade aus ihrer Pufferrolle zwischen Deutschland und Russland.

Grundlegend für die Stabilisierung der außenpolitischen Verhältnisse der baltischen Staaten waren zum einen das wirtschaftliche und politische Interesse der Westmächte an der Erhaltung der baltischen Selbstständigkeit, zum anderen spielte die anfängliche Zurückhaltung sowohl der deutschen als auch der sowjetischen Politik eine Rolle. Beides trug dazu bei, dass an der Ostsee zunächst eine Art »politischer Windstille« (v. Rauch) eintrat. Abhängig war diese Stabilisierung vom relativen Gleichgewicht zwischen den Großmächten der Region – Sowjetunion, Polen und Deutschland. Zu Großbritannien, das aufgrund seiner Unterstützung im Freiheitskrieg und bei der Durchsetzung der staatlichen Unabhängigkeit großes Ansehen genoss, bestanden zwar bedeutende Handelsbeziehungen, seine Rolle als »Schutzmacht« nahm jedoch rasch ab.

Hinsichtlich Estland und Lettland gingen bei Deutschland Außenpolitik, Außenwirtschaftspolitik und so genannte Deutschtumspolitik eine enge Verbindung ein. Die Grundhaltung war, einerseits auf russische Interessen Rücksicht zu nehmen, andererseits die Randstaaten gegenüber Polen oder den Ententemächten in ihrer Selbstständigkeit zu bestärken. Die deutschen Minderheiten sollten für die außenpolitische Zielsetzung eingespannt werden. Dabei entstand ein erheblicher Widerspruch, denn einerseits wünschte man in Berlin die Deutschbalten als staatsloyale Minderheit, andererseits erstrebte man deren Gleichschaltung. Besonders in Lettland fiel der deutschbaltischen Fraktion unter der geschickten Führung Paul Schiemanns gelegentlich die Funktion eines Züngleins an der Waage zu. Von Berlin aus versuchte man das aufgrund der finanziellen Abhängigkeit auszunutzen, denn die deutschbaltischen Kultureinrichtungen mussten erheblich subventioniert werden. Generell bemühte sich Berlin, durch Intensivierung der bilateralen Beziehungen mit jedem einzelnen baltischen Staat außenwirtschaftliche Erfolge zu erzielen – vor allem Erfolge gegenüber den Reparationen fordernden Garantiemächten des Versailler Systems.

Wilna

Die litauische Außenpolitik war mit zwei der gefährlichsten Problemen Ostmitteleuropas belastet: der Wilna- und der Memelfrage. Bei seinen frühen Versuchen, die Ententemächte für die litauische Unabhängigkeit zu gewinnen, stieß Voldemaras in Paris auf eine intensive Propaganda der Polen. Deren Forderung nach einem Anschluss an ein polnisch-litauisches Reich fand die volle Unterstützung Frankreichs, während Englands Stellung unklar blieb und die USA nicht zuletzt durch die Tätigkeit der Amerika-Litauer die Wünsche Voldemaras' positiv aufnahmen. In einer Denkschrift »Die litauischen Rückforderungen« vom 24. März 1919 verlangte er die ehemaligen russischen Gouvernements Wilna, Kaunas, Grodno, Suwalki, Teile des Gouvernements Kurland und das so genannte »litauische Ostpreußen« als litauisches Staatsgebiet. Eine Union mit Polen lehnte er entschieden ab. Seit April 1919 verschärften sich die Beziehungen zwischen Litauern und Polen, und Frankreich machte eine Anerkennung der Unabhängigkeit von der Regelung der polnisch-litauischen Streitfragen abhängig.

In Vilnius, der historischen Hauptstadt des Großfürstentums, hatten sich polnische Freiwilligenverbände gebildet, die den Anschluss an Polen forderten und am 1. Januar 1919 die Macht in der Stadt übernahmen, worauf die litauische Regierung nach Kaunas floh. Von dort aus führte sie mit rasch aufgestellten Verbänden ihren erfolgreichen Kampf gegen die Bolschewiki. Inzwischen aber hatten polnische Truppen Mitte April als Erste Vilnius erreicht, das erst während des polnisch-russischen Krieges am 15. Juli 1920 zurückerobert werden konnte und im Sommer wieder zur litauischen Hauptstadt wurde. Während des Krieges beachteten jedoch beide Seiten die litauische Neutralität nicht, sodass Teile dieses Gebietes mehrfach von polnischen oder russischen Truppen besetzt wurden.

Trotz einer vertraglich vereinbarten Demarkationslinie besetzte der polnische General Lucjan Żeligowski (1865–1947) am 9. Oktober 1920 im Handstreich Vilnius und schuf ein »Mittel-Litauen« genanntes halbstaatliches Gebilde. Die polnische Regierung bezeichnete seine Aktion zwar als undiszipliniertes Vorgehen eines Freischärlers, sanktionierte nichtsdestoweniger das Ergebnis. Den Hintergrund dafür bildete der Traum Józef Piłsudskis (1867–1935) – der im Übrigen wie eine Reihe weiterer polnischer Politiker aus dem Wilnaer Gebiet stammte – von der Wiederaufrichtung des Jagiellonischen Reiches. Erst die Intervention des Völkerbundes und die Einsetzung einer Schiedskommission beendeten die militärischen Operationen. Eine vorgeschlagene Union zwischen Litauen und Polen mit jeweils formaler Unabhängigkeit wurde von beiden Seiten abgelehnt – die Litauer waren zu keinerlei Abstrichen von ihrer Selbstständigkeit bereit, und die Polen nicht zur Räumung des Wilnagebietes. Letztere antworteten mit der Einberufung eines Landtages in Vilnius, der am 20. Februar 1922 den Anschluss an Polen beschloss. Darauf brachte Litauen den Streit vor den Internationalen Gerichtshof im Haag. Vilnius war im Laufe der Jahrhunderte in der Tat polonisiert worden, sodass die Argumentation der Litauer, es sei ihre historische Hauptstadt, für viele nicht mehr überzeugend schien.

Nach einer dramatischen Sitzung des Völkerbundes, auf der Piłsudski persönlich Voldemaras die Frage nach Frieden oder Krieg stellte, kam es zwar am 10. Dezember 1927 zu einer Übereinkunft, auf neutralem Boden Verhandlungen aufzunehmen; diese führten aber auch 1928 in Königsberg zu keinem Ergebnis. Die »Administrationslinie« blieb als Grenze zwischen Polen und Litauen ebenso wie der Memelstrom weiterhin gesperrt, die Grenzfrage weiter in der Schwebe. Der latente Kriegszustand zwischen Litauen und Polen verfestigte sich zu einem Verhältnis nach der Formel »Weder Krieg noch Frieden«. Bis 1938 gab es keine diplomatischen Beziehungen oder direkten Verbindungen, sodass die Post von Litauen nach Polen über Lettland oder Deutsch-

land geleitet werden musste. Die Wilna-Frage stellte damit die erste große und ständige Belastung der litauischen Außenpolitik dar, die sie für Jahre überschattete.
In dem 1926 abgeschlossenen, später verlängerten Nichtangriffsvertrag erkannte die Sowjetunion erneut die litauischen Ansprüche auf Vilnius an. 1939 erhielt Litauen dann im Zusammenhang mit dem erzwungenen Beistandspakt mit der Sowjetunion einen bemerkenswerten Kaufpreis in Form des inzwischen in sowjetischer Hand befindlichen Wilna-Gebietes. Es ist schon eine Art tragischer Ironie, dass ein künftiges Opfer des Hitler-Stalin-Paktes zunächst Mitgewinner war auf Kosten des ersten Opfers Polen.

Das Memelgebiet

In den Jahren 1923/24 erzwang Litauen für den Verlust von Vilnius im Memelgebiet eine Kompensation auf Kosten Deutschlands. Beide als alte ethnisch litauische Territorien betrachteten Gebiete bezeichnete der junge litauische Staat als unverzichtbar. Memel gewann seine Bedeutung für Litauen nicht zuletzt durch den Hafen. In Artikel 99 des Versailler Vertrages war es von Deutschland abgetrennt und einem alliierten Kondominium unterstellt worden, welches die Franzosen wahrnahmen. Litauen aber verzichtete nicht auf seine Ansprüche. Während die Memelländer einen Wiederanschluss an Deutschland forderten, favorisierte die alliierte Botschafterkonferenz die Idee eines Freistaates nach dem Muster Danzigs.
Am 9. Januar 1923 verkündete ein »Komitee zur Rettung Klein-Litauens« die Machtübernahme im Memelgebiet und forderte die Alliierten auf, unverzüglich die Angliederung an Litauen einzuleiten. Als das zurückgewiesen wurde, rückten am 10. Januar 1923 – am Tag der Besetzung des Ruhrgebietes durch die Franzosen – so genannte Aufständische oder Freischärler in das Memelgebiet ein, wobei die litauische Regierung die Teilnahme regulärer litauischer Streitkräfte bestritt. Nach formellem Protest stellte die Botschafterkonferenz Bedingungen für eine Übertragung der litauischen Hoheit auf das Memelgebiet. Dazu gehörten die Garantie einer Autonomie, die Übernahme des memelländischen Anteils an den deutschen Reparationszahlungen sowie die Erarbeitung eines offiziellen Statuts.
Ein solches wurde am 8. Mai 1924 in Form der Konvention über das Memelgebiet unterzeichnet. Darin übertrugen die Alliierten der Republik Litauen alle ihnen von Deutschland im Versailler Vertrag abgetretenen Rechte und Ansprüche auf das Memelgebiet. Litauen

wiederum versprach die Achtung des Autonomiestatuts und Einhaltung der Minderheitenrechte. Es gab die Garantie für eine territoriale Autonomie und die Bildung eines Landtages. Der litauische Staatspräsident hatte das Recht, den Gouverneur des Memelgebietes zu ernennen, dieser berief den Präsidenten des Direktoriums, der das Gebiet verwaltete. Die gesetzgebende Gewalt lag in den Händen des memelländischen Landtages. Nach Inkrafttreten der Konvention am 25. August 1925 folgte ein zähes Ringen um die Rechte von Gouverneur und Landtag. – Im Jahre 1925 bekannten sich von insgesamt 140 747 Bewohnern des Landes 71 156 als Deutsche und 67 259 als Litauer. Im ersten, im Oktober 1925 gewählten Landtag errang die Einheitsfront der deutschen Parteien 27 Sitze, die litauischen Parteien nur zwei.

Die Belastung der deutsch-litauischen Beziehungen durch diese Angliederung wurde gemildert durch die gemeinsame antipolnische Grundhaltung, da beide Staaten einen indirekten polnischen Zugriff auf Memel fürchteten. Außerdem war die deutsche Regierung an der Holzindustrie Litauens interessiert, sodass zunächst die Bemühungen um eine wirtschaftliche Zusammenarbeit dominierten. 1928 kam es zu einem deutsch-litauischen Grenz- und ein Jahr darauf zu einem Handelsvertrag. Die Situation blieb auch über den Staatstreich von 1926 und den für das Memelgebiet ebenfalls geltenden Kriegszustand ruhig, sie verschärfte sich erst mit der Weltwirtschaftskrise. Aus Anlass angeblich staatsfeindlicher Bewegungen im Memelgebiet erließ die litauische Regierung am 8. Februar 1934 das »Gesetz zum Schutz von Nation und Staat«.

Hierdurch verstärkte sich die Opposition im Memelgebiet zunehmend. Zur Verhärtung der Fronten hatte nicht zuletzt 1931 die Entlassung des verfassungsmäßigen Direktoriums-Präsidenten Otto Böttcher († 1932) wegen Verstoßes gegen die Memelkonvention beigetragen – er war ohne vorherige Absprache zu Wirtschaftsverhandlungen nach Berlin gefahren. Auch eine Aktion zur Einbürgerung mehrerer tausend Litauer verschärfte die Situation, da sie als Manipulation der bevorstehenden Landtagswahlen angesehen wurde. Das neue Direktorium konnte sich dennoch auf 24 memeldeutsche Abgeordnete stützen gegenüber fünf litauischen. Hitlers Ankündigung, bei passender Gelegenheit das Memelgebiet zurückzuholen, belastete zusätzlich das Verhältnis zwischen beiden Staaten.

Als sich zwei nationalsozialistisch beeinflusste Parteien im Memelgebiet bildeten, wurde das Eingreifen der litauischen Behörden geradezu provoziert. Im Juni 1934 folgte das Verbot beider durch die litauischen Regierung, ihre Führer und weitere memeldeutsche Mitglieder wurden in einem internationales Aufsehen erregenden Prozess in Kaunas zu hohen Gefängnisstrafen verurteilt. 1938 verstärkte die deutsche Regierung den Druck auf Litauen, das nach dem »Anschluss« Österreichs und der Besetzung des Sudetenlandes ein militärisches Vorgehen Deutschlands befürchtete. Stark bedrängt sah es sich zur Rückgabe des Memellandes gezwungen, das am 22. März 1939 an Deutschland wieder angeschlossen wurde.

Die Randstaatenkonferenzen

Für die baltischen Staaten ergaben sich außenpolitisch generell drei Optionen: Allianzen untereinander und/oder mit weiteren Nachbarn abzuschließen, neutrale Pufferstaaten zu bleiben und dabei auf den Schutz des Völkerbundes zu setzen sowie drittens den Anschluss an eine der Großmächte zu suchen, was gleichzeitig den Gegensatz zur anderen mit sich bringen musste. Anfang der 1920er-Jahre hofften vor allem Estland und Lettland auf die Möglichkeit, eine ökonomische Brücke zwischen Ost und West bilden zu können, was die sowjetische Abgrenzungspolitik aber verhinderte.

Im Rahmen der so genannten Konferenzdiplomatie nach dem Ersten Weltkrieg gehörten die finnisch-baltisch-polnischen Randstaatenkonferenzen zu den ersten politischen Kooperationsversuchen dieser Art. Zunächst befassten sie sich neben wirtschaftlichen, sozialen, kulturellen, verkehrstechnischen oder juristischen Angelegenheiten vor allem mit der Friedensfrage. Dabei erstrebte man eine einheitliche Front gegen Sowjetrussland, und die baltischen Staaten waren die eifrigsten Befürworter eines entsprechenden Bündnisses.

Aus der Erkenntnis, dass sie zu klein seien, um auf sich selbst gestellt existieren zu können, waren erste konkrete Pläne schon im Sommer und Herbst 1917 entstanden. In Stockholm erörterten Vertreter der Letten und Litauer im Rahmen der »Liga der Fremdvölker Russlands« gegenseitige Unionsmöglichkeiten. Noch vor der Durchsetzung der Selbstständigkeit befürworteten sie eine große Föderation der baltischen Länder mit Finnland und den skandinavischen Staaten. Nach der Oktoberrevolution wurde dann besonders von Esten die Unionsidee mit Finnland vertreten, und die finnischen Hilfsaktionen verdichteten um die Jahreswende 1918/19 sogar den Gedanken eines Doppelstaates Finnland/Estland. Die ungeklärte außenpolitische Lage aber ließ die maßgebenden politischen Kräfte in Finnland wieder Abstand von diesem Plan nehmen.

Seit Herbst 1919 fanden auf Initiative Lettlands und Litauens regelmäßige Konferenzen zwischen den Randstaaten statt. So schlugen am 1. September 1919 Premierminister Ulmanis und sein Außenminister Zigfrīds Meierovics (1887–1925) einen politischen Pakt zwischen den baltischen Staaten und Finnland mit regelmäßigen Konferenzen auf höchster Ebene vor. Die Bündnisbestrebungen traten im Januar 1920 auf der ersten Baltischen Konferenz in Helsinki wieder in den Vordergrund, als ein estnischer Entwurf alle fünf Randstaaten umfasste mit Frontstellung sowohl gegen Russland als auch gegen Deutschland, während sich ein litauischer Vorschlag nur auf die drei baltischen Staaten bezog. Dieser Versuch, die Unterstützung der nördlichen Nachbarn gegen Polen zu erhalten, musste für dieses unannehmbar sein. Beide Pläne wurden nicht angenommen.
In einem letzten ernsthaften Versuch, ein Randstaatenbündnis auf breiter Basis zu errichten, sah man – ausgehend von einer polnisch-finnischen Achse gegen Sowjetrussland – gegenseitige Hilfe im Falle eines unprovozierten Angriffs vor. Dieses Projekt scheiterte aber am Veto Frankreichs, das seinen polnischen Allianzpartner nicht zu stark in die nordosteuropäischen Probleme eingebunden sehen wollte. Im März 1922 versuchte eine weitere Randstaatenkonferenz in Warschau, wenigstens die generellen Linien dieses Verteidigungsabkommens zu retten. Der Vertrag wurde denn auch vom polnischen Parlament einstimmig und in Estland und Lettland gegen die Stimmen der linken Opposition ratifiziert – nun aber lehnte ihn Finnland ab, das sich nicht enger mit den als schwächer angesehenen und mit eigenen Problemen behafteten anderen Randstaaten verbinden wollte. Ein derartiges Bündnis wurde nicht zuletzt wegen der erwarteten polnischen Führung als Unruheherd für das Gleichgewichtssystem betrachtet und scheiterte endgültig im Januar 1925.

Zweier- oder Dreierbund?

Ein Zusammenschluss der drei baltischen Staaten scheiterte, weil sich Estland und Lettland nicht mit den außenpolitischen Problemen Litauens in der Wilna- und der Memelfrage belasten wollten. Als Hauptträger dieser Allianzbestrebungen unterzeichneten Estland und Lettland zwar am 7. Juli 1921 in Tallinn ein Defensivbündnis. Der noch frische estnisch-lettische Konflikt um die Grenzstadt Walk aber verhinderte eine Ratifizierung des Vertrages. Diese Grenzstreitigkeiten betrafen im Übrigen auch die Insel Runö und konnten erst von einer Kommission unter britischem Vorsitz beigelegt werden. Nicht zuletzt gab es hinsichtlich der finno-ugrischen Liven Irritationen zwischen den Nachbarn. Aber auch zwischen Lettland und Litauen spielten Grenzstreitigkeiten anfangs eine Rolle, als litauische Forderungen nach Teilen Lettgallens lettischerseits als imperialistische Ambitionen zur Wiedererrichtung eines mittelalterlichen Großlitauens gewertet wurden. Die geschlossene litauisch-polnische Grenze behinderte zudem die lettische Wirtschaft erheblich.

Beziehungen zur Sowjetunion

Nach dem Scheitern gesamtbaltischer Föderations- und Kooperationspläne führten sowjetische Verhandlungen über Abrüstung, Nichtangriffspakte und Unabhängigkeitsgarantie zu keinem Ergebnis, da Estland und Lettland bilaterale Einzelverträge ablehnten. Die Beziehungen Sowjetrusslands, ab 1923 der Sowjetunion, zu Litauen entwickelten sich seit 1920 wegen dessen Spannungen zu Polen und Deutschland wesentlich freundlicher, was einen Ausdruck im Abschluss des Nichtangriffspakts von 1926 fand.
Die Sowjetunion wollte den Kellogg-Pakt von 1928 mit seinem Verzicht auf den Krieg als Werkzeug internationaler Politik als Grundlage für den Ausbau eines osteuropäischen Vertragssystems unter anderem gegen polnische Sammlungsbestrebungen nutzen. Die baltischen Staaten gaben nun ihre bisherige Reserve auf, da sie vor dem Hintergrund des Kellogg-Paktes zunächst noch keine Befürchtungen hatten, der neue Ostpakt könne seinen Schwerpunkt nach Moskau verlagern. 1927 war es zum Abschluss eines lettisch-sowjetischen Nichtangriffs- und dann auch eines Handelsvertrages gekommen, 1929 folgte ein estnisch-sowjetisches Handelsabkommen. Die 1932 von der Sowjetunion mit Estland und Lettland auf drei Jahre unterzeichneten Nichtangriffsverträge wurden von diesen als definitive Bestätigung der sowjetischen Westgrenze entsprechend den Friedensverträgen von 1920 verstanden. Später erfolgte eine Verlängerung der Nichtangriffspakte mit allen baltischen Staaten bis zum 31. 12. 1945.
Einen Grundpfeiler der »pax sovietica« von 1932–34 bildete die deutsch-polnische Gegnerschaft, deren überraschender Ausgleich im Nichtangriffspakt zwischen Deutschland und Polen vom Januar 1934 das bisheriges System sowjetischer Außenpolitik erschütterte. Auf diese grundlegende Wandlung reagierte die Sowjetunion mit einer Politik der »kollektiven Sicherheit«. Für die baltischen Staaten bedeutete das einerseits ungebetene Garantieversprechungen, andererseits unverhohlene Drohungen. Ende November 1936 warnte Andrej

Ždanov (1896–1948) vor dem 8. Sowjetkongress die Randstaaten und Finnland: »die Kleinstaaten sollten sich in acht nehmen, dass die Sowjetunion nicht das ihnen zugekehrte Fenster weit aufmache und mit Hilfe der Roten Armee nachschaue, was drüben los sei« – eine ins Aggressive gewendete Anspielung auf Peters I. Wort vom »Fenster zu Europa«.
Die baltischen Staaten waren davon überzeugt, dass ihre Beziehungen zur Sowjetunion auf drei Vertragswerken fest und sicher begründet seien: Auf den Friedensverträgen von 1920, auf den Nichtangriffsverträgen von 1932 sowie auf ihrer Neutralität allen Großmächten gegenüber. So kamen sie überein, den Durchmarsch fremder Truppen nicht zuzulassen, denn eine Besetzung des Landes durch sowjetische Truppen sahen sie als gleichbedeutend mit dem Verlust der Selbstständigkeit – mit Recht, wie sich später zeigen sollte.

Beziehungen zu Polen

Neben Forderungen nach Grenzregulierungen im Raum Dünaburg drängte Polen auf eine bessere Behandlung der von der lettländischen Agrarreform betroffenen polnischen Gutsbesitzer in Lettgallen. Die Beziehungen verschlechterten sich seit dem Abschluss des deutsch-polnischen Nichtangriffspaktes von 1934, da man baltischerseits eine Spaltungstendenz in der polnischen Politik sah, um Litauen zu isolieren und von Estland und Lettland zu entfremden. Andererseits sorgten sich die baltischen Staaten, das von Polen angestrebte politisch-militärische Übergewicht könne nun auf die Sowjetunion übergehen. Mit vorsichtigem Taktieren reagierte man auf den französisch-sowjetischen Ostplan von 1934, an dem gegenüber den Verträgen von 1932 neu war, dass zur Neutralitätsverpflichtung eine gegenseitige Hilfe – auch militärischer Art – trat, was als Bedrohung angesehen wurde. Mit Blick auf Deutschland schien den baltischen Staaten eine Neutralitätspolitik ab 1933 in steigendem Maße als lebensnotwendig für ihre Selbstständigkeit. Die seit 1934 regelmäßig tagenden baltischen Außenministerkonferenzen sahen keine Veranlassung für Sonderabkommen mit der Sowjetunion, sondern lehnten in strikter Neutralität jeden Anschluss an eine der Großmachtgruppen ab.

Die baltische Dreierentente

Der durch den Hitler-Piłsudski-Pakt auch für die baltischen Staaten veränderten Situation versuchten diese durch eine engere Zusammenarbeit zu begegnen. Noch am Vorabend der autoritären Staatsstreiche schlossen Estland und Lettland am 17. Februar 1934 einen Bündnisvertrag ab. Er bedeutete eine Erneuerung und Erweiterung des Defensiv-Bündnisses von 1923, indem eine engere außenpolitische Zusammenarbeit und innenpolitische Koordination vereinbart wurde. Im September 1934 signierten die Außenminister aller drei baltischen Staaten in Genf einen Konsultativ-Vertrag, der als die *Baltische Entente* bekannt wurde. Dieses für 10 Jahre abgeschlossene Abkommen schloss in einer besonderen Klausel die ungelösten litauischen Streitobjekte, das Wilna- und Memelproblem, von den gemeinsamen Konsultationen aus.

In der Tat wurde nunmehr die Außenpolitik der baltischen Dreierentente weitgehend vereinheitlicht, was sich bis zur Arbeit im Völkerbund auswirkte. Mit der Zeit aber zeigte sich, dass dieses Bündnis die Erwartungen nicht erfüllen konnte. Die allzu ähnliche Agrarstruktur beeinträchtigte die wirtschaftliche Kooperation durch den Konkurrenzkampf auf ausländischen Märkten. Die geplante Zollunion wurde nicht verwirklicht, auch zur ursprünglich vorgesehenen Gründung einer gemeinsamen Akademie der Wissenschaften kam es nicht. Als in Estland die polnische Orientierung wieder auflebte, musste das auf litauische Gegnerschaft stoßen. Nach wie vor blieben die ungelösten Fragen der litauischen Außenpolitik eine schwere Belastung für eine gesamtbaltische Politik. Ab 1936 machte sich zudem in Estland wieder eine skandinavische Orientierung bemerkbar.

Die Bedeutung der Baltischen Entente wurde immer geringer, denn sie war eine »allzu schwache Schöpfung« und »blieb mehr auf dem Papier, als dass sie Wirklichkeit« wurde (Anderson). Dabei hätte sie militärisch durchaus eine Rolle in Nordosteuropa spielen können: Mit einem Potential von über 500 000 Soldaten und einer vereinten Marine hätte man eine günstigere Ausgangsposition gehabt als beispielsweise Finnland, das mit der Hälfte der Bevölkerungszahl eine mehr als doppelt so lange Grenze gegenüber der Sowjetunion sichern musste. Aber nur einmal hielten Estland und Lettland gemeinsame Land- und Seemanöver ab, im Übrigen beschränkten sie sich auf den Austausch von Informationen. Die Interessenlage war zu unterschiedlich: Estland fürchtete sich nur vor der Sowjetunion, Lettland vor Deutschland und Litauen vor Polen.

Aus den baltischen Staaten wurde keine international respektierte Pufferzone – seit 1935 gerieten sie vielmehr immer stärker in den Sog der wachsenden Rivalitäten zwischen Deutschland und der Sowjetunion. Die gesamten Bündnisbestrebungen der baltischen Staaten litten zudem darunter, dass die gerade errungene staatliche Souveränität wesentlich höher geachtet wurde als die Kooperation mit Nachbarn (v. Pistohlkors).

Völkerbund

Im September 1922 waren die baltischen Staaten Mitglieder des Völkerbundes geworden. Ihre Politiker traten besonders für alle Vorschläge ein, die den Frieden durch Kollektivverträge zu sichern suchten. Gegen die Mitbewerber Österreich, Ungarn und die Schweiz wurde Anfang Oktober 1936 Lettland in den Völkerbundsrat gewählt. Die Tätigkeit seines Vertreters Vilhelms Munters (1898–1967) fiel in eine kritische Phase, denn als er im Mai 1938 turnusgemäß den Vorsitz im Rat übernahm, herrschte in China und in Spanien Krieg, der »Anschluss« Österreichs an das Deutsche Reich war eben erfolgt, und Munters hatte konkret die schwierige Aufgabe, die Anerkennung der italienischen Herrschaft über Äthiopien durch den Völkerbund zu behandeln. Aus dem Empfinden, zum Instrument in der Politik der Großmächte geworden zu sein, hat Munters später selbstkritisch die damalige Ohnmacht der kleinen neutralen Staaten bei ihrem Eintreten für die Idee der kollektiven Sicherheit hervorgehoben.
Nach anfänglicher Reserve bei vielen Völkerbundsmitgliedern hatten die baltischen Staaten im Rahmen ihrer Möglichkeiten die Arbeit des Bundes insgesamt durchaus gestärkt. In den späten 30er-Jahren aber mussten sie die Vergeblichkeit erkennen, Garantien gegen Aggressoren durchzusetzen. So blieb ihnen nur, im Dezember 1938/Januar 1939 ihre absolute Neutralität zu erklären – die erforderliche Macht, diese auch zu sichern, besaßen sie aber nicht.

Von der »windstillen Bucht« zum »Wetterwinkel«

»Die baltischen Länder, von 1920 bis 1936 in einer windstillen Bucht der großen Politik gelegen, wurden nunmehr erneut zu einem Wetterwinkel der internationalen Auseinandersetzungen« (v. Rauch). Die Jahre 1936 bis 1938 waren erfüllt von regen diplomatischen Aktivitäten, wobei ein neu erwachtes Interesse der sowjetischen Führung an diesen Ländern deutlich wurde. Im Juni 1938 schrieb die »Prawda«, eine Flucht in die Neutralität könne die kleinen baltischen Staaten nicht vor den Gefahren retten, die im Falle eines Krieges zwischen den Großmächten entstehen würden. Dennoch bekannten sich auf der 9. Baltischen Außenministerkonferenz Anfang Februar 1939 in Kaunas alle drei Regierungen noch einmal ausdrücklich zu ihrer Neutralitätsorientierung.

Schwer zu beantworten ist die Frage nach Hitlers eigentlichen Zielen im Baltikum. Deutet einiges auf eine zielstrebige Politik, die auf eine Annexion hinauslaufen sollte, so spricht manches dafür, dass Hitler ein wirkliches politisches Interesse an der baltischen Region nur im Zusammenhang mit der Sowjetunion und dem Kräfteverhältnis der Mächte hatte. Durch Vortäuschen deutscher Interessen und deren spätere Preisgabe sollten Konzessionen auf anderem Felde erzielt werden. Für die Ansicht, dass die baltischen Staaten nur eine zeitlich begrenzte Funktion in Hitlers Bemühungen um eine Kooperation mit der Sowjetunion darstellten, sprechen mehrere deutsche militärische Besuche und Kontakte im Juni/Juli 1939, die insgesamt nicht mit weiter reichenden Angeboten verbunden waren.

DIE BALTISCHEN STAATEN ZWISCHEN DEN MACHTBLÖCKEN 1939 BIS 1945

Für Litauen mussten das Wilna- und das Memelproblem wieder akut werden, als seine Nachbarn Polen und Deutschland eine – wenn auch kurzfristige – Verständigung über einvernehmliche Aktionen im baltischen Raum erzielten. Im März 1938 setzte Polen ultimativ die Wiederherstellung diplomatischer Beziehungen zu Litauen durch. Unmittelbar nach dem Münchner Abkommen Ende September 1938 entschloss sich die litauische Führung zu einer völligen Revision ihrer Außenpolitik und wollte die Memelfrage nun in Verhandlungen mit Deutschland lösen. Estland und Lettland begrüßten die so genannte »Heimkehr« des Memellandes nach Deutschland. Man erhoffte von der Beseitigung solcher Konfliktfelder eine Verbesserung der Gesamtlage im Baltikum und eine Konzentration der deutschen Politik auf gute Wirtschaftsbeziehungen. Als am 22. März 1939, eine Woche nach dem deutschen Einmarsch in Prag, der Memelvertrag in Berlin unterzeichnet wurde, war man in Litauen erleichtert darüber, dass nicht etwa ein »Protektorat Litauen« das Ergebnis der Verhandlungen war. Diese doppelte Niederlage blieb jedoch nicht ohne innenpolitische Konsequenzen und führte zur Regierungsumbildung im Sinne einer nationalen Konzentration.

Außenpolitisch freilich war die faktische Abhängigkeit von Deutschland nun unübersehbar. Hitler betrieb 1939 gegenüber den baltischen Staaten eine Faustpfandpolitik, indem er sie als Tauschobjekt gegenüber der Sowjetunion benutzte. Dabei gab es keinerlei Rücksichten auf diese langjährigen soliden Wirtschaftspartner – »In der deutschen Außenpolitik war vielmehr jeder Betrug gerechtfertigt, jedes Argument mit einem anderen austauschbar, wenn es nur in ein taktisches Konzept zu passen schien, mit dem Estland, Lettland und Litauen sowie alle seine Bewohner, einschließlich der deutschbaltischen Minderheit, instrumentalisiert, getäuscht und übervorteilt werden konnten« (v. Pistohlkors). Nichts anderes als ein solches Täuschungsmanöver über die wahren Absichten Deutschlands war dann auch der Abschluss von Nichtangriffspakten mit Estland und Lettland am 7. Juni 1939 – wenige Wochen nur, bevor beide Staaten der sowjetischen Einflusssphäre ausgeliefert wurden. Bemerkenswerterweise

hat Johan Laidoner bereits zu diesem Zeitpunkt den Abschluss des Hitler-Stalin-Vertrages vorausgesagt.
Noch aber war die baltische Frage nicht von den Entscheidungen der beiden totalitären Großmächte allein abhängig. Im Sommer 1939 wurde sie zu einem Problem der internationalen Politik, denn sie bildete einen wichtigen Tagungsordnungspunkt bei den anglo-französischen Verhandlungen in Moskau. Seit April verhandelte man hier über Beistandspakte, wobei zwei Punkte kontrovers waren – zum einen die Garantieerklärungen für Staaten auch gegen deren eigenen Willen einschließlich des Durchmarschrechts, zum anderen der Begriff des indirekten Angriffs. Denn die Sowjetunion vertrat die Ansicht, auch die innenpolitische Entwicklung in anderen Staaten könne unter Umständen eine Intervention rechtfertigen.
Im April verzichteten die französische und im Juni auch die britische Regierung auf ihre bisherigen Vorbehalte und erklärten sich bereit, eine gemeinsame Garantie der baltischen Staaten auch ohne deren Zustimmung in einem geheimen Zusatzprotokoll des geplanten Sicherheitspaktes aufzunehmen. Auch in der Frage der *indirekten Aggression* stellten sie ihre Bedenken zurück – das Haupthindernis für eine Einigung aber blieb das Durchmarschrecht. Bereits zu diesem Zeitpunkt verlangte die sowjetische Seite die Besetzung der baltischen Inseln und der wichtigsten Häfen. Am 21. Juli 1939 wurden dann in einer »Stimmung der Ausweglosigkeit« (Myllyniemi) die militärischen Beratungen unterbrochen.

Der Hitler-Stalin-Pakt 1939

Die deutsch-sowjetischen Beziehungen seit Mitte der 30er-Jahre sind in ihrer Verbindung ideologischer Frontstellungen mit realpolitischen Interessen gekennzeichnet von einer schrittweisen diplomatischen Annäherung: Dem langsamen Suchen und Vortasten zunächst untergeordneter Beamter folgten vertrauliche Gespräche, bis schließlich offizielle Verhandlungen der politisch Verantwortlichen stattfanden. Seit Mitte Juli 1939 hatte sich Hitler endgültig der Option für die Sowjetunion zugewandt, und die diplomatischen Sondierungen in Moskau wurden forciert. Die endgültige Entscheidung erfolgte unter geschickter Abschirmung nach außen im August 1939 aufgrund einer »geradezu hektischen deutschen Verhandlungsaktivität« (v. Pistohlkors) in vier Stufen: In einer Vorphase brachte Molotov am 15./17. August gegenüber dem deutschen Botschafter Friedrich Werner Graf von der Schulenburg (1875–1944) einen Nichtangriffspakt ins Gespräch; am 19. wurde ein Wirtschaftsabkommen abgeschlossen; am 18. war ein deutscher Vertragsentwurf vom Auswärtigen Amt an Schulenburg gegangen, dem am 19. zwei Gespräche mit der Vorlage eines sowjetischen Entwurfs folgten. Am 23. August fand dann nachmittags eine erste Besprechung zwischen der deutschen Delegation unter Führung von Außenminister Joachim von Ribbentrop (1893–1946) statt, an der überraschend auch Stalin teilnahm. Am selben Abend noch folgte eine zweite Besprechung mit Verhandlungen über das Zusatzprotokoll; nach telegrafischer Rücksprache gab Hitler die Ermächtigung zur Preisgabe Südlettlands (der ehemaligen Provinz Kurland). In der Nacht vom 23. auf den 24. August schließlich wurden beide Dokumente unterzeichnet.

Dass der Vertrag ohne Ratifizierung sofort in Kraft trat, ist ein typischer Zug im diplomatischen Gebrauch totalitärer Staaten. Gegenüber anderen von der Sowjetunion abgeschlossenen Nichtangriffspakten fehlt die sonst übliche Klausel, die Partner würden von ihren Verpflichtungen entbunden, sobald der eine eine Aggression gegen eine dritte Macht vornehme – dahinter stand offenkundig die Absicht Deutschlands, Polen zu überfallen. Der eigentlich aggressive Charakter kam weniger im Vertragstext zum Ausdruck als vielmehr im geheimen Zusatzprotokoll, dessen Existenz jahrzehntelang von russischer Seite abgestritten wurde. Es handelte sich um keinen Friedenspakt, wie es eine mögliche englisch-französisch-polnisch-sowjetrussische Vereinbarung gewesen wäre. Der Vertrag eröffnete vielmehr Hitler die Möglichkeit, den Zweiten Weltkrieg zu entfesseln.

Hitlers Motive für den Abschluss bestanden darin, zeitweilige Rückendeckung für den beabsichtigten Angriff auf Polen und dessen Isolierung zu erreichen, einen Zwei-Fronten-Krieg zu vermeiden, allgemein Zeit zu gewinnen zum weiteren Ausbau des deutschen militärischen Potentials sowie wirtschaftliche Vorteile durch die garantierten Rohstofflieferungen aus der Sowjetunion wahrzunehmen. Bei Stalin handelte es sich um die Motivkomplexe Zeitgewinn zur Vorbereitung auf einen möglichen Angriff Hitlers, Verhinderung eines befürchteten japanischen Angriffs, Verhinderung einer Einheitsfront zwischen den Westmächten und Hitler (wobei er bei nachgiebigerer Haltung durchaus einen Beistandspakt mit Polen und den Westmächten gegen Hitler hätte erreichen können), Annexion West-Weißrusslands und der West-Ukraine als »Wiedervereinigung«, Territorialgewinn als Barriere gegenüber möglichen Aggressionen Hitlers,

Chance einer neuen revolutionären Flutwelle angesichts eines Krieges in der nichtkommunistischen Welt.

Die Meldung vom Abschluss des Hitler-Stalin-Paktes war in der ganzen Welt eine Sensation, denn die Vorbereitungen hatte man absolut geheim gehalten. Die für die Existenz der baltischen Staaten entscheidende Aufteilung in Interessensphären erfolgte im geheimen Zusatzprotokoll, wo es hieß: »Für den Fall einer territorial-politischen Umgestaltung in den zu den baltischen Staaten (Finnland, Estland Lettland, Litauen) gehörenden Gebieten bildet die nördliche Grenze Litauens zugleich die Grenze der Interessensphären Deutschlands und der UdSSR. Hierbei wird das Interesse Litauens am Wilnaer Gebiet beiderseits anerkannt.« Nach Beendigung des Polenfeldzuges wurde diese Übereinkunft im ebenfalls geheimen Zusatzprotokoll zum »Deutsch-sowjetischen Grenz- und Freundschaftsvertrag« am 28. September dahingehend abgeändert, dass auch »das Gebiet des litauischen Staates in die Interessensphäre der UdSSR fällt« – im Austausch mit polnischen Gebieten Lublins und Warschaus.

Unmittelbare Folgen für die baltischen Staaten

Angesichts des unwiderruflichen Entschlusses der deutschen Reichsführung zum Krieg gegen Polen bestand für die baltischen Staaten keine Chance, aus eigenen Kräften die Neutralität zu sichern. Mit dem Abschluss der Verträge war ihr Schicksal der Willkür Stalins überantwortet. Die der Sowjetunion zugestandene »territorial-politische Umgestaltung« innerhalb ihres Einflussbereiches wurde sofort eingeleitet mit ultimativ durchgesetzten Beistandspakten und mit Verträgen über die Gewährung von Stützpunkten mit Estland (28. September 1939), Lettland (5. Oktober 1939) und Litauen (11. Oktober 1939). In ultimativer Verhandlungsführung machten Stalin und Molotov den Unterhändlern Lettlands und Litauens unmissverständlich klar, was über die Abgrenzung der gegenseitigen Interessensphären mit Deutschland vereinbart worden war. Modifizierende Vorschläge des litauischen Außenmimisters Urbšys wie ein Militärabkommen nur für den Kriegsfall gegen eine dritte Macht oder die Stationierung sowjetischer Truppen nur im Raum Vilnius wurden abgelehnt. Mit den Verträgen sicherte sich die Sowjetunion das Recht, auf dem Territorium der baltischen Staaten Land-, See- und Luftstützpunkte mit bis zu 30 000 Soldaten zu errichten.

Estnische Überlegungen, bewaffneten Widerstand zu leisten, zerschlugen sich angesichts der Tatsache, dass die Sowjetunion bereits in der zweiten Septemberhälfte 160 000 Mann, 700 Geschütze, 600 Panzer und ebenso viele Flugzeuge an der estnischen Grenze konzentriert hatte. Denn die estnische Wehrpflichtarmee bestand um diese Zeit aus nur 15 000 Mann mit 200 Geschützen, 16 Panzern und ebenso vielen Kampfflugzeugen. Im Unterschied zu Litauen und Lettland hatte Estland Anfang September zudem noch keine Teilmobilmachung durchgeführt. Angesichts der zahlenmäßigen und technischen Überlegenheit der Roten Armee verbot Laidoner, die bei Aufklärungsflügen in den estnischen Luftraum eindringenden sowjetischen Maschinen zu beschießen. Präsident Päts fürchtete, mit einem bewaffneten Widerstand die Existenz der Nation aufs Spiel zu setzen. Bei den anschließenden Verhandlungen konnten Stalin und Molotov aus dem Ausbleiben der Mobilmachung folgern, dass Estland in der Stützpunktfrage nachgeben werde. Als das geschah, war klar, dass auch Lettland und Litauen dem Beispiel folgen würden.

Selbst in diesen Verträgen aber wurde noch betont, dass damit in keiner Weise die souveränen Rechte der vertragschließenden Parteien beeinträchtigt werden sollten. Die Präambeln bezogen sich ausdrücklich auf die Friedensverträge von 1920 sowie auf die abgeschlossenen Verträge über Nichtangriff und friedliche Streitschlichtung. In Estland bemühte sich Päts nach Vertragsabschluss, die Regierungsgrundlage durch Aufnahme von Repräsentanten des gesamten politischen Spektrums auch aus der Opposition zu verbreitern. Ohne eine formelle Anerkennung der seit 1935 aufgelösten Parteien konnte das aber nur bei den Liberalen gelingen. In Lettland und Litauen wurden dagegen von den bestehenden autoritären Regierungen keine Versuche zur Verbreiterung ihrer politischen Basis unternommen.

Die baltischen Regierungen hielten die übernommene Verpflichtung zur Neutralität strikt ein – selbst während des sowjetisch-finnischen Winterkrieges 1939/40, der gewaltsamen Antwort auf die Weigerung Finnlands, einen entsprechenden Beistandspakt einzugehen. Man befand sich dabei in einer schwierigen Lage. Denn von den Militärstützpunkten auf estnischem Territorium aus flogen die sowjetischen Luftstreitkräfte Einsätze gegen Finnland. Dadurch wurde die Neutralität verletzt, denn diese Maßnahmen widersprachen dem Beistandspakt mit Moskau, der nur dann in Kraft treten sollte, wenn eine europäische Großmacht einen der Vertragspartner bedrohte oder angriff. Somit hätte Estland eigentlich die von ihren Einsätzen zurückkehrenden Maschinen beschlagnahmen, die Besatzungen internieren und gegenüber Moskau Protest einlegen müssen. So aber äußerte sich die Sympathie für die Sache Finnlands lediglich in Form von – inoffiziell – tätig werdenden Freiwilligen sowie in der Übermittlung nachrichtendienstlichen Materials aus Estland und Lettland.

Die Umsiedlungen

Im »Deutsch-sowjetischen Grenz- und Freundschaftsvertrag« vom 28. September 1939 hatte die UdSSR in einem weiteren »Vertraulichen Protokoll« den in ihren Interessengebieten »ansässigen Reichsangehörigen und anderen Persönlichkeiten deutscher Abstammung« die Möglichkeit zugestanden, nach Deutschland überzusiedeln.
Nachdem der Abschluss der Beistandspakte mit der Sowjetunion Ende September 1939 als vorteilhaft und friedenssichernd in der baltischen Öffentlichkeit dargestellt worden war, traf die Rede Hitlers vom 6. Oktober mit dem Aufruf an die Deutschbalten zur »Rückkehr ins Reich« alle völlig unvorbereitet. Das Einlaufen deutscher Handelsschiffe zur Durchführung der Transporte auf der Reede von Tallinn noch am Tage der offiziellen Erklärung wirkte geradezu schockierend. Ironisch zitierte die estnische Presse einen Beitrag der deutschen »Revaler Zeitung« vom 9. Oktober, in dem es hieß, man folge »einem Ruf, der Veränderung von gewaltigem Ausmaß im Leben der Völker und Länder Osteuropas mit sich bringen wird«. Das Verhalten vor allem nationaler estnischer Kreise war wenig freundlich, zum Teil ausgesprochen deutschfeindlich, was mit einer komplexen Identitätskrise der estnischen Gesellschaft am Vorabend des Zweiten Weltkrieges zusammenhängt (J. Kivimäe). Auch von vielen Letten wurde die Umsiedlung der Deutschbalten als Gewinn für eine nationale Konzentration betrachtet. Dabei unterschätzte man offenkundig die Gefahr aus dem Osten. Als nämlich am 18. Oktober der erste deutsche Dampfer mit Umsiedlern den Tallinner Hafen verließ, waren wenige Stunden zuvor sowjetische Truppen über die estnische Grenze einmarschiert – so sah die Realität des Hitler-Stalin-Paktes aus.
Der weitaus größte Teil der Deutschbalten in Estland und Lettland schloss sich der Umsiedlung an, die später mit dem treffenden Paradoxon »Diktierte Option« (Loeber) bezeichnet worden ist. Denn bei einem Verbleiben hätte den nur zwei Jahrzehnte zuvor gegen die Bolschewiki kämpfenden Deutschbalten dasselbe Schicksal gedroht, wie es die bürgerlichen Schichten der Esten und Letten in den bald einsetzenden Deportationen erleiden mussten. Nach dem Abschluss von Umsiedlungsverträgen mit beiden baltischen Regierungen erfasste die zum Jahreswechsel beendete Hauptumsiedlung rund 14 000 Personen

aus Estland und rund 51 000 aus Lettland. Ein Teil der Zurückbleibenden beteiligte sich dann an den Nachumsiedlungen vom Frühjahr 1940 und vor allem an der letzten nach der sowjetischen Besetzung 1941. Unter den 7000 Nachumsiedlern aus Estland und 10 000 aus Lettland vom Jahr 1941 befanden sich auch bis zu 3500 Esten und Let-

„Rigasche Rundschau"

Einzelpreis 16 Sant.

Rigasche Rundschau

Erscheint werktäglich 7 Uhr nachm.

№ 246 — Riga, Montag, den 30. Oktober 1939 — 72. Jahrgang

Vertrag über die Umsiedlung

lettischer Bürger deutscher Volkszugehörigkeit in das Deutsche Reich

Heute Vormittag wurden im Justizpalast der Vertrag über die Umsiedlung lettischer Bürger deutscher Volkszugehörigkeit in das Deutsche Reich, sowie ein Zusatzprotokoll von den Führern der beiden Delegationen,

Justizminister H. Apsits

lettischerseits und dem Deutschen Gesandten,

Minister U. v. Kotze,

seitens des Deutschen Reiches unterzeichnet.

Das Vertragswerk hat folgenden Wortlaut:

Die Deutsche Reichsregierung,

geleitet von dem Wunsch, die deutschen Volkszugehörigen auf dem Gebiet des Reichs zu sammeln, und

die Lettische Regierung,

die ihre Zustimmung zu der Umsiedlung lettischer Bürger deutscher Volkszugehörigkeit gibt,

haben beschlossen

[illegible]

Artikel 6

Die Lettische Regierung betraut eine besondere Behörde mit der Regelung der vermögensrechtlichen Aufgaben, die sich für sie aus der Umsiedlung ergeben.

Deutscherseits wird zu diesem Zweck in Lettland eine Umsiedlungs-Treuhand-Aktien-Gesellschaft [illegible]

Artikel 9

Der in Lettland zurückgelassene städtische Grundbesitz der Umsiedler wird an Hand von Verzeichnissen ermittelt. Diesen Grundbesitz kann die UTAG bis zum 31. Dezember 1941 selbst verkaufen.

[illegible]

Deutsche Volksgenossen!

Der Vertrag zwischen der Regierung Lettlands und der Deutschen Reichsregierung über die Umsiedlung der deutschen Volksgruppe in Lettland ist unterzeichnet. Die Zeit der Vorarbeiten und des Wartens ist damit vorüber. Wir treten nunmehr an die Lösung der uns von der Geschichte gestellten Aufgabe heran: der Rückführung auch des letzten deutschen Volksgenossen in das große Vaterland aller Deutschen.

Wir nehmen nicht leichten Herzens Abschied von dieser Erde. Aber wir blicken nicht rückwärts, sondern nach vorne. Wir stehen unter dem Befehl unseres Volkes.

Wer sich in diesen Tagen von seiner Volksgruppe löst, um im Lande zu bleiben, scheidet sich für alle Zeiten vom deutschen Volke. Er muß das wissen, denn sein Entschluß gilt für Kinder und Kindeskinder. Und er ist nicht rückgängig zu machen.

Der Abtransport ins Großdeutsche Reich wird in wenigen Tagen einsetzen. Bis dahin hat jeder auf seinem Platz zu bleiben, sich fertig zu machen und in unbedingter Disziplin auf den Befehl zur Abfahrt zu warten. Er wird ihm durch die Zeitung und durch seinen Nachbarnführer zugehen.

Volksgenossen!

Wir alle erleben die Größe dieser Stunde. Es ist eine Stunde des Handelns und nicht der Worte. Der Führer hat uns gerufen. Wir folgen.

Der Präsident der Deutschen Volksgemeinschaft in Lettland:

W. Intelmann

Der Landesleiter:

Dr. Erhard Kroeger

Das Ministerkabinett

hielt heute eine außerordentliche Sitzung ab

[illegible]

Artikel 11 … Artikel 12 … Artikel 13 … Artikel 14 … Artikel 15 [illegible]

Die deutsch-sowjetischen Vereinbarungen im Zusammenhang mit dem Hitler-Stalin-Pakt sahen eine Umsiedlung der Deutschbalten »im Einvernehmen mit den zuständigen örtlichen Behörden« vor, das in Verträgen mit Estland am 15. und mit Lettland vom 30. Oktober 1939 erzielt wurde.

ten, die damit den drohenden Massenverhaftungen durch die Okkupationsmacht entgingen.
Aus Litauen wurden die Deutschen, die sich soziologisch wesentlich von den Deutschbalten unterschieden, erst aufgrund einer deutsch-sowjetischen Umsiedlungsvereinbarung vom 10. Januar 1941 sogleich zwischen Januar und März umgesiedelt. Doch nach der deutschen Besetzung des litauischen Gebietes bereits im Sommer kam es 1942 – anders als bei den Deutschbalten – zu einer einzigartigen Rücksiedlungsaktion, mit welcher der größte Teil der Litauendeutschen bei gleichzeitiger Verdrängung der polnischen, russischen und litauischen Bevölkerung in ihre alten Wohngebiete zurückkehrte. Darin wurde von der Forschung der »Beginn einer umfassenden deutschen Kolonisation in den baltischen Staaten und in der Sowjetunion« gesehen (Stossun). Von dort begann für die Betroffenen im Sommer 1944 ein erneuter Aufbruch: diesmal aus Furcht vor der heranrückenden Front.
Zum Gesamtrahmen der Umsiedlung als gemeinsame deutsch-sowjetische Aktion gehört ferner die Aussiedlung der Litauer aus dem Memel- und dem Suwalkigebiet.

Okkupation und Annexion 1939 bis 1945

Das »Attentat auf die Souveränität«

Nach dem alle überraschenden Ausbruch des finnischen Winterkrieges bemühten sich die baltischen Staaten um eine verstärkte Kooperation untereinander. Die Baltische Außenministerkonferenz im März 1940 strebte eine intensivere Zusammenarbeit vor allem auf politischem und wirtschaftlichem Gebiet sowie einen dichteren Informationsaustausch an in der Hoffnung, dass die Sowjetunion nicht ein Land gegen das andere ausspielen könne.
In den Stützpunkten verhielten sich die sowjetischen Truppen zunächst korrekt. Die sowjetische Baltikumpolitik verschärfte sich aber, als die Sympathie der baltischen Bevölkerung mit den Finnen deutlich wurde und als nach dem unmittelbar mit der Annexion ostpolnischer Gebiete dort einsetzenden Sowjetisierungsprozess im Februar 1940 im Gebiet um Vilnius Widerstandsorganisationen entstanden. Im selben Monat noch wurden alle im Baltikum tätigen sowjetischen Amtsträger nach Moskau beordert. Offenbar sollten die Verhältnisse »stabilisiert« werden, bevor Deutschland im Westen Rückenfreiheit gewinnen würde.

Die Sowjetisierung des Baltikums im Sommer 1940 vollzog sich ganz nach dem Drehbuch Moskaus. Einige selbst inszenierte Provokationen und die Bemühungen der Baltischen Entente wurden von der Sowjetunion zum Vorwand genommen, am 15. und 16. Juni 1940 ultimativ den ungehinderten Zugang der Roten Armee ins Baltikum und die Bildung sowjetfreundlicher Regierungen zu fordern. Angebliche Pläne zur Bildung eines Militärbündnisses sah die sowjetische Regierung als Bruch der Nichtangriffspakte von 1932 und der Beistandspakte von 1939 an. Im Zusammenhang mit den Ultimaten erklärte sie allerdings noch einmal ihre Bereitschaft, für die Wahrung der staatlichen Unabhängigkeit der drei Republiken im Rahmen der geltenden Vertragsbestimmungen einzutreten.
Nachdem die baltischen Regierungen auch diese sowjetischen Forderungen angenommen hatten, kamen als hochrangige Moskauer Emissäre Andrej Ždanov nach Tallinn, Andrej Vyšinskij (1883–1954) nach Riga und Vladimir Dekanosov (1898–1953) nach Kaunas. Sie sollten die Kulisse für die so genannte »Revolution von 1940« errichten und erzwangen Regierungsumbildungen mit Demonstrationen eines inszenierten »Volkswillens«. Am 30. Juni machte Vjačeslav Molotov (1890–1986) dem erschütterten litauischen Außenminister unmissverständlich klar, man werde die Litauer in der gewohnten Weise fragen, ob sie sich der »Familie der Sowjetvölker« anschließen wollten, denn sie könnten nur unter dem Schutz der Sowjetunion in Frieden leben.
Am 14./15. Juli 1940 wurden nach sowjetischem Muster Parlamentswahlen durchgeführt, für die unter Bruch der Verfassungen auf dem Dekretwege vorher das Wahlrecht geändert worden war. Die nach rücksichtsloser Wahlmanipulation unter Ausschluss aller oppositionellen Kräfte zustande gekommenen Abgeordnetenversammlungen erklärten in völlig analogem Vorgehen die baltischen Staaten zu sozialistischen Sowjetrepubliken und stellten Anfang August im Obersten Sowjet in Moskau Anträge auf Eingliederung in den sowjetischen Staatsverband. Diese stellt damit keine freiwillige Vereinigung auf vertraglicher Grundlage dar, sondern eine gewaltsame Aneignung fremden Staatsgebiets, d.h. eine völkerrechtlich verbotene Annexion. Damit unterschied sich der völkerrechtliche Status der baltischen Sowjetrepubliken grundlegend von dem der anderen Unionsrepubliken (Meissner).
Von der anschließenden Registrierung und Zwangsumsiedlung »antisowjetischer Elemente« waren besonders Mitglieder der früheren Parteien, Offiziere, Geschäftsleute und Grundbesitzer betroffen. Im Zuge der Massendeportationen vom Juni 1941 wurden aus Estland

ca. 11 000, aus Lettland 16 000 und aus Litauen 21 000 Personen ins Innere der Sowjetunion verschleppt. Von August 1940 bis Juli 1941 wurde damit ein großer Teil der politischen, militärischen und wirtschaftlichen baltischen Eliten ins Innere der Sowjetunion deportiert, wie Laidoner, Tõnisson, der zweimalige lettische Ministerpräsident Margers Skujenieks (1886–1941), Balodis, Voldemaras und Urbšys.

Der Zweite Weltkrieg

Die schnelle Besetzung der baltischen Republiken nach dem Überfall Hitlers auf die Sowjetunion nährte im Sommer 1941 zunächst die Hoffnungen auf eine Wiedererrichtung der baltischen Staatlichkeit. Mit der deutschen Okkupation wechselten aber lediglich die Formen der Gewaltherrschaft. Die neue Besatzungsmacht fasste unter der Bezeichnung »Reichskommissariat Ostland«, geleitet von dem in Riga residierenden Reichskommissar Hinrich Lohse (1896–1964), die »Generalbezirke« Estland, Lettland, Litauen und Weißrussland zusammen. Damit erhielten die ehemaligen baltischen Staaten keinen administrativen Sonderstatus, und es wurde ihnen keinerlei politische Autonomie zugestanden. Die so genannten »Landeseigenen Selbstverwaltungen« dienten lediglich als Hilfsorgane der deutschen Besatzungsverwaltung. Im August 1941 übernahm diese das gesamte Wirtschaftsleben. Mit der Beschlagnahmung allen sowjetischen Eigentums erhielten die Bauern den Status von Pächtern und konnten jederzeit von ihren Höfen vertrieben werden. Sämtliche Großunternehmen gingen in deutsche Monopolgesellschaften über. Die deutsche Zivilverwaltung betrachtete die nationalen Bestrebungen ebenso ablehnend wie die frühere Sowjetmacht. Das Fernziel einer Umwandlung des Baltikums in ein deutsches Land sollte durch Eindeutschung der »rassisch positiv zu bewertenden Elemente«, durch Kolonialisierung germanischer Völker sowie durch Aussiedlung und Liquidierung »unerwünschter« Volksgruppen verwirklicht werden.

Am stärksten betroffen von der nationalsozialistischen Herrschaft war die jüdische Bevölkerung. In beispielloser Brutalität wurden die baltischen Juden zusammen mit zahlreichen aus anderen besetzten Gebieten hierher Deportierten in Riga und Vilnius fast alle ermordet. Zum Teil mit Hilfe litauischer Kollaborateure wurden an die 90% der im Jahre 1941 noch 230 000 Personen zählenden jüdischen Minderheit Litauens getötet. In Estland fanden schätzungsweise 1000, in Lettland 66 000 Juden den Tod.

Der gegen die stalinistische Herrschaft gerichtete nationale litauische Widerstand orientierte sich aufgrund der geographischen Nachbarschaft an Deutschland und wurde nur zu gern als Fünfte Kolonnen eingesetzt. Bereits einen Tag nach dem deutschen Angriff nahmen litauische Partisanen einige größere Städte ein, errichteten in Kaunas eine provisorische Regierung und proklamierten die Wiederherstellung der Unabhängigkeit Litauens. Das nun hatte man in Berlin weder erwartet noch gewünscht – man wollte den Antikommunismus für eigene Kriegszwecke nutzen, ohne damit irgendwelche politischen Verpflichtungen einzugehen. Da die provisorische Regierung nicht bereit war, sich auf den Status eines Vertrauensrates bei der Zivilverwaltung zu beschränken, löste sie sich am 5. August auf. Damit wurde den Litauern klar, dass an die Stelle der Sowjets kein »Befreier«, sondern eine neue Besatzungsmacht getreten war.
Im neu gebildeten »Generalkommissariat Litauen« wurden die Wirtschaftsunternehmen deutschen Gesellschaften unterstellt, das Land überwiegend nicht an die privaten Eigentümer zurückgegeben. Anders als in den beiden anderen baltischen Republiken gelang es Heinrich Himmler (1900–1945) aber wegen eines nationalen Boykotts 1943 nicht, eine litauische SS-Legion zu bilden. Dafür wurden jedoch zahlreiche Arbeiter für das Reich zwangsrekrutiert und litauische Soldaten in anderen Uniformen eingezogen. Verantwortlich für diesen Boykott war eine verbreitete Untergrundorganisation gewesen, die erfolgreich verschiedene Institutionen unterwandert hatte. Passiven Widerstand ausübend, hoffte sie auf eine Wiederholung der Situation von 1917–1920, als man sich gegen Russland und Deutschland hatte durchsetzen können. Anfang 1944 proklamierte sich ein Komitee aller Partei- und Widerstandsgruppen zur provisorischen Regierung. Nach der Verhaftung vieler Mitglieder arbeitete der Rest im Untergrund weiter – zunächst gegen die deutsche, später gegen die sowjetische Besatzung.
Im Sommer und Herbst 1944 wurde Litauen durch die Dritte Weißrussische Armee zurückerobert. Zusammen mit einer aus Flüchtlingen gebildeten »Litauischen Division« rückte sie im Januar 1945 in Memel/Klaipėda ein. Durch dessen Vereinigung mit dem übrigen litauischen Gebiet wuchs die Größe der Republik von 55 670 qkm im Jahre 1938 auf 65 200 qkm im Jahr 1945 an. Trotz der räumlichen Nähe kam das nördliche Ostpreußen nicht zu Litauen, sondern wurde in die Russische Republik eingegliedert. Bei starkem Bevölkerungsrück-

gang – selbst 1959 lag die Gesamtzahl noch um 215 000 unter jener von 1940 – wurde Litauen wiederum Teil der Sowjetunion – »reicher an Land, ärmer an Menschen« (Vardys).

Estland

Auch viele Esten sahen im deutschen Angriff eine Möglichkeit, Stalins verhasstes Regime zu überwinden, und hofften, die Deutschen würden dem Lande die republikanische Verfassung zurückgeben. Um den letzten verfassungsmäßig ernannten Premierminister, Professor Jüri Uluots (1890–1945), sammelten sich die wenigen noch anwesenden Politiker der Selbstständigkeitszeit. In einem Memorandum forderte er die Bildung einer Regierung, die das Vertrauen der Deutschen haben könne. Das aber wurde von den Besatzungsbehörden abgelehnt, wobei nicht zuletzt Rivalitäten zwischen Reichskommissar Lohse, dem Reichsminister für die besetzten Ostgebiete Alfred Rosenberg (1893–1946) und der SS eine Rolle spielten. Ab Februar 1943 erfolgten Einberufungen, deren Betroffene sich auf die SS-Legion, Hilfsdienste in der Wehrmacht und Arbeit in der Rüstungsindustrie verteilten. Mit dem Versprechen einer Autonomie gelang es bei dem steigenden Bedarf an Soldaten, bis zu 32 000 Mann zu mobilisieren. Das wiederum weckte Himmlers Misstrauen vor einer Art »estnischer Privatarmee«.

Das Jahr 1944 war bestimmt von Verwaltungschaos, Machtkampf zwischen deutschen militärischen und zivilen Stellen sowie erstarkenden Selbstständigkeitsbestrebungen auf estnischer Seite. Im März bildete sich ein geheimes republikanisches Nationalkomitee. Uluots, der sich zunächst für den Kampf an der Seite der deutschen Wehrmacht eingesetzt hatte, ernannte unter Berufung auf die Verfassung von 1937 den ehemaligen Justizminister Otto Tief (* 1889) zum Chef der estnischen Regierung. Ende September konnte dieser noch einen Aufruf erlassen mit der Forderung nach Wiederherstellung der staatlichen Unabhängigkeit, zwei Tage darauf aber rückte die Rote Armee in Tallinn ein. Uluots gelang es, nach Schweden zu entkommen, seine Versuche zur Umwandlung des Nationalkomitees in eine Exilregierung aber scheiterten.

Insgesamt war Estlands Lage unter der deutschen Besetzung günstiger als die anderer okkupierter Länder. Die estnischen Pläne aber scheiterten ebenso wie entsprechende Bemühungen in Lettland an den totalitären Herrschaftsanprüchen Hitlers. Dieser sah zwar eine Loslösung von Russland und eine Zusammenfassung der baltischen

Länder in einem territorialen Block vor – allerdings in vollständiger Abhängigkeit und als Teil des Deutschen Reiches oder zumindest Machtbereiches.

Lettland

In Lettland war 1943 ein Zentralkomitee der nationalen Widerstandsbewegungen entstanden, die 1944 die Wiederherstellung der lettischen Republik forderten. Da Kurland bis zur Kapitulation in deutscher Hand war, hoffte man zunächst, dass sich westalliierte Truppen an der Besetzung des Landes beteiligen würden.
Die deutsche Okkupation von 1941 bis 1944 hinterließ bei den baltischen Völkern eine noch schlechtere Erinnerung als jene von 1915 bis 1918. Vor allem die rücksichtslose wirtschaftliche Ausbeutung musste abstoßend wirken. Sie schuf die Voraussetzungen für das Entstehen breiter nationaler Einheitsfronten gegen die deutsche Verwaltung. Charakteristisch war eine Mischung von Widerstand und Zusammenarbeit, von der die Tätigkeit der landeseigenen Verwaltungen geprägt war. Das politische Ziel aller sich organisierenden Gruppen blieb die Wiederherstellung der Souveränität der baltischen Republiken. Um diese zu erreichen, mussten sie an zwei Fronten kämpfen – sowohl gegen Deutschland als auch gegen die Sowjetunion.
Nachdem Letten und Esten anfangs nur in Polizeibataillonen eingesetzt wurden, kam es 1942/43 zur Aufstellung von aus Freiwilligen bestehenden SS-Legionen (zwei lettische und eine estnische Division), die an verschiedenen Fronten eingesetzt wurden. 1944 stellten die deutschen Besatzungsbehörden im Rahmen einer Generalmobilisation in Lettland und Estland sechs Grenzschutzregimenter zusammen. In Finnland wiederum nahm ein estnisches Infanterieregiment im Sommer 1944 an den Verteidigungskämpfen in Karelien teil. In den Reihen der deutschen Armee kämpften 1944 insgesamt ca. 60 000 Esten und über 100 000 Letten. – Auf sowjetischer Seite waren ebenfalls nationale Truppenteile gebildet worden, die im Sommer 1944 an den baltischen Grenzen konzentriert wurden. Durch Zwangsmobilmachungen ergänzt, kämpften gegen Ende des Krieges in der Roten Armee ca. 30 000 Esten, 50 000 Letten und 82 000 Litauer.
Die noch 1944 auf die Westmächte gesetzten Hoffnungen wurden enttäuscht. Zwar verwahrten sich anfangs Briten und durchgehend dann die Amerikaner gegen die Annexion – auf allen Kriegskonferenzen wiesen besonders die USA das Drängen Stalins zurück. Insgesamt aber standen sie unter dem Dilemma, das seinen Ausdruck einerseits

in der Äußerung Churchills von Anfang 1942 fand, eine Preisgabe würde »im Gegensatz stehen zu allen Prinzipien, für die wir in diesem Kriege kämpfen«, andererseits in einem Mangel an politischem Instinkt, wie er in Roosevelts nahezu zynischer »Kompromissformel« zutage trat: Allen Esten, Letten und Litauern, die den Anschluss an die Sowjetunion ablehnten, müsse man das Recht zubilligen, das Land mitsamt ihrem Vermögen zu verlassen. – Bei einer Durchführung dieser illusorischen Maßnahme wäre das Baltikum vermutlich entvölkert gewesen.

	Estland	**Lettland**	**Litauen**
Bevölkerung Mitte Oktober 1939[1]	1 130 000	2 000 000	2 950 000
Emigration November 1939 bis Mai 1941[2]	−20 000	−70 000	−50 000
Sowjetische Deportationen und Exekutionen 1940/41	−15 000	−35 000	−35 000
Mobilisation zur Sowjetarmee 1941 und 1944/45	−35 000	−20 000	−60 000
Flucht in die Sowjetunion 1941	−30 000	−40 000	−20 000
Exekutionen und Deportationen unter deutscher Herrschaft[3] 1941/44	−10 000	−90 000	−200 000
Nach Deutschland verschickte Zwangsarbeiter 1941/44	−15 000	−35 000	−75 000
Auf deutscher Seite gefallen	−15 000	−40 000	−10 000
Sowjetische Exekutionen und Deportationen 1944/45	−30 000	−70 000	−50 000
Flucht in den Westen 1942/45[4]	−60 000	−100 000	−50 000
Rückkehr nach Deutschland verschickter Zwangsarbeiter[5] 1945	+5000	+10 000	+20 000
Rückkehr aus Sowjetunion und Sowjetarmee 1944/45	+20 000	+20 000	+20 000
Auswanderung nach Polen	–	–	−150 000
Gebietsgewinne und -verluste[6] 1940–45	−70 000	−50 000	+125 000
andere Verluste	−5000	−80 000	−15 000
Bevölkerung Ende 1945	850 000	1 400 000	2 400 000
Sowjetische Deportationen 1946/53	−80 000	−100 000	−260 000
Opfer des Partisanenkrieges	−15 000	−25 000	−50 000
Rückkehr aus der Sowjetunion oder der Sowjetarmee nach 1945	+100 000	+100 000	+40 000
Einwanderung von Russen (inkl. Weissrussen, Ukrainer)	+230 000	+535 000	+160 000
Geburtenüberschuß	+70 000	+100 000	+350 000
Bevölkerung Anfang 1955	1 155 000	2 010 000	2 640 000

1 Litauen: Mit Wilnagebiet, ohne Memelgebiet
2 Inkl. Emigration der Deutsch-Balten
3 Darunter etwa 250 000 Juden
4 Vor allem über Skandinavien
5 Viele nach Deutschland verschickte Zwangsarbeiter kehrten nicht zurück, sondern wanderten in ein Drittland aus.
6 Estland und Lettland: Verlust von Gebietsstreifen an die Russische Sowjetrepublik. Litauen: Gewinn einiger weißrussischer Gebiete sowie des Memelgebietes.

Bevölkerungsentwicklung der baltischen Staaten 1939 bis 1955

DIE SOZIALISTISCHEN SOWJETREPUBLIKEN ESTLAND, LETTLAND UND LITAUEN

Nach dem erneuten Einmarsch ihrer Truppen im Sommer und Herbst 1944 nahmen die sowjetischen Machthaber die durch die deutsche Besetzung unterbrochene Politik der Sowjetisierung mit großer Intensität wieder auf. Der Roten Armee folgten so genannte Operativgruppen und größere Einheiten des Sicherheitsdienstes, erneut begannen Verhaftungen, Hinrichtungen und Deportationen, von denen zehntausende Esten, Letten und besonders Litauer betroffen waren, darunter überwiegend Frauen und Kinder. Nunmehr entfiel jede Rücksichtnahme auf die Völker des Baltikums, und die Angleichung an Wirtschaftsstruktur und Gesellschaftsordnung der Sowjetunion wurde in wenigen Jahren kompromisslos zu Ende geführt.

Mit der zwangsweisen Kollektivierung der Landwirtschaft seit 1949 war eine forcierte Industrialisierung verbunden, was grundlegende Strukturwandlungen zur Folge hatte. So veränderte sich das frühere zahlenmäßige Verhältnis der Stadt-/Landbevölkerung innerhalb von zwei Jahrzehnten ins Gegenteil – 1965 lebten in Estland und Lettland zwei Drittel der Gesamtbevölkerung in den Städten. Das über Besitz verfügende Mittelbauerntum als die tragende soziale Schicht der Unabhängigkeitszeit wurde als »Kulakentum« diffamiert und unter massivem Druck in Kolchosen gezwungen. Der steigende Bedarf an Arbeitskräften, die Sowjetisierung der Verwaltungs- und Parteiapparate sowie die militärischen und polizeilichen Sicherungsmaßnahmen lösten eine stetige Zuwanderung nicht nur von Russen aus. Denn dazu gehörten auch die so genannten Russlandesten und Russlandletten, mit denen die Führungsämter besetzt wurden und die oft als Schrittmacher der Sowjetisierung tätig wurden.

Dadurch wuchs nicht nur die Einwohnerzahl der größeren Städte, sondern die ethnische Zusammensetzung der Bevölkerung insgesamt veränderte sich grundlegend. Der Anteil der Letten an der Gesamtbevölkerung ging von ca. 76% im Jahre 1935 auf 62% (1959) bis 52% (1989) zurück, jener der Esten sank von 88% (1934) über 74,6% (1959) auf 61,5% im Jahr 1989. Die russischsprachige Bevölkerung (Russen, Weißrussen, Ukrainer) stieg in derselben Zeit in Lettland von 12,1% auf 42,3%, in Estland von 8,2% auf 35,2%. In Litauen war diese ethnische Veränderung nicht so gravierend: Von 80,6% Litauern im Jahre

1923 verlief sie über 79,3% (1959) zu 79,6% (1989), blieb also nahezu konstant, allerdings erhöhte sich der Anteil der Russischsprachigen in diesem Zeitraum von 2,5% auf 12,3%.
Im kulturellen Bereich und im Bildungswesen galt zwar die Devise »National in der Form, sozialistisch im Inhalt«, und die nationalen Sprachen, Literaturen, Volkslied und Volkstanz wurden offiziell wohl gefördert. Diese von der KP gelenkte Kulturarbeit aber hatte der »Annäherung der nationalen Kulturen« zu dienen mit dem Ziel der Schaffung einer »einheitlichen multinationalen Sowjetkultur«. So mussten die Völker des Baltikums ihre ethnische Eigenständikeit gegenüber dem Ideal des »Sowjetmenschen« verteidigen. Dass dieses auf Massenveranstaltungen wie den traditionellen Sängerfesten und generell im Bekenntnis der Zugehörigkeit zum westlichen Kulturbereich gelang, hat ihnen schon bald eine »zivilisatorische Schrittmacherfunktion« (v. Rauch) innerhalb der Sowjetunion zukommen lassen.

Estland

Ersten Aktivitäten der neuen Sowjetmacht wie eine Mobilmachung für die Rote Armee folgte die Übergabe des Transnarvagebietes (1954 auch des östlichen Teils der Stadt Narva) und großer Teile des Kreises Petschur (Petseri) an die RSFSR, insgesamt 5% des estnischen Territoriums. Um jegliche Kontinuität mit dem bürgerlichen System auch in der Verwaltungsgliederung zu beseitigen, wurden Kreise und Gemeinden abgeschafft und durch die sowjetische Verwaltungseinheit der Rayons sowie durch Dorfsowjets ersetzt.
1953 wurde die Verfassung der Estnischen SSR von 1940 geändert – wie zuvor schon in Lettland (1948) und Litauen (1950). Mit der Angleichung der staatlichen Strukturen der baltischen Unionsrepubliken an das System der UdSSR wurden sie zu Verwaltungseinheiten eines Einheitsstaates mit bestenfalls kultureller Autonomie degradiert – trotz formeller Betonung der Eigenstaatlichkeit in den Verfassungen. Denn die neuen Staatsorgane (wie der Oberste Sowjet als Parlament, dessen Präsidium, der Ministerrat oder das Oberste Gericht) hatten nur einen untergeordneten Status: Alle Angelegenheiten von größerer Bedeutung wurden durch Rechtsakte der UdSSR geregelt.
In einer zweiten Bodenreform hatte man 1944 das Land der »Emigranten, der Kollaborateure und der Spekulanten« (Uibopuu) enteignet und verteilt. 1947 verschärfte sich der Kampf um die Kollektivierung,

die Massenverschleppungen nach sowjetrussischem Muster betrafen 1949 rund 40 000 Bauern. Entsprechend stieg die Zahl der Kolchosen von 530 auf 3017. Die Volkszählung von 1959 wies bereits keine privaten kleinen Landwirtschaftsbetriebe mehr aus. Es folgte die Zusammenlegung von Klein- in Großkolchosen sowie die Begründung von Sowchosen (= Staatsgüter mit Lohnarbeitern), womit nicht zuletzt eine Russifizierung einherging. Arbeitsproduktivität und Durchschnittsverdienst waren, gemessen an der Anbaufläche, in der Estnischen SSR dennoch am höchsten in der gesamten UdSSR. Der Grund liegt in der starken Produktion von Saatgut sowie in der entwickelten agronomischen Industrie mit gut ausgebildeten Arbeitskräften. Der hohe Bildungsstand der örtlichen Bevölkerung begünstigte nicht zuletzt eine stürmische Industrialisierung. Die Schaffung übergroßer Industriebetriebe wiederum steigerte ständig den Bedarf an Arbeitern, der nur aus Russland gedeckt werden konnte. Wegen des höheren Lebensstandards bedurfte es keiner Zwangsmaßnahmen, um solche Arbeitskräfte heranzuziehen; als Folge aber sank der Anteil der Esten an der Gesamtbevölkerung von Jahr zu Jahr.

Lettland

Bei rascher Industrialisierung wurde die Wirtschaft Lettlands in den Kreislauf der gesamtsowjetischen Wirtschaft integriert und überwiegend den zentralen Behörden in Moskau unmittelbar unterstellt. Die sozialistischen Umwälzungen waren bis 1950 vollendet. Die sowjetische Herrschaftspolitik versuchte zunehmend, den Konflikt zwischen dem sowjetischen Machtanspruch und den Eigenständigkeitsbestrebungen der lettischen Bevölkerung durch Zersetzung der inneren Strukturen des Widerstandes endgültig zu lösen. Dazu bediente sie sich wie auch in den Schwesterrepubliken eines vielfältigen Instrumentariums.

Die sofort einsetzenden Massenrepressionen gegen die Bevölkerung orientierten sich auch hier an der Gruppenzugehörigkeit und erfüllten damit den Tatbestand des Genozids (Levits). Hatte sich die Massenverfolgung 1940/41 vor allem gegen die bisherige Führungsschicht gerichtet, so war ab 1944/45 die Bauernschaft die leidtragende Gruppe. Bis 1951 fielen 13–17% der lettischen Bevölkerung diesen Verfolgungsmaßnahmen zum Opfer. Repressionen gegen Einzelpersonen richteten sich vor allem gegen die Teilnehmer des Unabhängigkeitskrieges 1918–1920 sowie gegen Angehörige der von den

Deutschen zwangsmobilisierten lettischen Militäreinheiten. Gesellschaftliche Disziplinierungsmaßnahmen wirkten insbesondere im Berufsleben, da der Staat faktisch der einzige Arbeitgeber war. Diese Sanktionsinstrumente reichten von einer Nichtbeförderung über Degradierung bis zur Entlassung. Ein Netz von Inoffiziellen Mitarbeitern der Staatssicherheitsorgane überzog alle Lebensbereiche. Das Ergebnis war eine starke Verunsicherung der Bevölkerung, deren wechselseitiges Misstrauen zu einer »Atomisierung« der Gesellschaft führte.

Russische Einwanderer wirkten als herrschaftssicherndes Element. Während sie glaubten, den Balten nach der so genannten Befreiung »Entwicklungshilfe« beim Aufbau des Sozialismus zu leisten, hielten diese sie für ungebetene »Kolonialisten«. Zu den wechselseitigen Aversionen trug nicht unwesentlich auch ein subtiles Privilegiensystem bei, vor allem bei der Wohnungszuteilung. Diese staatlich geförderte Entfremdung beider Bevölkerungsgruppen vertiefte die Konflikte der nach Emanzipation strebenden Einheimischen mit den Russen. Die erhebliche Verringerung des Anteils der Esten und Letten an der Gesamtbevölkerung war aber nicht allein eine Folge der Zuwanderung, sondern auch einer Verringerung der absoluten Zahl durch Krieg, Flucht und Repressionsmaßnahmen. So musste 1988 festgestellt werden, dass Letten zusammen mit Esten und Juden die einzigen europäischen Völker seien, deren überproportionale Menschenverluste vier Jahrzehnte nach dem Kriegsende noch immer nicht ausgeglichen waren (Levits).

In Lettland – wie auch in Estland – vollzog sich ein staatlich geförderter Prozess des Übergangs von einem Minderheitenstaat zu einem Zwei-Völker-Staat. Dieser Wandlungsprozess wurde durch eine komplexe Politik der Russifizierung des öffentlichen Lebens und einer Verdrängung der lettischen Sprache beschleunigt. Zweisprachigkeit war eine Voraussetzung für die Entstehung einer Doppelidentität als Vorstufe auf dem Wege zum einheitlichen russischsprachigen Sowjetvolk. Diese Politik lief damit auf eine langfristige Assimilierung der nichtrussischen Völker hinaus.

Gegen diesen gesamten Maßnahmenkomplex formierte sich in allen drei baltischen Ländern ein vielfältiger Widerstand. Zunächst bildeten sich aus den nationalen Partisanenbewegungen der deutschen Besatzungszeit neue Widerstandsgruppen, die so geannnten »Waldbrüder«. Dezentral organisiert und begünstigt durch die Streusiedlung der Bauern, operierten sie unabhängig voneinander und stützten sich auf ein engmaschiges Netz von Versorgungsbasen in den nur schwer

kontrollierbaren Einzelhöfen. Bis 1949 konnte die Sowjetmacht in Lettland auf dem Lande nach eigener Darstellung nicht effektiv durchgesetzt werden. Das Rückgrat der Partisanenbewegung wurde jedoch durch die Massendeportationen der Bauern 1949 gebrochen.
Nach Stalins Tod fand zwischen 1953 und 1958 ein »Lettisierungsprozess« innerhalb der regionalen Herrschaftsapparate statt. Zum Wortführer der reformistischen lettischen Nationalkommunisten wurde der 1958 zum stellvertretenden Ministerpräsidenten berufene Eduards Berklāvs (* 1914). Gegen eine überzogene Industrialisierungs- und Einwanderungspolitik und die damit verbundene Russifizierung forderte er die Umwandlung der KP aus einer Elitepartei in eine Massenpartei, in der das einheimische Element dominieren sollte. Die Wirtschaftsreformen und Erfolge in der Schulpolitik fielen aber mit dem Ende der Tauwetterpolitik in den 1960er-Jahren erneuten, wenn auch unblutigen, Säuberungen zum Opfer.

Litauen

Die sowjetische Macht war in Litauen ab Herbst 1944 vom Ersten Parteisekretär Antanas Sniečkus (1903–1974) zusammen mit dem ihn vor Ort bis 1946 unterstützenden Michail Suslov (1902–1982), dem späteren Moskauer Politbüromitglied, wieder hergestellt worden. Zunächst aber hatten sie sich gegen die litauische Partisanenbewegung durchzusetzen, deren Wurzeln ebenfalls im antinationalsozialistischen Untergrund lagen und die vergebens auf Hilfe durch die Westmächte hofften. Die vor allem in den ersten vier Jahren äußerst hart geführten Kämpfe dauerten bis 1953 und forderten über 40 000 Opfer, nach national-litauischen Quellen fast 60 000. Etwa 350 000 Bauern, Intellektuelle und andere politisch unerwünschte Personen wurden deportiert. Neben den mit Estland und Lettland vergleichbaren Maßnahmen der Verstaatlichung und Kollektivierung richtete sich in Litauen der Kampf besonders gegen die katholische Kirche als dem ideologischen Hauptgegner. So war von den Massendeportationen auch ein Drittel der Geistlichkeit betroffen. Der Prozentsatz der Litauer in der KP stieg auf 70,5% in den 80er-Jahren an, was die Situation in den anderen baltischen Republiken weit übertraf.
Die Industrialisierung setzte in Litauen erst nach Stalins Tod ein, aber wie die beiden baltischen Schwesterrepubliken wies auch die litauische SSR bald einen höheren Lebensstandard als andere Sowjetrepubliken auf. Ähnlich wie vor dem Kriege lag man zwar mit Abstand

hinter Estland und Lettland, übertraf aber die Verhältnisse sowohl im früheren Zarenreich als auch in der Sowjetunion. Von dieser unterschied sich Litauen nicht zuletzt hinsichtlich der Anzahl privater Landparzellen oder privaten Hauseigentums in den Städten (23,4%). Im Gegensatz zu Estland und Lettland blieb der Prozentsatz der ethnisch litauischen Bevölkerung stabil. Allerdings nahm seit den 1950er-Jahren der russische Einfluss im sprachlichen und allgemein ideologischen Bereich zu. Der Widerstand äußerte sich in einer weit verbreiteten religiösen und nationalen Dissidentenbewegung wie z. B. in der seit 1972 als Samizdat-Publikation im Untergrund erscheinenden »Chronik der Katholischen Kirche in Litauen«. Darin wurden vor allem Menschenrechtsverletzungen hinsichtlich der Religionsfreiheit angeprangert.

Die baltische Emigration

Die ersten Auswanderer aus den baltischen Ländern waren bereits in der zweiten Hälfte des 19. Jahrhunderts wegen Landmangels nach Russland gegangen, und noch vor der Jahrhundertwende hatte die Emigration vor allem von Litauern nach Nordamerika begonnen. 1944/45 flohen Tausende vor dem Zugriff der sowjetischen Okkupationsmacht, insgesamt 66 000 Litauer, 120 000 Letten und 80 000 Esten, von denen die meisten Zivilflüchtlinge waren, mehrere Tausend aber unter deutschem Kommando gedient hatten. Die Mehrheit kam nach Deutschland, wo sie in so genannten DP-Lagern (»displaced persons«) untergebracht wurden. Die Sowjetunion betrachtete diese baltischen Flüchtlinge als ihre Staatsbürger und verlangte deren Repatriierung. Dem von ihr ausgeübten Druck gab u.a. Schweden mit der Auslieferung ehemaliger Soldaten nach.
In den Jahren 1947 bis 1952 fand unter der Leitung der Internationalen Flüchtlingsorganisation IRO (International Refugee Organization) eine zweite Übersiedlung statt, in deren Verlauf über 27 000 Esten und mehr als 100 000 Letten erneut ihre Aufenthaltsländer wechselten. Die größten estnischen Kolonien bildeten sich dadurch in Schweden (20 000), Kanada (19 000), den USA (16 000) und Australien (6500). Die Mehrheit der Letten zog in die USA (45 000), nach Australien (21 000), England (18 000) und Kanada (13 000) weiter.
Eine Reihe politischer Emigrantenorganisationen – wie die Weltorganisation der Litauer, die Weltvereinigung der freien Letten und der Estnische Nationalrat – bemühte sich in zahlreichen Appellen an west-

liche Regierungen und vor internationalen Foren, die juristische Kontinuität der baltischen Staaten im Bewusstsein der Öffentlichkeit aufrechtzuerhalten und an die Okkupation ihrer Staaten zu erinnern. Eine wesentliche Rolle spielte auch die kulturelle Tätigkeit der Emigranten. Aus ersten Ansätzen bereits in den DP-Lagern entwickelten sich zahlreiche nationale Schulen, wissenschaftliche Einrichtungen und in Pinneberg sogar eine »Baltische Universität«. Großen Anteil an diesen Bestrebungen zur Bewahrung der Muttersprachen und der kulturellen Identität hatten die in den Westen emigrierten Schriftsteller. Heute leben außerhalb der baltischen Länder mehr als 500 000 Litauer, über 175 000 Letten und etwa 150 000 Esten.

Die Periode der Stagnation

Mit der Ernennung Leonid Brežnevs (1906–1982) zum Generalsekretär der KPdSU endete 1964 die Tauwetterperiode, die den baltischen Republiken nach Stalins Tod 1953 eine gewisse Liberalisierung im Bereich der Wirtschaft und der nationalen Verwaltungen gebracht hatte (vgl. S. 176). Besonders nach dem Prager Frühling 1968 wurden die Selbstentscheidungsbefugnisse der untergeordneten lokalen Behörden im Zeichen einer Zentralisierung wieder eingeschränkt, die meisten Lebensbereiche unterlagen einer totalen Kontrolle durch eine wuchernde Bürokratie. Die zentralen Moskauer Wirtschaftsbehörden verfolgten die Politik eines extensiven Wirtschaftswachstums mit der Ansiedlung industrieller Großbetriebe, was einen erneuten Zustrom russischer Arbeitskräfte zur Folge hatte. Die unflexible Leitung von Großbetrieben in Industrie und Landwirtschaft aber führte im Zusammenhang mit der Wirtschaftskrise der Sowjetunion in den 1970er-Jahren zur Ineffizienz und zu einem Absinken des allgemeinen Lebensstandards der Bevölkerung, der bis dahin höher gewesen war als in den anderen Unionsrepubliken. Das Defizit an Konsumgütern und Lebensmitteln ließ die Schattenwirtschaft anwachsen, eine inflationäre Preisentwicklung verstärkte die sozialen Probleme. Repräsentanten dieser »neostalinistischen Stagnation« (Levits) waren das Moskauer Politbüromitglied Arvids Pelše (1899–1984) sowie seit 1966 dessen Nachfolger als Erster Sekretär der KP Lettlands, Augusts Voss, beide so genannte Russlandletten, von denen Voss nicht einmal die lettische Sprache beherrschte.
Der verschärfte ideologische Kampf wurde begleitet von einer Russifizierung des gesamten öffentlichen Lebens. Die russische Sprache

drang in Betrieben, Ämtern und Medien vor: Seit 1974 wurden die Sitzungen des Zentralkomitees der KP Litauens nicht mehr in Litauisch protokolliert, und seit 1975 konnte keine Dissertation mehr in litauischer Sprache eingereicht werden. Während von den 1970 in Estland gedruckten Büchern noch ca. 73% auf Estnisch erschienen, waren das 1980 nur noch knapp 62%, und im selben Zeitraum ging die Zahl der estnischsprachigen Fernsehsendungen zurück, die der russischsprachigen dagegen stieg erheblich an. In Estland allerdings konnte man finnische Radio- und Fernsehsendungen empfangen und aufgrund der sprachlichen Verwandtschaft auch verstehen.
Kennzeichnend für diese Stagnationsperiode ist, dass mit der Erstarrung des Herrschaftsapparates gleichzeitig die oppositionelle Grundeinstellung der Bevölkerung wuchs. Verschiedene illegale Gruppen und Zirkel wurden aktiv, teilweise sogar in Kooperation aller drei baltischen Völker. In Litauen fanden die Dissidenten Unterstützung bei der katholischen Kirche, hier war die Zahl der Samizdat-Veröffentlichungen die höchste von allen Sowjetrepubliken. Offener Widerstand zeigte sich, als es am 14. Mai 1972 nach der Selbstverbrennung des 19-jährigen Romas Kalanta in Kaunas zur Demonstration tausender junger Menschen unter der Losung »Freiheit für Litauen!« kam. Im selben Jahr forderten estnische Dissidenten in einem Memorandum an die UNO die Wiederherstellung der Selbstständigkeit Estlands, ein gemeinsamer estnisch-lettischer Aufruf ging an die 1975 in Helsinki tagende KSZE. Zum 40. Jahrestag des Hitler-Stalin-Paktes richteten 45 estnische, lettische und litauische Dissidenten einen öffentlichen »Baltischen Appell« an die UNO und zahlreiche Regierungen, in dem sie die Veröffentlichung des Geheimprotokolls sowie eine Erklärung seiner Völkerrechtswidrigkeit forderten.
Anfang der 1980er-Jahre verschärfte sich der Druck der Behörden, und in einer Reihe von Prozessen wurden estnische und lettische Oppositionelle zu langjährigen Haftstrafen verurteilt. 1985 schien das Ziel der Staatsorgane erreicht – die Dissidentenbewegung war vorübergehend zum Schweigen gebracht.

DIE »SINGENDE REVOLUTION« UND DER WEG ZUR UNABHÄNGIGKEIT

Die Situation änderte sich für die drei baltischen Republiken mit dem Amtsantritt Michail Gorbačevs (*1931) im Jahre 1985 grundlegend. Unter der von den Leitbegriffen Glasnost und Perestrojka bestimmten Politik wollte dieser die Sowjetunion im Innern reformieren, löste damit aber einen zentrifugalen Prozess aus. An dessen Ende stand der Zusammenbruch des Sowjetimperiums und die Selbstständigkeit der baltischen Teilrepubliken.

Der Beginn der »Singenden Revolution«

Nirgendwo sonst in der Sowjetunion wurde die neue Politik so einmütig begrüßt wie im Baltikum. Man nutzte die neue Offenheit, um Geschichtsverfälschungen anzuprangern und auf Fehlentwicklungen hinzuweisen. Dabei spielten in allen drei Ländern ökologische Themen anfangs eine große Rolle.

Der Gründung einer Menschenrechtsgruppe Helsinki 86 in Lettland folgte die Kritik an ökologischen Missständen durch estnische und lettische Schriftsteller. Eine erste Etappe der »Singenden Revolution« gegen die kolonialen Herrschaftsmethoden Moskaus stellte der »Phosphoritenkrieg« im Jahre 1987 dar, jener als »grüne Bewegung« entstandene Protest gegen den von der Moskauer Zentralregierung in Nordestland geplanten umfassenden Phosphoritabbau. Seine Durchführung hätte nicht nur eine ökologische Katastrophe hervorgerufen, sondern auch die forcierte Zuwanderung russischer Arbeitskräfte zur Folge gehabt. In den beiden anderen baltischen Ländern erhoben sich ebenfalls Proteste gegen Industriegroßprojekte: In Lettland gegen den beabsichtigten Bau eines weiteren Kraftwerks an der Daugava und in Litauen gegen die Errichtung eines dritten Kernkraftwerks Ignalina.

In der Universitätsstadt Tartu entstand aus diesem Protest im September 1987 der Vorschlag für eine »volle wirtschaftliche Rechnungsführung«, also ein wirtschaftsautonomes Estland – abgekürzt IME, was als selbstständiges Wort im Estnischen »Wunder« bedeutet. Einer der Unterzeichner, der spätere Ministerpräsident Edgar Savisaar

(* 1950), wurde zum Motor der sich bildenden Volksfront. Nach größeren Gedenkmanifestationen zu den Unabhängigkeitstagen und für die Opfer des Stalinismus konstituierten sich im Herbst 1988 innerhalb eines Monats so genannte Volksfronten in allen drei baltischen Republiken: In Estland am 1./2. Oktober die *Eestimaa Rahvarinne*, in Lettland am 8./9. die *Latvijas Tautas Fronte* und in Litauen am 22./23. die *Lietuvos Persitvarkymo Sajudis*. Sie sind annähernd vergleichbar mit den Einrichtungen der »Runden Tische«, wie sie bald darauf in anderen Ländern des Umbruchs eingerichtet wurden. Im Unterschied zu diesen bildeten die Volksfronten aber gut organisierte Massenbewegungen mit Verzahnungen bis in die Reihen der KP-Mitglieder hinein. Es handelte sich bei ihnen nicht um Parteien, sondern um nationalitätenübergreifende Sammlungsbewegungen aller für Autonomie eintretenden Kräfte.

Diese sollte zunächst noch innerhalb einer erneuerten Sowjetunion verwirklicht werden. So hieß es in Anknüpfung an Forderungen aus dem Ersten Weltkrieg: »Ein freies Lettland in einem freien Russland«, und in der Charta der *Rahvarinne* wurde die »allgemeine Umgestaltung der sozialistischen Gesellschaft auf demokratischen und humanistischen Prinzipien« zum Ziel erklärt. Die Volksfronten wirkten vor allem durch Massenkundgebungen wie auf dem estnischen Sängerfest im September 1988 mit etwa 300 000 Teilnehmern oder in der eindrucksvollen Menschenkette, mit der am 23. August 1989 rund eine Million Teilnehmer die Hauptstädte Tallinn, Riga und Vilnius miteinander verbanden im gemeinsamen Protest gegen den 50 Jahre zuvor abgeschlossenen Hitler-Stalin-Pakt und dessen Folgen.

Aufgrund estnischer und lettischer Initiativen waren die deutsch-sowjetischen Geheimprotokolle von 1939 erstmals im Machtbereich der Sowjetunion veröffentlicht und von internationalen Experten analysiert worden. Nach der Erklärung ihrer rechtlichen Ungültigkeit gelang es baltischen Abgeordneten des Volksdeputiertenkongresses in Moskau, eine Kommission zur politischen und rechtlichen Bewertung des deutsch-sowjetischen Nichtangriffsvertrages von 1939 einzusetzen. Aufgrund ihres Berichts gab der Kongress im Dezember 1989 die 50 Jahre geleugnete Existenz der Geheimprotokolle zu und erklärte diese rechtlich für nichtig, ohne aber Schlussfolgerungen zu ziehen über die Legitimität der anschließend erfolgten Einverleibung der baltischen Staaten in die UdSSR.

In Lettland hatte sich bis zur Gründung der *Tautas Fronte* 1988 aus einer kleinen Menschenrechtsgruppe eine Massenbewegung entwickelt. Darauf übte bis zur Unabhängigkeitserklärung 1990 der radikale Flü-

gel der Volksfront Druck auf die reformwilligen Kommunisten aus, sodass die KP ihre Monopolstellung verlor und das totalitäre Regime zusammenbrach. Wichtig für diese Entwicklung war die Lockerung der Pressezensur und die Differenzierung der Presseorgane. So konnten in der von der lettischen Volksfront auf Lettisch und Russisch herausgegebenen Wochenzeitung »Atmoda« [Erwachen] offen oppositionelle Meinungen vertreten werden, und es entstand eine Vielzahl kultureller, ökologischer, sozialer Vereinigungen. Das politische Spektrum reichte dabei von der lettischen KP (mit stalinistischem, zentristischem und reformerischem Flügel) über die Nationale Unabhängigkeitsbewegung bis zu Menschenrechts- und Umweltgruppen.
Von erheblichem Symbolwert war in Estland die Demonstration eines eigenständigen Geschichtsbewusstseins, als am 24. Februar 1989 auf dem Domberg in Tallinn die sowjetestnische Staatsfahne eingeholt und durch die alte blau-schwarz-weiße Trikolore ersetzt wurde. Das Anknüpfen an die Zeit der Selbstständigkeit, in Litauen darüber hinaus an die einstige historische Bedeutung, erfolgte im Bewusstsein einer engen Zugehörigkeit zum westlichen Europa. In politischer und besonders in kultureller Hinsicht fühlen sich Esten und Letten dem protestantischen Europa, Litauer und Lettgaller dem katholischen Europa verbunden. Alle drei Völker bemühten sich in ihrem erneuten »nationalen Erwachen«, diese jahrzehntelang verschütteten Wurzeln wieder freizulegen und weiterzuentwickeln.
Inzwischen hatte sich der IME-Mythos und damit die Illusion verflüchtigt, eine Demokratisierung der Gesellschaft sei mit Moskau zu erreichen – im Gegenteil strebten die Volksfronten nun die Wiederherstellung der vollen staatlichen Unabhängigkeit an. Im Mai 1989 forderten sie mit der Sajudis in einem gemeinsamen Appell nichts weniger als »den Bestrebungen unserer Nationen nach Selbstbestimmung und Unabhängigkeit in einer neutralen und entmilitarisierten Zone Europas Beachtung zu schenken«. Am 2. Oktober 1990 erklärten ihre Vertreter, nun im Baltischen Rat zusammengeschlossen, mit der Wiedervereinigung Deutschlands sei keineswegs der letzte Schritt zur Überwindung der Folgen des Zweiten Weltkriegs in Europa getan – das letzte ungelöste Problem sei vielmehr die Wiederherstellung der Unabhängigkeit der baltischen Staaten. Damit wurde deutlich, dass nach Kriegsende neben der »Deutschen Frage« immer auch eine »Baltische Frage« existiert hatte.

Der Weg in die Unabhängigkeit

Auf ihrem Weg in die vollständige Unabhängigkeit wählten die baltischen Republiken bei gleichem Ziel jeweils unterschiedliche Strategien mit variierendem Tempo. Den Anfang machte der Oberste Sowjet der Estnischen SSR, also das Parlament, als er am 16. November 1988 unter großer Anteilnahme der Bevölkerung die Souveränitätserklärung beschloss und damit die Oberhoheit der Gesetze der ESSR auf ihrem Territorium proklamierte. In einer Verfassungsänderung wurden die Menschenrechtserklärungen der Vereinten Nationen sowie das Privateigentum garantiert. In scharfer Reaktion erklärte daraufhin Moskau die Verfassungsänderungen für ungültig, konnte aber nicht verhindern, dass Estland nach diesem »Verfassungsstreit« mit der Annahme zahlreicher weiterer Gesetze eine Art »rechtlicher Emanzipation« einleitete. Im Mai und Juli 1989 folgten Litauen und Lettland mit ähnlichen Souveränitätserklärungen.
Bereits in den Märzwahlen zum Kongress der Volksdeputierten der UdSSR hatten die baltischen Volksfronten überzeugende Mehrheiten gewinnen können. Das setzte sich im Frühjahr 1990 bei den Wahlen zum Obersten Rat in den drei Republiken fort, wo sie jeweils deutliche

Die baltischen Unabhängigkeitsbewegungen nutzten die neue Offenheit in den Medien zur Kritik in vielfältigen Formen, wie hier in der estnischen Karikatur »Die Nationalisten kommen ...«

Zweidrittelmehrheiten errangen. Aufgrund dieses Mandats erklärten die litauischen Deputierten am 11. März 1990 als Erste die Wiederherstellung der unabhängigen demokratischen Republik mit Berufung auf die Unabhängigkeitserklärung vom 16. Februar 1918. Unter Annullierung der Verfassung der litauischen SSR setzten die Abgeordneten stattdessen die Verfassung von 1938 weitgehend wieder in Kraft. Ein gleichzeitig erlassenes provisorisches Grundgesetz sollte die rechtliche Fortdauer der staatlichen Souveränität seit dem Jahre 1940 geltend machen. Mit dieser Entscheidung wollte man einer drohenden Ausweitung der Präsidialmacht Gorbačevs zuvorkommen. Das nun beginnende Duell mit Moskau verlief nicht nur als telegraphischer Schlagabtausch, sondern über Machtdemonstrationen in Form von Panzeraufmärschen bis zu den Moskauer Repressionsmaßnahmen, vor allem die am 17. März 1990 gegen Litauen verhängte Wirtschaftsblockade.

Das konnte die beiden anderen baltischen Republiken nicht von ähnlichen, wenn auch in der Form eher moderaten Erklärungen abhalten. Am 30. März folgte Estland mit einem Beschluss über die Wiederherstellung der Repulik, der aber eine Übergangsperiode vorsah. In der umfangreichsten der drei baltischen Unabhängigkeitsdeklarationen nahm das lettische Parlament am 4. Mai 1990 Stellung zur Besetzung und Annexion des Landes im Jahr 1940. Im Hauptteil wurden neun konkrete rechtliche Schritte formuliert zur Wiederherstellung der staatlichen Unabhängigkeit aufgrund der lettländischen Verfassung von 1922 sowie »des weiterhin geltenden Friedensvertrages zwischen Lettland und Russland vom 11. August 1920«. Wie zu Beginn der Perestrojka übernahmen die baltischen Republiken auch in dieser Phase wieder eine Vorreiterrolle für die demokratische Bewegung in der Sowjetunion. Die »Singende Revolution« als die »Explosion der Emotionen von Menschen, die lange gelitten hatten« – wie der estnische Parlamentspräsident Arnold Rüütel (* 1928) sie kennzeichnete – trat dabei in eine veränderte Phase: Weniger spektakulär ging es nun darum, nüchtern das in Form von Gesetzen durchzusetzen, was auf Großdemonstrationen gefordert worden war.

An der Spitze der 1990 gebildeten Regierungen der baltischen Staaten standen in Estland Edgar Savisaar, in Lettland Ivars Godmanis (* 1951) und in Litauen Kazimiera Prunskiene (* 1943). Sie leiteten Wirtschaftsreformen ein (eigenständiger Etat, Steuerreform, Eigentumssicherung), wobei sie auf den Widerstand der so genannten »Interbewegungen« stießen – in Litauen die *Jedinstvo*, in Estland und Lettland jeweils die *Interfront*. Diese hatten sich bereits 1988 gebildet und bestanden überwiegend aus jenen Anhängern der jeweiligen Kommunistischen Parteien, die für das Verbleiben in der Sowjetunion eintraten. Nach anfänglichen Streiks organisierten sie am 15. Mai 1990 in Riga und Tallinn Massenkundgebungen und belagerten das Parlamentsgebäude auf dem Domberg, scheiterten aber mit dem Versuch einer Machtübernahme an dem gewaltlosen Widerstand und der schnellen Mobilisation zehntausender unbewaffneter »Verteidiger« der Unabhängigkeitsbewegungen. Unterstützung fanden sie allerdings bei den in Lettland und Litauen aufgestellten Sonderpolizeieinheiten, den *OMON*-Truppen [*Otrjad Milicii Osobogo Naznačenija*].

Ende 1990/Anfang 1991 verschärfte sich die Situation im Schatten des Golfkrieges, als Moskau durch gezielte Maßnahmen versuchte, die Lage im Baltikum zu destabilisieren. Am 13. Januar 1991 griffen sowjetische Luftlande- und Panzereinheiten sowie Truppen des Innenministeriums und des KGB (Sondereinheit »Alpha«) das Fernsehzentrum in Vilnius an, zu dessen Schutz sich zahlreiche Zivilisten eingefunden hatten, 14 Menschen kamen dabei ums Leben. Daraufhin wurden in Tallinn und Riga Barrikaden vor den Regierungsgebäuden errichtet. Am 20. Januar unternahmen die berüchtigten »Schwarzen Barette« der *OMON*-Truppen in Riga einen Angriff auf das Innenministerium, wobei fünf Menschen getötet wurden. Die demokratischen Kräfte in Russland und der sich nun energischer äußernde Protest in den westlichen Ländern verhinderten aber eine Fortsetzung der Gewaltakte sowie die Einführung der sowjetischen Präsidialverwaltung im Baltikum. Eine wesentliche Hilfe stellte dabei die Unterstützung des damaligen Parlamentspräsidenten der RSFSR, Boris Jelzin (* 1931), dar, der während des Armee-Einsatzes in Vilnius am 13. Januar 1991 zu einer Krisensitzung nach Tallinn gekommen war. In einer gemeinsamen Erklärung mit den baltischen Amtskollegen hatte er deren Souveränität anerkannt, seinen Beistand versprochen und die im Baltikum stationierten russischen Soldaten aufgerufen, verbrecherische Befehle zu verweigern.

In Litauen sprachen sich am 9. Februar 1991 in einem Referendum bei hoher Beteiligung von 84,7% für die Unabhängigkeit 90,2% aus, nur 5,5% stimmten dagegen. Das bedeutete nicht nur eine erneute Bestätigung der Unabhängigkeitserklärung, sondern war zugleich eine Antwort auf die blutigen Januar-Ereignisse von Vilnius. – Bei einer noch höheren Wahlbeteiligung von 87,6% stimmten am 3. März in Lettland 73,7% für die Unabhängigkeit und 21,6% dagegen, wobei besonderes Aufsehen die Ergebnisse in der Hauptstadt Riga (60,7% Ja-Stimmen und 39,9% Nein-Stimmen) und in Daugavpils erregten: Hier stimmten

bei einem Bevölkerungsanteil von nur 14% Letten doch 51,3% mit Ja und nur 39,9% mit Nein. – Auf die entsprechende Frage »Wollen Sie die Wiederherstellung der Souveränität und Unabhängigkeit der Republik Estland?« stimmten 82,9% der Bevölkerung Estlands ab mit dem Ergebnis, dass 77,8% mit Ja und 17,7% mit Nein votierten, sodass das Referendum auch hier zu einer beeindruckenden Bestätigung des Unabhängigkeitskurses wurde.
In der sich zuspitzenden Situation des Moskauer Putsches vom August 1991, während sowjetische Panzerkolonnen in Marsch gesetzt wurden und die Bürger die Barrikaden verstärkten, folgte das Parlament Estlands dem Beispiel Litauens und beschloss am 20. August ohne Gegenstimmen die Unabhängigkeitserklärung. Darin wird ausdrücklich Bezug genommen auf das Referendum sowie auf die »Tatsache, dass der Staatsstreich in der UdSSR ernsthaft den demokratischen Prozess, der in Estland abläuft, gefährdet und es für die Republik Estland unmöglich gemacht hat, staatliche Unabhängigkeit durch wechselseitige Verhandlungen wiederherzustellen«. – Am folgenden Tage setzte auch Lettland die Unabhängigkeit von der Sowjetunion offiziell in Kraft.

Internationale Anerkennung

Ein sichtbares Zeichen fand die wiedererrungene Unabhängigkeit der baltischen Staaten in mehreren internationalen Akten im September 1991. Der Anerkennung ihrer Regierungen durch die EU-Staaten am 27. August folgte am 6. September 1991 die lang ersehnte Presseagentur-Meldung: »Staatsrat der UdSSR beschloss Anerkennung der baltischen Staaten.« Vier Tage darauf erfolgte einstimmig ihre Aufnahme in die in Moskau tagende KSZE, am 17. September 1991 wurden sie in die Vereinten Nationen aufgenommen. Das änderte an ihrer Staatsqualität im Grunde zwar nichts, war aber von erheblicher politischer Bedeutung: Nunmehr konnten die baltischen Staaten an allen von den UN ausgearbeiteten Verträgen und in deren Sonderorganisationen mitwirken, vor allem gab es ihnen einen internationalen Schutz gegenüber der Sowjetunion bzw. Russland.

DIE BALTISCHEN STAATEN IN DEN 1990er-JAHREN

Innenpolitik

Estland

Das im September 1992 zusammengetretene erste frei gewählte Parlament Estlands verabschiedete bis 1995 über 400 neue Gesetze. Das aktive Wahlrecht erhielten nur estnische Staatsangehörige, das aktive kommunale Wahlrecht dagegen auch Nichtstaatsbürger. Die Wahlrechtsbestimmungen orientierten sich am deutschen Wahlrecht wie z. B. bei der Einführung einer Fünf-Prozent-Klausel. Ein mit Westeuropa vergleichbares Parteiensystem aber konnte sich noch nicht herausbilden. Bei relativ niedriger Mitgliederzahl der Parteien waren die Wahlen in erheblichem Maße Persönlichkeitswahlen. Die Exekutive wurde gegenüber der Legislative durch Schaffung eines Präsidentenamtes gestärkt, dessen erster Inhaber der dann 1996 wiedergewählte Kulturwissenschaftler und Schriftsteller Lennart →Meri wurde.
Von 1992 bis 1995 dominierten die konservativen Parteien und Bündnisse, vor allem die Vaterlandspartei (*Isamaa*) des Ministerpräsidenten Mart Laar (* 1960). Ihnen folgte in der zweiten Periode von 1995 bis 1999 die gemäßigte Mitte aus Reform-, Zentrums- und Sammlungspartei, deren Führer Siim Kallas (* 1948), Edgar Savisaar und Tiit Vähi (* 1947) zwar noch der alten Nomenklatura angehört, aber die Loslösung Estlands von der Sowjetunion durchgesetzt hatten. Auch russischsprachige Staatsbürger waren im Parlament vertreten. Bis 1995 herrschte eine relative Stabilität in der Regierungspolitik, anschließend aber wurden die Zeitspannen zwischen den Regierungswechseln unter anderem wegen mehrerer Skandale immer kürzer. Die Zahl der bei den Parlamentswahlen antretenden Parteien nahm ab: Waren es 1995 noch 28 Parteien, so ließen sich für die Wahl im März 1999 nur noch 18 registrieren, die sich zu 12 Wahllisten formierten.
Seit dem 25. März 1999 führt wiederum der Historiker Mart Laar eine wirtschaftlich orientierte Koalition aus drei nationalen und liberalen Parteien an, nämlich der Estnischen Reformpartei (*Eesti Reformierakond*), der Pro Patria Union (*Isamaaliit*) und den Moderaten (*Mõõdu-*

kat). Seine wichtigsten Partner waren der Vorsitzende der liberalen Reformpartei und Finanzminister Siim Kallas sowie Außenminister Toomas Hendrik Ilves (* 1953). Dieser eher konservative Vorsitzende der kleinen Bauernpartei (verbunden mit den »Moderaten«) entwickelte ein bemerkenswertes diplomatisches Geschick bei den Verhandlungen für Estlands EU-Anwärterschaft und in dem Streben nach Mitgliedschaft in der NATO.

Ökonomische Entwicklung

Die Wirtschaftspolitik aller estnischen Regierungen war von drei Schwerpunkten bestimmt: einer Liberalisierung der Preise, der Privatisierung sowie der Währungsreform im Juni 1992. Zu einem Zeitpunkt, als noch 90% des Außenhandels mit der Sowjetunion oder den GUS-Staaten abgewickelt wurden, löste sich Estland durch Schaffung der Estnischen Krone (EEK) aus der Rubel-Zone und band die Währung fest an die D-Mark. Bereits fünf Jahre später wurden 75% des Außenhandels mit dem Westen getätigt, wobei die Europäische Union den Haupthandelspartner stellte. Diese positive Entwicklung verdankte Estland nicht zuletzt seinen guten ökonomischen Beziehungen zu Finnland und den anderen skandinavischen Staaten. Die liberale Außenhandelspolitik ohne Zölle oder Quotenbeschränkungen hatte allerdings ein wachsendes Außenhandelsdefizit zur Folge. Mit Hilfe einer äußerst restriktiven Geldpolitik konnte die 1992 noch enorm hohe Inflationsrate bis 1997 auf 12% gesenkt werden. Seit 1993 erlebte Estland ein hohes Wirtschaftswachstum von bis zu 5% im Jahre 1997. Nach einer Phase der Privatisierung von Handels- und Dienstleistungsunternehmen begann 1995 die Veräußerung auch staatlicher Großunternehmen, wobei man sich am deutschen Treuhandmodell orientierte. Bei den ausländischen Direktinvestitionen führten wiederum die skandinavischen Länder.
Als einem der wichtigsten Wirtschaftszweige kommt in Estland der holzverarbeitenden Industrie eine besondere Rolle zu. Wurden bereits in der sowjetischen Zeit 60% der Möbelproduktion Estlands in die anderen Teilrepubliken geliefert, so lagen Ende der 1990er-Jahre die skandinavischen Staaten und Deutschland (Holzhäuser) in der Spitzengruppe des estnischen Holzexports. Die holzverarbeitende Industrie betrug 1998 fast 15% der Gesmtproduktion des Landes. Ende des Jahres wurde die private Waldnutzung einschließlich der Verpflichtung zur Wiederaufforstung gesetzlich geregelt, um einen nachhaltigen Umgang mit diesem wichtigen Rohstoff zu gewährleisten.

Nicht nur im Vergleich mit den beiden anderen baltischen Republiken hat die rigorose Finanz- und Wirtschaftspolitik Estlands auf vielen relevanten Feldern Erfolge gebracht – auch wenn das bisweilen erhebliche Opfer von der Bevölkerung verlangte. Denn der schnelle Übergang zum freien Markt und die forcierte ökonomische Entwicklung gingen nicht einher mit der Errichtung eines Sozialstaates. Rentner, Pensionäre und kinderreiche Familien waren die Verlierer des Umschwungs, denn für sie schnellten die Lebenshaltungskosten zu stark in die Höhe. Dabei zeigte sich ein deutlicher Unterschied zwischen den Zentren Tallinn, Tartu und Pärnu und dem strukturschwachen Südosten des Landes. Bei allen Bemühungen gerade der gemäßigten Mittelparteien ab 1995, die Wirtschaftsreformen »sozial abzufedern«, konnten doch keine durchschlagenden Erfolge erzielt werden. Einer der Gründe dafür lag darin, dass die bislang geringen Steueraufkommen ein stärkeres staatliches Engagement noch nicht ermöglichten. So drohte die Kluft innerhalb der estnischen Gesellschaft zwischen Jungen und Alten, Reichen und Armen eher tiefer zu werden.

Lettland

Ziel der Reformen war auch hier die Schaffung institutioneller Rahmenbedingungen für das Funktionieren einer parlamentarischen Demokratie und einer Marktwirtschaft. Dabei griff man auf die historischen demokratischen Strukturen zurück, indem 1993 die Verfassung von 1922 wieder eingesetzt wurde. Bis 1994 konzentrierte man sich auf den Umbau der Legislative, um danach die Effizienz der Exekutive zu verbessern. Im Jahre 1997 traten krisenhafte Züge auf, und die Zahl der fraktionslosen Abgeordneten stieg auf 19 von insgesamt 100. Dem versuchte Staatspräsident Guntis Ulmanis (* 1939), ein Großneffe von Karlis Ulmanis, in seinen beiden Amtsperioden von 1993 bis 1999 entgegenzuwirken. Mit der Psychologie-Professorin Vaira →Vike-Freiberga (* 1937) aus Montreal wurde im Juli 1999 erstmals in der Geschichte Lettlands eine Frau in dieses höchste Staatsamt gewählt.

Die lettischen Parteien lassen sich zwar in das Schema »rechtspopulistisch – nationalkonservativ – liberalkonservativ – sozialdemokratisch – sozialistisch« einordnen, aber auch bei ihnen handelte es sich eher um Personen- und Interessenverbände auf Zeit, die selten mehr als die gesetzlich vorgeschriebenen 200 Mitglieder aufwiesen. Die Politikverdrossenheit der Bevökerung wurde zudem durch häufige Korruptionsskandale verstärkt. Die fünf größten Parteien sind derzeit die Volkspartei (*Tautas Partija*), die Union »Lettlands Weg« (*Savienība »Latvijas Ceļš«*), die Vereinigte Volkspartei/Progressives Zentrum (*Tautas Saskans Partija*), die nationalkonservative Allianz »Vaterland und Freiheit« (*Apvienība Tēvzemei un Brīvībai/LNNK*) sowie die Sozialdemokraten (*Latvijas Sociāldemokrātu Stradnieku Partija*).

Ökonomische Entwicklung

Zunächst stand auch in Lettland der Übergang von der Plan- zur Marktwirtschaft im Vordergrund der wirtschaftlichen Reformen mit Währungsreform (1993), Privatisierung, Kampf gegen die Inflation sowie Umorientierung des Außenhandels. Seit dem Antrag auf EU-Mitgliedschaft 1995 zielte man vor allem auf Wettbewerbsfähigkeit, Ausbau der Infrastruktur und Vorbereitung auf den europäischen Binnenmarkt. Nach einer Krise von 1991 bis 1995 gab es wieder positive Tendenzen beim Wirtschaftswachstum und dem Sinken der Inflationsrate, denn es konnte die Inflation von 960 Prozent im Jahre 1992 drastisch auf nur 2,8 Prozent im Jahr 1998 gesenkt werden. Auch in Lettland wuchs allerdings das Außenhandelsdefizit. Besondere Bedeutung misst Lettland dem Ausbau der Infrastruktur in den Bereichen Verkehr, Telekommunikation und Energie zu, zumal vor dem Hintergrund des zunehmenden innerbaltischen Wettbewerbs um den Transithandel zwischen Ost und West – vor allem um russische Rohstoffexporte.

Litauen

Da der Präsident die Grundzüge der Außenpolitik gemeinsam mit der Regierung durchzuführen hat, bedarf es eines ständigen Ausgleichs zwischen dem Staatsoberhaupt und der Regierung. Die Parlamentswahlen in Litauen brachten oft Überraschungen. Nach der breiten Mehrheit der *Sajudis* 1990 gelang der aus der unabhängigen Kommunistischen Partei Litauens hervorgegangenen, nunmehr sozialdemokratisch orientierten Demokratischen Partei der Arbeit (*Lietuvos Demokratine Darbo Partija, LDDP*) im Herbst 1992 ein erdrutschartiger Wahlsieg. Unter Führung des populären Algirdas →Brazauskas (*1932) vertrat sie einen sozial verträglicheren und behutsameren Systemwandel; im Februar 1993 wurde Brazauskas zum Präsidenten gewählt. Aus der *Sajudis* ging 1993 eine konservative Partei der Heimat-Union (*Tevynes Sajunga*) unter dem ehemaligen Parlamentspräsidenten Vytautas →Landsbergis (* 1932) hervor, die bei den Kommunal- und Parlamentswahlen 1995/96 der LDDP eine katastrophale Niederlage bereitete. Die politische Mitte ist im litauischen Parteienspektrum unterdurchschnittlich repräsentiert. Dennoch gibt es keine Anfälligkeit etwa für extremistische Stimmungen. Anfang Januar 1998 wurde im zweiten Wahlgang mit hauchdünnem Vorsprung gegenüber dem ehemaligen Generalstaatsanwalt Arturas Palauskas (* 1953) der parteilose Exillitauer Valdas →Adamkus (* 1926) zum Präsidenten gewählt (im Amt seit dem 26. 2. 1998).

Ökonomische Entwicklung

Die ausgesprochen agrarisch geprägte erste Republik Litauen hatte in der Sowjetperiode einen Industrialisierungsschub erfahren, wobei allerdings 40% der Unternehmen als All-Unions-Betriebe klassifiziert waren. Diese enge Verflechtung mit der Sowjetunion bedeutete eine zusätzliche Erschwernis für die wirtschaftliche Transformation. Um die sozialen Kosten möglichst gering zu halten, sollte der Übergang zur freien Marktwirtschaft graduell erfolgen.
Die Privatisierung im Rahmen der Bodenreform machte zunächst Fortschritte, zeigte aber zwischen 1994 und 1996 einen Rückgang der Durchschnittsgrößen landwirtschaftlicher Betriebe. Staatliche Betriebe wurden zunächst nur an Staatsbürger privatisiert, ab 1996 auch für ausländische Investoren geöffnet. Die Reform des Geld- und Finanzwesens erlitt Anfang 1996 einen Rückschlag, als einige der größten litauischen Geschäftsbanken zusammenbrachen. Nach einem dramatischen Einbruch in allen Wirtschaftsbereichen mit erheblichen Inflationsraten erholte sich die litauische Wirtschaft allmählich. Trotz des massiven Abbaus der wirtschaftlichen Abhängigkeit von Russland ist dieses beim Im- und Export weiterhin der Haupthandelspartner Litauens. Zu den Verlierern des Systemwechsels zählen Rentner, Landbevölkerung und Angestellte des öffentlichen Dienstes. Für sozialpolitische Maßnahmen gab es nur einen kleinen Spielraum. Als Folge breitete sich ein erhebliches Korruptionswesen aus. Neben dem sinkenden Lebensstandard halten viele Litauer die Verbrechensbekämpfung für die drängendste innenpolitische Frage.
Durch die starke außenwirtschaftliche Verknüpfung mit Russland wurde Litauen von der dortigen Krise 1998/1999 ebenfalls schwer getroffen. Wie auch in den beiden anderen baltischen Staaten erfuhr die wirtschaftliche Entwicklung einen Rückschlag durch die Einbuße eines Teils ihrer Absatzmärkte. So mussten die Prognosen der wirt-

schaftlichen Wachstumszahlen in Litauen für 1999/2000 nach unten verändert werden. Verglichen mit den GUS-Staaten aber bewiesen die baltischen Länder insgesamt eine größere Stabilität, die ihnen eine schnelle wirtschaftliche Erholung ermöglichte.

Minderheitenprobleme

Vor allem Estland und Lettland mussten die Integration der unter sowjetischer Herrschaft ins Land gekommenen Russen anstreben, wobei die Regelung des Staatsbürgerrechtsproblems eine der wichtigsten politischen Fragen darstellte. Es ging vor allem um die Voraussetzungen der Einbürgerung für jene Menschen, die zwischen 1940 und 1991 von den sowjetischen Behörden in den baltischen Republiken angesiedelt worden waren – in Litauen zwar nur $^1/_{10}$, in Estland aber $^1/_3$ und in Lettland $^2/_5$ der gesamten Bevölkerung. Drei Forderungen kristallisierten sich heraus: Die Kandidaten müssen eine gewisse Zeit im Lande gelebt haben; sie sollten die Landessprache beherrschen und schließlich auf ihre bisherige Staatsbürgerschaft, d. h. in der Regel die sowjetische, verzichten.

Esten, Letten und Litauer hatten in der rechtlichen Bewältigung des Intergrationsproblems die politische Stabilität ihrer Staaten ebenso zu beachten wie die Sicherung der in den 80er-Jahren gefährdeten eigenen nationalkulturellen Identität. So wurden gleich zu Beginn des Verselbstständigungsprozesses zwischen Januar und Mai 1989 Gesetze über die Staatssprachen verabschiedet und damit die dominierende Rolle der eigenen Sprachen im öffentlichen Leben betont. Zugleich

Nationale Zusammensetzung und Sprachkenntnisse der Bevölkerung Estlands

	Anteile in %						Sprachkenntnisse 1989		
	1934		1959		1989		National-	Zweitsprache	
	abs.	%	abs.	%	abs.	%	sprache	estnisch	russisch
Gesamtbevölkerung	1126413		1196791		1565662		94,0	5,5	24,1
Esten	993496	88,2	892653	74,6	963269	61,5	98,9	0,6	33,6
Russen	92656	8,2	240227	20,1	474815	30,3	98,6	13,7	1,1
Ukrainer	–	–	15769	1,3	48273	3,1	44,2	6,9	39,7
Weißrussen	–	–	10930	0,9	27711	1,8	31,9	6,1	29,9
Finnen	–	–	16699	1,4	16622	1,1	31,0	33,3	38,9
Juden	4434	0,4	5436	0,5	4613	0,3	12,4	26,1	13,0
Tataren	–	–	1535	–	4058	0,3	55,4	6,3	51,2
Deutsche	16345	1,5	–	–	3466	0,2	36,0	14,7	35,5
Letten	5435	0,5	2888	0,2	3135	0,2	57,2	21,5	42,6
Polen	–	–	2256	0,2	3008	0,2	20,0	13,2	29,0
Litauer	–	–	1616	0,1	2568	0,2	62,7	12,6	56,3
Armenier	–	–	–	–	1669	0,1	50,1	8,4	44,7
Aserbaidsch.	–	–	–	–	1238	0,1	70,2	3,9	57,3
Moldawier	–	–	–	–	1215	0,1	54,6	5,0	51,9
Tschuwaschen	–	–	–	–	1163	0,1	47,5	5,3	45,0

Quelle: baltisches jahrbuch 1989, S. 266

aber galt es in Estland und Lettland, mit politischen Maßnahmen das Konfliktpotential zwischen Titularnationen und den bis dahin politisch und sozial herrschenden russischsprachigen Zuwanderern zu entschärfen.

Das Staatsbürgerschaftsrecht

Nach der Annexion durch die Sowjetunion waren die baltischen Staaten völkerrechtlich nicht untergegangen, sondern existierten als – wenn auch nicht handlungsfähige – Staaten weiter. Sie wurden demnach 1990/91 nicht etwa neu gegründet, sondern erlangten durch die völkerrechtliche Anerkennung ihre Handlungsfähigkeit zurück. Ihre staatliche Kontinuität besteht also seit 1918 ununterbrochen fort. Die rechtswidrigen Maßnahmen der Sowjetunion haben auch nichts an der kontinuierlichen Weiterexistenz der Staatsbürgerschaft der baltischen Staaten geändert. Denn kein Staat kann den Bewohnern besetzter Gebiete kollektiv seine Staatsbürgerschaft verleihen. Wie auch im übrigen Europa geht man im Baltikum vom Prinzip des »Jus sanguinis« aus, mit dem das Kind bei der Geburt die Staatsangehörigkeit der Eltern erwirbt. Die Zuwanderer aus der Sowjetunion blieben – rechtlich ebenso wie in ihrem subjektiven Bewusstsein – also weiterhin sowjetische Staatsbürger. Zum Zeitpunkt der Wiedererlangung der Unabhängigkeit lebte demnach in den baltischen Staaten eine erhebliche Anzahl von Ausländern. Mit dem Zusammenbruch der Sowjetunion im Dezember 1991 wurden die meisten ihrer ehemaligen Staatsbürger, die ihren ständigen Wohnsitz in den baltischen Staaten hatten, vorerst einmal staatenlos.

Die staatsbürgerschaftlichen Regelungen beschritten den Weg der individuellen Einbürgerung und wiesen erhebliche Unterschiede zwischen Litauen einerseits und Estland und Lettland andererseits auf. In Litauen, wo der Anteil der Ausländer dem europäischen Durchschnitt entsprach, wurden bereits zwischen November 1989 und Dezember 1991 alle Bewerber ohne weitere Voraussetzungen eingebürgert. Nach dem litauischen Staatsbürgerschaftsgesetz vom 5. Dezember 1991 müssen künftige Bewerber mindestens 10 Jahre in Litauen gelebt haben, ein geregeltes Einkommen nachweisen und Prüfungen in Grundkenntnissen der litauischen Sprache und der litauischen Verfassung absolvieren.

In Estland und Lettland befürchtete man jedoch von einer voraussetzungslosen Einbürgerung eine Gefährdung der eigenen nationalkulturellen Identität und der politischen Stabilität. Daher wurden die

Staatsbürgerschaftsgesetze in Parlament und Öffentlichkeit heiß diskutiert. Im November 1991 beschloss das Parlament Estlands, das Staatsbürgerschaftsgesetz von 1938 wieder einzuführen, welches vom Bewerber verlangte, dass er zwei Jahre in Estland gelebt haben musste und die estnische Sprache beherrschte. Nicht entgegengenommen wurden Einbürgerungsanträge von ehemaligen Mitarbeitern der Sicherheits- und Aufklärungsorgane der UdSSR. Nach der Fassung des Gesetzes von 1995 muss der Bewerber jünf Jahre legal in Estland gelebt haben und sich schriftlich zur »Treue der konstitutionellen Staatsordnung der Republik Estland gegenüber« verpflichten. Ferner werden ein Sprachexamen und eine Prüfung über die Verfassung Estlands verlangt.

1991 beschloss das Parlament Lettlands, das Staatsbürgerschaftsgesetz von 1919 anzuwenden, und stellte folgende Vorgaben für ein neues Gesetz: Bewerber müssen mindestens 16 Jahre im Lande gelebt haben, die lettische Sprache und Grundkenntnisse der Verfassung beherrschen und einen Eid auf den lettländischen Staat ablegen. Ein neues Staatsbürgerschaftsgesetz vom 11. August 1994 nahm Rücksicht auf vielfältige Kritik nicht zuletzt aus Westeuropa und sah eine Anwesenheit im Lande von fünf Jahren vor, ferner Kenntnisse der lettischen Sprache, Verfassung und Geschichte sowie eine Loyalitätserklärung. Nach einem Referendum vom Oktober 1998 können alle seit dem 21. August 1991 von staatenlosen Eltern in Lettland geborenen Kinder ohne weitere Voraussetzungen die lettische Staatsbürgerschaft erhalten. Auch für Staatenlose über 65 Jahre erleichterte man die Einbürgerung. Schließlich schaffte man die so genannte »Fenster-Regelung«

Nationale Zusammensetzung und Sprachkenntnisse der Bevölkerung Lettlands

	Anteile in %						Sprachkenntnisse 1989		
	1935		1959		1989		National-	Zweitsprache	
	abs.	%	abs.	%	abs.	%	sprache	lettisch	russisch
Gesamtbevölkerung	1950502		2093985		2666567		89,9	10,4	39,5
Letten	1427612	75,7	1297881	62,0	1387646	52,0	97,4	1,3	65,7
Russen	206499	10,6	556448	26,6	905515	34,0	98,8	21,1	1,1
Weißrussen	26867	1,4	61587	2,9	119702	4,5	32,2	15,5	29,7
Polen	48949	2,5	59774	2,9	60388	2,3	27,1	22,8	33,8
Ukrainer	1844	0,1	29440	1,4	92101	3,5	49,5	8,9	43,8
Litauer	22913	1,2	32383	1,5	34630	1,3	63,9	40,3	36,0
Juden	93479	4,8	36592	1,8	22897	0,9	22,5	27,0	17,5
Zigeuner	–	–	4301	0,2	7044	0,3	84,7	52,3	28,6
Tataren	–	–	1836	0,1	4828	0,2	46,7	6,6	44,6
Deutsche	62144	3,2	1610	0,1	3774	0,1	34,0	16,6	36,1
Esten	7014	0,4	4610	0,2	3312	0,1	50,3	28,7	40,1
Moldawier	–	–	230	–	3223	0,1	69,0	7,7	60,6
Armenier	–	–	1060	0,1	3069	0,1	53,1	8,1	67,6
Aserbaidsch.	–	–	–	–	2765	0,1	72,4	5,5	60,1
Tschuwaschen	–	–	–	–	1491	0,1	47,9	6,8	44,8

Quelle: baltisches jahrbuch 1989, S. 264

ab, wonach jeweils nur bestimmte Jahrgänge eine Einbürgerung beantragen konnten. Damit war nicht mehr die Kontinuität des Staatsvolks zur ersten Unabhängigkeitsperiode die ausschließliche Richtschnur der Einbürgerung, sondern auch die Integration der Einwanderer aus sowjetischer Zeit.

Das Minderheitenrecht

Das Problem der Staatsangehörigkeit ist deshalb für die Minderheitenfrage von Bedeutung, weil als nationale Minderheit im Rechtssinne nur die Staatsangehörigen des betreffenden Staates gelten – Ausländer sind im Rechtssinne weder Teil des Staatsvolkes noch der Minderheit. Auch in der Gestaltung der Minderheitenrechte knüpften die drei baltischen Staaten an die Tradition der Zwischenkriegszeit an. Ihre Verfassungen enthalten insgesamt grundlegende Bestimmungen über die Rechte nationaler Minderheiten.

Sicherung in den Verfassungen

In ausführlichen Darlegungen zu Grundrechten, Grundfreiheiten und Grundpflichten enthält die Verfassung Estlands auch relevante Regelungen für die nationalen Minderheiten und Ausländer (Gleichheit vor dem Gesetz unabhängig von Rasse, Sprache und nationaler Zugehörigkeit; das Verbot rassischer, nationaler und religiöser Diskriminierung und Propaganda). Eine Assimilierung gegen den Willen der Betroffenen ist nicht erlaubt, die Bildung eigener Kulturselbstverwaltungskörperschaften wird generell zugestanden.

Da die wieder in Kraft gesetzte alte Verfassung Lettlands keinen Grundrechtsteil enthält, wurden die Grundrechte in einem gesonderten Verfassungsgesetz vom 10. Dezember 1991 gewährleistet. Es garantiert wohl die individuellen Menschen- und Bürgerrechte, enthält aber keine speziellen Bestimmungen über nationale Minderheiten als Gruppen. Immerhin wird jedem das Recht zugestanden, Bildungseinrichtungen in beliebiger Unterrichtssprache zu besuchen, dabei hat er die Kultur und Traditionen sowohl der lettischen Nation als auch der nationalen Minderheiten zu respektieren und zu achten.

Neben den Gleichheitsartikeln gewährt die Verfassung Litauens Angehörigen ethnischer Minderheiten das Recht, ihre Sprache, Kultur und Gebräuche zu pflegen. Ethnische Gemeinschaften sollen ihre Bildungs- und sozialen Angelegenheiten selbstständig regeln können, wobei der Staat sie zu unterstützen hat.

Spezielle Minderheitenrechte

Als Erste der drei Republiken hatte Litauen noch unter sowjetischer Herrschaft im November 1989 ein spezielles Gesetz über nationale Minderheiten verabschiedet, das 1991 ergänzt wurde. Während Estland im Dezember 1989 mit einem Gesetz über die nationalen Rechte der Bürger folgte, verhinderte in Lettland die politisch noch herrschende russische Nomenklatura zunächst die Verabschiedung eines von den Reformkräften geforderten Minderheitengesetzes. Nach intensiven und kontroversen Beratungen konnte schließlich am 19. Mai 1991 ein »Gesetz über die freie Entwicklung und das Recht auf Kulturautonomie der nationalen und ethnischen Gruppen Lettlands« verabschiedet werden.

Die Minderheitengesetze der baltischen Staaten enthalten neben allgemeinen Gleichstellungsrechten besondere Rechte und Garantien für die Erhaltung der nationalen Identität. In diesen Zusammenhang gehört das Recht, sich frei zu einer Nationalität zu bekennen. Da die Weitergabe von Sprache und Kultur unerlässlich für das Fortbestehen einer nationalen Minderheit ist, betonen alle drei Staaten das Recht auf Schulunterricht in der Muttersprache und die Möglichkeit, eigene nationale Privatschulen zu gründen.

Am weitesten ist wie in der Zwischenkriegszeit wieder Estland gegangen, indem es am 11. November 1993 ein »Gesetz über die Kulturautonomie der nationalen Minderheiten« erließ. Hauptziele der von diesen einzurichtenden Kulturselbstverwaltung sind die Organisation des muttersprachlichen Unterrichts und die Errichtung kultureller Institutionen. Bemerkenswerterweise können auch die in Estland lebenden Ausländer an den Aktivitäten der Kultur- und Bildungseinrichtungen einer nationalen Minderheit teilnehmen – wenn auch ohne Wahlrecht für deren Führungsorgane. Das freie Bekenntnisprinzip, Personalautonomie und Selbstbesteuerungsrecht entsprechen ganz dem estländischen Kulturautonomiegesetz von 1925. Wenn »Unterstützungen von ausländischen Organisationen« nunmehr ausdrücklich als mögliche und erlaubte Finanzierungsquellen genannt werden, so hat man damit eine Lehre aus den Erfahrungen der Vorkriegszeit gezogen, als solche notwendigen Zuwendungen verdeckt über Tarnorganisationen beschafft werden mussten.

Das Sprachenrecht

Der estnische Staatspräsident Lennart Meri äußerte anlässlich seiner Wahl zum »Europäer des Jahres« im März 1999 in Paris, er habe sich

Nationale Zusammensetzung und Sprachkenntnisse der Bevölkerung Litauens

	Anteile in %						Sprachkenntnisse 1989		
	1923		1959		1989		National-	Zweitsprache	
	abs.	%	abs.	%	abs.	%	sprache	litauisch	russisch
Gesamtbevölkerung	2158159		2711445		3673362		99,6	0,2	37,4
Litauer	1739489	80,6	2150767	79,3	2924048	79,6	99,6	0,2	37,4
Russen	50727	2,3	231014	8,5	345597	9,4	95,6	33,5	3,3
Polen	65628	3,0	230107	8,5	257988	7,0	84,8	15,5	57,9
Weißrussen	4421	0,2	30256	1,1	63076	1,7	40,4	17,0	34,7
Ukrainer	–	–	17692	0,7	44397	1,2	50,9	16,9	41,9
Juden	154321	7,2	24672	0,9	12312	0,3	35,7	38,0	22,2
Letten	14883	0,7	6318	0,2	4228	0,1	68,6	43,7	29,3
Tataren	–	–	3023	0,1	5107	0,1	32,0	14,3	43,5
Deutsche	88568	4,1	11166	0,4	2058	0,1	42,1	35,7	26,1
Zigeuner	–	–	1238	–	2718	0,1	81,8	45,2	26,5
Armenier	–	–	471	–	1648	–	60,9	13,3	48,5
Uzbeken	–	–	–	–	1452	–	88,2	3,7	64,1
Moldawier	–	–	164	–	1448	–	70,9	10,7	58,4

Quelle: baltisches jahrbuch 1989, S. 265

mit vielen jüngeren Esten fragen müssen, »ob wir die letzte estnischsprechende Generation in Estland wären«, und er bezeichnete Sprache als den »ausdrücklichen Träger der Identität einer Nation«. Dementsprechend galten die frühen Sprachengesetze auch der beiden anderen baltischen Republiken in erster Linie der Sicherung der eigenen Nationalsprachen als Grundlage ihrer gefährdeten kulturellen Identität. Der Schutz der Staatssprachen wurde ergänzt durch Schutzbestimmungen für den Gebrauch auch anderer Sprachen.

Von entscheidender Bedeutung für eine erfolgreiche kulturelle und politische Integration aller ethnischen Gruppen ist die Kenntnis der jeweiligen nationalen Sprache und Kultur. Eine integrierte demokratische Gesellschaft kann sich auf Dauer nur entwickeln aufgrund der Anerkennung der bestehenden baltischen Staaten, wobei der Status der verschiedenen ethnischen Minderheitengruppen in dieser Gesellschaft hinreichend definiert sein muss. Vor allem die großen russischsprachigen Bevölkerungsgruppen müssen integriert und dürfen nicht marginalisiert werden.

Zwischenbilanz der Integration

Die Minderheiten- und Ausländerfrage kann in allen drei baltischen Staaten inzwischen als gesetzgeberisch zufriedenstellend gelöst gelten. Dennoch wurde sie in Estland und Lettland weiterhin von OSZE-Missionen beobachtet. Estland hat im November 1996 die europäische Rahmenkonvention über den Schutz nationaler Minderheiten ratifiziert. Sorge bereitete hier allerdings die hohe Zahl ehemaliger Sowjetbürger, die sich für die russische Staatsangehörigkeit entschieden oder besondere Ausländerpässe beantragten, statt sich um die estländische Staatsangehörigkeit zu bemühen. In Estland lebten 1998 ca. 70 000 Personen ohne gültige Dokumente; etwa 23% der Gesamtbevölkerung besaßen somit nicht die Staatsangehörigkeit Estlands.

Auch in Lettland bemühte sich die große Mehrheit der 1996 etwa 686 000 nichtlettländischen Staatsbürger nur zögernd um einen lettländischen oder um einen »Nichtbürgerpass«. Der Vorschlag des Hohen Kommissars der OSZE, die Bedingungen für eine Einbürgerung zu erleichtern, belebte die innerlettische Diskussion über die Zukunft des Landes als lettische Kulturnation oder lettländische Staatsnation.

Vereinte Nationen, Europarat und OSZE empfahlen den baltischen Staaten eine Verbesserung der Verhältnisse im Strafvollzug sowie der Rechte für Kinder, Flüchtlinge und Asylsuchende. Im April 1998 schaffte Estland die Todesstrafe ab, dem folgte auch Lettland, während in Litauen ein Moratorium des Staatspräsidenten gilt. Im Mittelpunkt der innen- und außenpolitischen Diskussionen aber stand die Umsetzung der OSZE-Empfehlungen zur Einbürgerungsfrage.

In Estland nahmen die Bemühungen um eine gezielte Integration jener russischsprachigen Bevölkerung, die weder die estnische noch die russische Staatsbürgerschaft angenommen hatte, Ende der 1990er-Jahre schrittweise konkrete Formen an. So wurde 1997/98 ein Programm zur »Integration von Nicht-Esten in Estland« ausgearbeitet und ein Integrationsfond gegründet, was im März 2000 in ein offizielles Regierungsprogramm »Die Integration in der estnischen Gesellschaft, 2000–2007« mündete. Dessen Schwerpunkt liegt in der Ausweitung und Verbesserung des estnischen Sprachunterrichts an russischen Schulen und der Bereitstellung zusätzlicher Lehrmittel. Aber auch weitere flankierende Maßnahmen wie finanzielle Zuwendungen an erwachsene Russen für das Erlernen der estnischen Sprache, gemischte estnisch-russische Sommerlager und die Vermittlung von Ferienplätzen für russische Kinder in estnischen Familien zeigen die Bereitschaft, nach manchen Versäumnissen nun stärker aufeinander zuzugehen. So zollte der deutsche Bundeskanzler Gerhard Schröder (* 1944) während seines Besuches im Sommer 2000 in einer Rede vor dem estnischen Parlament in Tallinn den Bemühungen um Integration der russischsprachigen Bevölkerung seinen Respekt: Vor dem Hintergrund der jahrelangen Gefährdung der nationalen Kultur und Sprache enthalte die heutige estnische Bereitschaft zur Versöhnung und zum Miteinander eine zutiefst europäische Botschaft.

1999 folgte auch Lettland diesen Bemühungen mit dem Konzept eines staatlichen Programms, das generell die »Notwendigkeit einer verstärkten gesellschaftlichen Integration« betonte und dazu aufrief, Nichtletten als Mitbürger und Kooperationspartner anzusehen. Dieser Programmentwurf enthielt aber noch manche Unstimmigkeiten und Widersprüche hinsichtlich des verwendeten Nationalstaatsbegriffs, und es fehlte das gesamte Kapitel über die so wichtige soziale Integration.

Außenpolitik

Aus den historischen Erfahrungen mit der unzulänglichen Kooperation während der Zwischenkriegszeit bemühten sich die baltischen Staaten ernsthaft um Koordinierung. Bereits Vertreter der drei Volksfronten gründeten im Mai 1989 eine »Baltische Versammlung« (Baltic Assembly). In Aufnahme föderaler Pläne der Unabhängigkeitszeit trat man ein für ein neutrales, entmilitarisiertes Balto-Scandia und vereinbarte ein gemeinsames Informationssystem. Im folgenden Jahr fanden nicht weniger als sieben weitere Treffen statt, als deren Ergebnis besonders die Wiedereinsetzung des Vertrages über Einheit und Zusammenarbeit von 1934 durch die drei Staatspräsidenten am 12. Mai 1990 in Tallinn hervorzuheben ist. Auf dem zweiten Treffen dieser wiederbelebten »Baltischen Entente« beschloss man als neue Arbeitsorgane neben der schon 1934 vorgesehenen Außenministerkonferenz Beratungen auch der Regierungschefs, Ministerkonferenzen, parlamentarische Kommissionen sowie weitere Arbeitsorgane. Im Mai 1991 wurde eine »Baltische Parlamentarische Versammlung« zur Abstimmung von Gesetzesvorhaben vor allem im wirtschaftlichen Bereich eingerichtet. Diese in nur zwei Jahren entstandene institutionelle Dichte der wichtigsten politischen Einrichtungen ging entschieden über die Kooperationsansätze der Zwischenkriegszeit hinaus und wurde schon in dieser Phase mit der Zusammenarbeit der skandinavischen Staaten im Nordischen Rat verglichen.

Inzwischen wurde die »Baltic Assembly« als festes Kooperationsgremium der baltischen Parlamente und Regierungen mit einer gemeinsamen Geschäftsstelle in Riga und Sekretariaten in den Hauptstädten institutionalisiert. In proportionaler Vertretung besteht sie aus je 20 Parlamentariern mit einem Präsidium und einem je nach Tagungsort wechselnden Vorsitzenden. Sieben ständige Kommissionen (u. a. für Budget, Wirtschaft und Soziales, Recht, Sicherheit) kön-

nen durch weitere Ausschüsse zu aktuellen Themen ergänzt werden. Zur angestrebten gemeinsamen politischen Willensbildung können die Delegierten in der Versammlung so genannte Fraktionen von mindestens fünf Mitgliedern aus wenigstens zwei nationalen Delegationen bilden.
In der Folge schritt die Zusammenarbeit der drei baltischen Staaten im Baltischen Rat voran: Besonders im außenpolitischen Bereich strebte man trotz unterschiedlichen taktischen Vorgehens eine Abstimmung an. Ein innerbaltisches Freihandelsabkommen für Industriegüter von 1993 wurde 1996 auf Landwirtschaftsprodukte erweitert, langfristig plant man vor allem eine koordinierte Bekämpfung der organisierten Kriminalität und eine Kompatibilität der Informations- und Sozialsysteme. In einem Grenzvertrag wurde die Seegrenze zwischen Estland und Lettland 1996 genauer festgelegt, und 1999 einigten sich Lettland und Litauen nach fünfjährigem Streit ebenfalls, indem sie eine gemeinsame Wirtschaftszone auf dem Festlandssockel vorsahen, da man vor der lettisch-litauischen Ostseeküste reichhaltige Ölvorkommen vermutet.

Estland

Die Regierung Estlands trieb gleich nach Anerkennung der Eigenstaatlichkeit durch westliche Staaten intensiv die Orientierung des Landes nach Westen voran. Der Aufnahme in die UN und die OSZE 1991 folgten am 15. Mai 1993 die Vollmitgliedschaft im Europarat und im Juni ein Freihandelsabkommen mit den beiden anderen baltischen Staaten.
Der Schwerpunkt estnischer Außen- und Sicherheitspolitik musste auf Russland gerichtet sein. Einen außenpolitischen Erfolg stellte die vertragliche Vereinbarung über den Rückzug der russischen Truppen aus Estland bis Ende August 1994 dar. Die Annäherung an die NATO aber kann zunächst nur im Rahmen der »Partnership for Peace« erfolgen. Denn Russland versuchte eine Integration der baltischen Staaten in die NATO mit seiner Doktrin vom »nahen Ausland« zu verhindern. Nachdem es bis 1996 immer wieder zu Reibereien mit Moskau gekommen war, verfolgte Estland diesem gegenüber eine Politik des »positiven Engagements«. Strittig war in diesem Zusammenhang Tallinns Forderung, Russland solle bei den Grenzverhandlungen den Friedensvertrag von Tartu von 1920 anerkennen. Obwohl die Esten inzwischen diese Forderung nicht mehr aufrechterhalten, ist es noch immer nicht zur Ratifizierung des Vertrages durch Moskau gekommen.

Eine wesentliche Komponente der estnischen Außenpolitik ist die Annäherung des Landes an die EU. Die Schritte auf diesem Wege waren: Vertrag über Zusammenarbeit in Wirtschaft und Handel im Mai 1992, Freihandelsabkommen vom Juni 1994, Assoziierungsabkommen im Juni 1995 und schließlich am 28. November 1995 Estlands offizieller Antrag auf Beitritt zur EU. Als größter außen- und wirtschaftspolitischer Erfolg wird gewertet, dass Estland im Juli 1997 von der EU-Kommission als einer der sechs künftigen osteuropäischen Kandidaten für eine EU-Erweiterung und als Einzige der baltischen Republiken vorgeschlagen wurde. Am 1. Januar 1998 begannen die Beitrittsverhandlungen, für die vor allem die wirtschaftspolitischen Weichenstellungen der Jahre nach 1991 und die konsequent auf einen EU-Beitritt ausgerichtete Politik die Grundlage gebildet haben.

Lettland

Auch Lettlands Außenpolitik ist in erster Linie eine Funktion seiner Sicherheitspolitik. Hauptziele bildeten hier ebenfalls der Eintritt in die EU sowie die Einbindung in europäische und transatlantische Sicherheitsstrukturen. Lettland ist Mitglied der Vereinten Nationen, der OSZE, des Europarates, des Ostseerates, des NATO-Kooperationsrates, assoziiertes Mitglied der WEU und Vertragspartner der »Partnerschaft für den Frieden«.
Am 30. April 1994 konnte der Abzug der ehemaligen sowjetischen Truppen aus Lettland vereinbart werden. Das erfolgte auch bis zum April 1997 bis auf die zunächst noch vorgesehene Präsenz einer kleineren Gruppe von Militärpersonen in der früheren Radarfrühwarnanlage Skrunda. Als diese am 21. 10. 1999 vollständig an Lettland übergeben wurde, war damit die russische miltärische Präsenz im Lande endgültig beendet. Russland zeigte ein besonderes Interesse an der Nutzung der baltischen eisfreien Häfen zur Abwicklung des Erdöl-, Mineraldünger- und Chemikalienexportes, was auch für den lettischen Staatshaushalt eine wichtige Einnahmequelle bedeutete.

Litauen

Als erstes Land, das ehemals Teil der Sowjetunion war, stellte Litauen am 4. Januar 1994 den Antrag auf Vollmitgliedschaft in der NATO. Präsident Brazauskas betonte bei seinem Antrittsbesuch in Brüssel die Überzeugung, dass Litauens nationale Sicherheit ein untrennbarer Bestandteil der europäischen Sicherheit als Ganzes sei und dass beide

nur durch die politische, wirtschaftliche und militärische Integration der betroffenen Länder erreicht werden könnten. Die wichtigsten Institutionen einer solchen Integration aber seien die Europäische Gemeinschaft und die NATO. Russlands Doktrin vom so genannten »nahen Ausland« entsprächen weder dem »Geist des Völkerrechts« noch der »Partnerschaft für den Frieden«. Für Litauen stellte dabei nicht etwa die russische Minderheit im Lande das eigentliche Problem dar, sondern die russische Enklave Kaliningrad mit ihrer starken Konzentration militärischer Kräfte.
Die Zusammenarbeit mit den skandinavischen Staaten im Ostseerat wirkte sich aus in einer Vielzahl von Einzelprojekten zur Strukturhilfe in den Bereichen Bildung, Umwelt, Verbrechensbekämpfung, Grenzschutz, Verkehr. Dieser aus allen neun Ostseeanrainern sowie der Europäischen Kommission, Island und Norwegen bestehende Ostseerat verstand sich zunehmend als Vermittler russischer und baltischer Interessen in Europa.
Die baltischen Staaten waren nicht zuletzt an guten Beziehungen zu Warschau stark interessiert, da sie sich von Polen als künftigem EU- und NATO-Nachbar eine Fürsprecherrolle erhofften. Das Gebiet um Kaliningrad stellt dabei ein gemeinsames polnisch-baltisches Sicherheitsproblem dar. Deshalb bemühte sich auch Litauen während seiner Präsidentschaft im Ostseerat um eine bessere Eingliederung Kaliningrads in die Ostseekooperation. Dabei wurde von russischer Seite gerade das Verhältnis Litauens zu Kaliningrad als Modell gutnachbarschaftlicher Beziehungen gelobt.

Probleme der militärischen Sicherheit

Als einen diplomatischen Teilerfolg wertete man es in Tallinn, Riga und Vilnius, als die baltischen Staaten auf dem NATO-Gipfel von Madrid im Juli 1997 neben Rumänien und Slowenien ausdrücklich als potentielle zukünftige Mitglieder bezeichnet wurden. Sie strengten sich an, die mangelnde Verteidigungsfähigkeit ihrer kleinen Streitkräfte zu verbessern. Im April 1997 trafen sie eine trilaterale Vereinbarung, nach der Lettland das Kommando über das gemeinsame Friedensbataillon (BALTBAT) übernahm; bisher hatten sie im Bestand skandinavischer Friedenstruppen an IFOR- und SFOR-Missionen teilgenommen. Ein gemeinsames Luftüberwachungszentrum (BALTNET) wurde in Litauen und ein Marinestab (BALTRON) in Estland eingerichtet. Eine baltische Verteidigungsakademie (BALTDEFCOL) wurde 1998 in Tartu errichtet, eine baltische Militärunion lehnte man

dagegen ausdrücklich ab. Wohl aber kam es im Juli 1996 zu gemeinsamen Manövern estnischer, lettischer, litauischer und amerikanischer Streitkräfte auf baltischem Boden.
Eine im Januar 1998 in Washington von den drei baltischen und dem amerikanischen Präsidenten Bill Clinton (* 1946) unterzeichnete »Baltic Charta« enthielt zwar keine ausdrückliche Sicherheitsgarantie, sah aber eine Unterstützung des Integrationsprozesses der baltischen Staaten in die europäischen, transatlantischen und weltwirtschaftlichen Strukturen vor sowie eine Zusammenarbeit im Ostseeraum (BALTSEA) und Unterstützung der gesamtbaltischen Verteidigungskooperation.

Deutschland und die baltischen Staaten

Die Haltung der Bundesrepublik Deutschland gegenüber den baltischen Staaten war abhängig von ihrem Verhältnis zur Sowjetunion bzw. Russland. 1987–1989 entsprach sie dem »traditionellen Zwiespalt der Nachkriegszeit« (v. Redecker) – man erkannte die sowjetische Annexion der baltischen Staaten de facto, aber nicht de jure an. Mit Gorbačevs Distanzierung vom »Baltischen Weg« seit dem Herbst 1989 reduzierte sich auch die Haltung der Bundesregierung auf eine Nichtbeachtung der baltischen Frage, was aus baltischer Sicht als »vorsichtige Kaufmannspolitik« kritisiert wurde.
Erst nach der Januar-Krise 1991 und den Volksbefragungen knüpfte Deutschland offizielle Kontakte, verband diese aber mit der Mahnung an die baltischen Politiker zu einer »Politik der hundert kleinen Schritte«. Von deutscher Seite tat man nichts, was die Unabhängigkeit der baltischen Republiken hätte beschleunigen können. Diese zögerliche Haltung bis zum August-Umschwung ist mit der gleichzeitig erfolgenden deutschen Wiedervereinigung zu erklären und den damit zusammenhängenden Problemen wie der Ratifizierung des Zwei-Plus-Vier-Vertrages oder den noch auf deutschem Territorium stationierten russischen Truppen.
Während sich bis Anfang 1991 nur wenige Bundestagsabgeordnete für das Baltikum engagiert hatten, wuchs das Interesse nunmehr schlagartig. Schon nach wenigen Monaten konnte ein neu gebildeter »Deutsch-baltischer parlamentarischer Freundeskreis« über hundert Mitglieder verzeichnen. Diese Parlamentariergruppe verstärkte zunehmend ihren Einsatz für die baltischen Staaten. Inzwischen existieren rege Kontakte auf vielen Ebenen, nicht zuletzt im Engagement der Bundesländer, die wirtschaftliche und kulturelle Projekte fördern.

Bei der Annäherung der baltischen Republiken an europäische Organisationen spielte die Bundesrepublik dann doch wieder eine bedeutende Rolle. Im August 1996 betonte der damalige Außenminister Klaus Kinkel (* 1936), Deutschland verstehe sich als Anwalt dieser Region, denn Estland, Lettland und Litauen hätten »in ganz besonderer Weise die Last der europäischen Geschichte in diesem von zwei schrecklichen Kriegen und über vierzig Jahre Kalten Krieges gezeichneten Jahrhundert zu tragen gehabt. Sie waren Opfer einer verbrecherischen Politik, die diesen Ländern ihre Unabhängigkeit und Staatlichkeit raubte. Deutschland anerkennt mit Blick auf eben diese Geschichte seine besondere Verantwortung für die baltischen Staaten.«

Die Beziehungen zur Russländischen Föderation

Die Politik Moskaus gegenüber den baltischen Staaten ist bemüht, deren NATO-Mitgliedschaft zu verhindern, ihre Mitgliedschaft in der EU und anderen europäischen Organisationen aus russischer Sicht kalkulierbar zu gestalten und nicht zuletzt eigene Großmachtinteressen im baltischen Raum zu vertreten. Die Unterzeichnung von Grenzverträgen mit Estland und Lettland wurde von Russland trotz weitgehenden baltischen Entgegenkommens immer wieder verzögert und mit den Fragen der NATO-Erweiterung sowie der Lage der russischsprachigen Bevölkerung in beiden Ländern verknüpft. Nur mit Litauen schloss Russland einen solchen Grenzvertrag im Oktober 1997 ab. Gleichzeitig schlugen Außenminister Jevgenij Primakov (* 1929) und Präsident Jelcin Sicherheitsgarantien Russlands für die baltischen Staaten vor. Unter Hinweis auf die negativen Erfahrungen mit Nichtangriffspakten lehnten baltische Diplomaten die russischen Vorschläge jedoch ab und verwiesen darauf, dass ihre Sicherheit nur im gesamteuropäischen Kontext zu verwirklichen sei.

Im März/April 1998 stilisierte Moskau einige Vorfälle in Lettland zu einer russisch-lettischen »Krise«. Das gipfelte in der unsäglichen Gleichsetzung Lettlands mit dem Pol-Pot-Regime Kambodschas durch den Moskauer Bürgermeister Jurij Luškov (* 1936) und in der Befürwortung wirtschaftlicher »Maßnahmen« durch Jelzin. Es bedurfte einer westlichen diplomatischen Intervention sowie lettischer Zugeständnisse in der Einbürgerungsfrage, um die Situation wieder zu beruhigen.

Nach russicher Auffassung bildeten die Probleme der in Estland und Lettland lebenden Russen das größte Hindernis für eine Verbesserung der zwischenstaatlichen Beziehungen. Diese Sicht steht in der Tradition einer Baltikumpolitik, die von Präsident Vladimir Putin (* 1952) noch verhärtet wurde. Sein Anfang 2000 verkündetes Sicherheitskonzept mit eindeutig machtpolitischer Ausrichtung fixierte die Außenpolitik der Russischen Föderation auf den Schutz der »legalen Rechte und Interessen der russischen Bürger jenseits der Grenzen« und sah in diesem Zusammenhang auch »Maßnahmen politischen, wirtschaftlichen und anderen Charakters« vor. Die von ihm in Wahlreden geforderte Rekonsolidierung der großrussischen Macht musste in den baltischen Staaten ungute Erinnerungen an die »Sammlung russischer Erde« wachrufen.

Diese jüngsten aggressiven Stellungnahmen Moskaus bezeichnete die lettische Staatspräsidentin Vike-Freiberga als einen »Rückfall in den Kalten Krieg«, und der damalige litauische Parlamentspräsident Landsbergis warnte in der Feierstunde im März 2000 anlässlich der zehnjährigen Unabhängigkeit Litauens vor dem möglichen Ziel einer territorialen Wiederherstellung der Sowjetunion: Die Zukunft der baltischen Staaten stehe auch zehn Jahre nach ihrem Bruch mit der Sowjetunion im Schatten einer solchen Gefahr.

Der Handel zwischen Litauen und Russland verdoppelte sich dennoch im Jahre 2000 auf ein Volumen von fast einer Milliarde Dollar. Präsident Adamkus bot bei seinem ersten offiziellen Besuch in Moskau Anfang 2001 eine verstärkte politische Zusammenarbeit zwischen beiden Ländern an und stellte Erleichterungen bei den Transportwegen zur russischen Exklave Kaliningrad (Königsberg) in Aussicht.

Ost-Erweiterung der Europäischen Union

Die Grundlage für die Beziehungen der baltischen Staaten zur Europäischen Union bilden die Assoziierungsabkommen vom 12. Juni 1995. Sie wurden in strukturiertem Dialog mit der EU-Kommission vertieft. Auf deren Empfehlung zur Aufnahme von Beitrittsverhandlungen mit Estland reagierten Lettland und Litauen enttäuscht und kritisierten, Brüssel habe weder die besondere Dynamik des baltischen Reformprozesses noch die jüngsten ökonomischen Fortschritte berücksichtigt. Sie mussten aber einsehen, dass eine verbesserte Anpassung der Rechtssysteme, die mangelnde Konkurrenzfähigkeit der Wirtschaft, Schwächen der öffentlichen Verwaltung sowie Schwierigkeiten bei der Einbürgerung sowjetischer Einwanderer (was auch für Estland galt) vorlagen.

Am 1. Februar 1998 war die Ratifizierungsphase der erwähnten Assoziierungsabkommen (»Europa-Abkommen«) abgeschlossen, die seitdem die Rechtsgrundlage für die Beziehungen zwischen den baltischen Staaten und Brüssel bilden. Im selben Jahr begannen die Beitrittsverhandlungen der EU mit den sechs Staaten der so genannten »Luxemburg-Gruppe«, zu der Estland zusammen mit Slowenien, Zypern, Ungarn, Polen und der Tschechischen Republik gehört. Lettland und Litauen dagegen sind mit Malta, der Slowakei, Bulgarien und Rumänien Mitglieder der so genannten »Helsinki-Gruppe«, mit der die Beitrittsverhandlungen im Jahr 2000 aufgenommen wurden. Alle drei baltischen Staaten erhielten von der EU umfangreiche institutionelle Hilfestellungen, um ihre marktwirtschaftlichen Ordnungen den Standards der Gemeinschaft anzupassen. Damit sollten insbesondere auch private Investoren gewonnen werden. Auf baltischer Seite bemühte man sich intensiv um eine Angleichung in allen Bereichen wie beispielsweise im Wirtschaftsrecht. Man verstärkte die Bemühungen um eine Vollmitgliedschaft in der EU und erzielte in diesem Zusammenhang außergewöhnliche Fortschritte im ökonomischen Reformprozess – ein Jahrzehnt zuvor hätte es sich niemand träumen lassen, dass sie im Jahre 2000 zu den Anwärtern für eine EU-Mitgliedschaft gehören würden.

In den regelmäßigen »Fortschrittsberichten« der Europäischen Kommission wurde Litauen Ende 2000 zum ersten Mal eine funktionierende Marktwirtschaft bescheinigt, im Übrigen aber festgestellt, trotz bedeutender Fortschritte bei vielen anderen Reformen bleibe doch noch vieles zu tun. Bei Litauen und Lettland bemängelte die Kommission die Landwirtschaftspolitik, Defizite im Verwaltungswesen und in der Justiz sowie die grassierende Korruption. Wie bei Estland wurde auch bei Lettland die Eingliederungspolitik für staatenlose Einwanderer moniert, deren Integration Brüssel durch automatische Einbürgerung erreichen möchte, während die Regierungen in Tallinn und Riga auf Sprachkurse und andere Integrationsprogramme setzen. Auf Belehrungen reagierte man baltischerseits empfindlich: So betonte der lettische Außenminister, ausschlaggebend sei schließlich nicht die Quantität, also die Zahl eingebürgerter Einwanderer, sondern die Qualität, d. h. die Staatstreue der lettischen Neubürger.

Im Herbst 1998 hatten die sechs im lettländischen Parlament vertretenen Parteien eine gemeinsame Erklärung zur Unterstützung der Europa-Politik verabschiedet. Trotz innenpolitischer Turbulenzen und mehrfachen Regierungswechsels in der Folgezeit blieb dieser Kurs in Richtung EU bis heute konstant – sowohl bei Letten als auch bei der russischsprachigen Bevölkerung existiert nach wie vor eine Mehrheit

für den Beitritt, wenn auch aus unterschiedlichen Motiven. Denn versprechen sich Russen von einer EU-Mitgliedschaft eine Garantie ihrer Rechte als nationale Minderheit, so sind für Letten die Abwehrhaltung und das Misstrauen gegenüber Russland die wichtigsten Gründe. Je stärker Lettland wirtschaftlich, politisch und institutionell mit dem Westen verbunden sei, desto sicherer fühle man sich als Lette. Dabei fällt es sicher manchem schwer, die eben erst zurückgewonnene Souveränität teilweise an ein größeres Gebilde wieder abzugeben, aber man ist doch bereit, einen Teil dieser Souveränität in die eigene Sicherheit zu investieren. Der Sorge vor einer erneuten Bedrohung der nationalen Identität – nun durch die Globalisierung – begegnete der lettische Außenminister mit dem Hinweis, die EU sei gerade eine Möglichkeit, die Globalisierung »sanfter« zu gestalten.
Die Ängste mancher Mitgliedsländer wiederum vor einer geplanten Ost-Erweiterung der EU verstand der Außenminister Estlands, Toomas Hendrik Ilves, nicht nur als Furcht vor der Moderne oder schlechtes Europäertum. Die Befürchtungen vor der weiteren Integration in einen »europäischen Superstaat« hielt er für legitim und stellte dem eine föderalistische Struktur als Lösungsmöglichkeit entgegen. Eine europäische Verfassung mit einem Zwei-Kammer-Parlament könne ein starkes Europäisches Parlament sichern, das zur demokratischen Legitimierung europäischer Entscheidungen erforderlich sei. Die vom deutschen Außenminister Joseph Fischer (* 1948) ins Gespräch gebrachte künftige Direktwahl eines europäischen Präsidenten lehnte Ilves ab, da er befürchtete, kleine Staaten hätten bei einem solchen Verfahren gegenüber den großen nicht genügend Einfluss.
Ende das Jahres 2000 beklagten sich die baltischen Regierungen darüber, dass die Beitrittsverhandlungen von der EU zugunsten der langsamer voranschreitenden anderen Länder verzögert würden. Sie setzten große Hoffnungen auf die am 1. Januar 2001 beginnende Ratspräsidentschaft Schwedens, das die Verhandlungen beschleunigen und besonders in den schwierigen Bereichen der Freizügigkeit, der Landwirtschaft, der Regionalförderung und des Umweltschutzes voranzutreiben versprach.
Anfang 2001 stellte sich die Situation nach der inzwischen elften Verhandlungsrunde wie folgt dar: In der ersten Gruppe bildete Estland mit Slowenien und Zypern die Spitze mit 18 vorläufig abgeschlossenen Verhandlungsfeldern von insgesamt 31 (mit Polen konnten dagegen erst 15 geklärt werden). Litauen und Malta führten mit je 13 abgeschlossenen Bereichen die zweite Gruppe an, in der Lettland an vierter Stelle mit 10 folgt, während beispielsweise Rumänien erst 6 aufzuwei-

sen hat. Damit trat eine deutliche Differenzierung unter den Beitrittskandidaten hervor, was in Litauen und Lettland die Hoffnungen bestärkte, bis zu dem für Ende 2002 vorgesehenen Abschluss der Verhandlungen in die erste Erweiterungsrunde aufrücken zu können.

Beziehungen Litauens zu Polen

Während der stalinistischen Repressalien hatten die in Litauen lebenden Polen im Unterschied zu den nach Sibirien deportierten Litauern in größerer Zahl nach Polen auswandern können (ca. 150 000). Dadurch verlor die polnische Minderheit viele Intellektuelle und Führungspersönlichkeiten. In der Folge wurden die von Polen besiedelten Gebiete Litauens am stärksten russifiziert. Heute leben in Litauen etwa 250 000 bis 300 000 Polen, die meisten in Šalčininkai (= südl. Vilnius) und in Vilnius selbst. Die überwältigende Zustimmung für die Unabhängigkeit im Referendum von 1991 dürfte auch auf die Parlamentsentscheidung zurückzuführen sein, mit der kurz zuvor der polnischen Sprache in Regionen mit mehrheitlich polnischer Bevölkerung der Rang einer zweiten offiziellen Amtssprache eingeräumt worden war.
Die Führung der polnischen Minderheit verhielt sich in entscheidenden Situationen aber nicht immer loyal. Ihre Forderung nach einem autonomen Gebiet verstärkte bei Litauern die alte Furcht vor Abspaltungstendenzen. Einen Höhepunkt erreichten diese Spannungen, als polnische Abgeordnete der örtlichen Selbstverwaltungen im Mai 1991 eine polnische Autonomie des Wilnagebietes offen propagierten und diese sogar im Rahmen der UdSSR verlangten. Das musste nach den blutigen Januar-Ereignissen bei Litauern auf völliges Unverständnis stoßen. Als der Moskauer Putschversuch zudem von zwei polnischen Regionalräten unterstützt wurde, löste die litauische Regierung sie Anfang September 1991 auf, was zu einer Verstimmung zwischen Vilnius und Warschau führte. Im Januar 1992 vereinbarten die Außenminister zwar wieder gute nachbarschaftliche Beziehungen, konnten aber noch keine Einigung über die Aufarbeitung der Zwischenkriegsgeschichte erzielen.
Selbst beim Papstbesuch im September 1993 äußerten sich die gespannten Beziehungen in einem eher kühlen Empfang in Vilnius. Erst die Bekräftigungen beider Regierungen und der Minderheitenvertreter, keine territorialen Forderungen zu erheben und die gegenwärtige Grenze zu bestätigen, ebneten den Weg zu einem friedlichen Miteinander. Am 26. April 1994 wurde ein Nachbarschaftsvertrag von

den Präsidenten Lech Wałęsa (* 1943) und Brazauskas unterzeichnet. In einer Art Kompromiss verzichtete man auf eine historische Bewertung der polnischen Besetzung des Wilnagebiets und der Jahre 1920 bis 1939. Der Vertragstext enthielt außerdem einen Verzicht auf jegliche territorialen Ansprüche sowie die ausdrückliche Sicherung der jeweiligen Minderheitenrechte in beiden Ländern.
Im Februar 1995 besuchte mit Brazauskas zum ersten Mal ein litauischer Präsident Polen. In seiner Anprache im polnischen Sejm hob er hervor, dass die polnische und die litauische Nation »die gemeinsame Geschichte, der gemeinsame Glauben, das gemeinsame kulturelle Erbe, unsere nationalen Minderheiten, unsere demokratischen Werte verbinden [...] Wir sollten auch öfter sagen: unser Adam Mickiewicz, unser Józef Ignacy Kraszewski, unser Cesław Miłosz.« Ausdruck der inzwischen guten litauisch-polnischen Beziehungen ist neben miltärischer Kooperation der Abschluss eines Freihandelsvertrages 1997. Im Februar 1998 nahm der polnische Präsident Aleksander Kwasniewski (* 1954) als einziges ausländisches Staatsoberhaupt an den Feierlichkeiten anlässlich des 80. Jahrestages der litauischen Unabhängigkeit in Vilnius teil, und seine erste Auslandsreise führte den damals neu gewählten Präsidenten Adamkus (Amtszeit 1998–2001) nach Warschau.

STAATLICHER NEUAUFBAU IM VERGLEICH

Als die baltischen Länder Ende der 1980er-Jahre selbstständig wurden, handelte es sich um die *Wiedererlangung* ihrer Unabhängigkeit – einer Selbstständigkeit, die alle drei Staaten für zwei Jahrzehnte besessen hatten und die für ein halbes Jahrhundert durch die sowjetische Okkupationsmacht unterdrückt worden war. 1988/89 nutzten sie wie 1918/19 die Schwäche und den Zusammenbruch jenes Vielvölkerstaates, zu dem sie bis dahin unfreiwillig gehört hatten.

Im Unterschied zur ersten Staatsbildung allerdings erfolgte die jüngste nicht in der Endphase eines großen Krieges und wurde von baltischer Seite auch nicht mit militärischen Mitteln erkämpft, die Zahl der Opfer steht – so beklagenswert jeder einzelne Tote von Riga und Vilnius auch ist – in keinem Verhältnis zu den Verlusten des Freiheitskrieges 1918–1920. Damals wie heute bilden die baltischen Staaten keine ethnisch einheitlichen Nationalstaaten – ihre ethnische Struktur aber hat sich entscheidend verändert.

Die vollständige Reorganisation des politischen Systems zu einem demokratischen Parlamentarismus weist Parallelen in beiden Phasen auf, denn auch 1918 mussten neue Strukturen geschaffen und ausgestaltet werden. Im letzten Jahrzehnt ging es allerdings um den grundlegenden Wechsel von einer zentralistischen Planwirtschaft zur liberalen Marktwirtschaft. Trotz der teilweise krisenhaften inneren Entwicklung während der Zwischenkriegszeit ergeben sich politische und gesellschaftliche Modelle mit Anregungen, aber auch mit Warnungen für die gegenwärtige Neugestaltung.

Perspektiven der Nationalitätenpolitik

Die während der fünf Jahrzehnte dauernden sowjetischen Besatzung erfolgte massenhafte Migration aus der Sowjetunion nach Estland und Lettland hatte das Vorhandensein einer zunächst in großen Teilen nicht integrationsbereiten fremden Zuwanderergruppe zur Folge. Daraus ergab sich die Brisanz der Staatsbürgerschaftsfrage, die während der Zwischenkriegszeit in dieser Schärfe nicht akut war. In Litauen wiederum schwelten alte Konflikte mit der polnischen Minderheit fort, wenn es sich auch nicht mehr um jene gravierenden

Grenzauseinandersetzungen mit dem Nachbarstaat Polen handelte wie in der Zwischenkriegszeit. Das Kernproblem im Zusammenhang der Minderheitengesetzgebung bildet damals wie heute die staatliche Loyalität aller betroffenen Nationalitäten. Zur Gewährung von Minderheitenrechten gab es in beiden historischen Phasen außenpolitische Initiativen, wobei der durch den Völkerbund ausgeübte Druck weniger stark war als der heute von Seiten der OSZE und der EU ausgeübte.

Die Nationalitätenpolitik der baltischen Staaten ist heute in mehrfacher Hinsicht zu einer Funktion der europäisch-russischen Beziehungen geworden. Daraus folgt, dass eine im Vergleich mit dem westlichen Europa noch so liberale Minderheitenpolitik stets auch unter außen- und sicherheitspolitischen Aspekten beurteilt wird. Diese Rahmenbedingungen haben Estland und Lettland wiederholt zu Kompromissen und Übergangsregelungen genötigt – vor allem im Zusammenhang mit der Staatsbürgerschaftsfrage, wobei stets die Grenze neu ausgemessen werden musste, an der politischer Erpressbarkeit entgegenzutreten ist.

Um den zweifellos in näherer Zukunft bleibenden Unterschied zwischen indigener Bevölkerung und Immigranten im Bereich der Staatsbürgerschafts- und der Sprachgesetze allmählich abzubauen, bedarf es der Einsicht bei der russischsprachigen Bevölkerung, dass man sich auch Sprache und Kultur jener Länder aneignen muss, in denen man auf Dauer leben will. Auf staatlicher Seite sollte Richtschnur für die Einbürgerung nicht mehr allein die Kontinuität des Staatsvolks zur ersten Unabhängigkeitsperiode sein, sondern ebenso eine ernsthafte Integration der Einwanderer aus der sowjetischen Zeit.

Den Weg dazu könnte ein ausdifferenziertes, multisprachliches Schulsystem weisen, das nationale Einseitigkeiten überwindet. Als übergreifendes Fernziel wäre eine demokratisch integrierte und multiethnische, aber in der jeweiligen Staatssprache sich verständigende Nation anzustreben (Henning). Im Rahmen einer von allen anerkannten einheitlichen Rechts- und Verfassungskultur müssen als verbindliche Grundwerte das Bekenntnis zur demokratischen Grundordnung und zum Verfassungsstaat sowie eine gemeinsame Sprache akzeptiert werden.

DIE BALTISCHEN STAATEN IM JAHRE 2000

Die schwedische Regierung erklärte das Jahr 2000 zum »Jahr der baltischen Staaten«. Die gegenwärtige Situation ist in der Tat gekennzeichnet einerseits durch eine Aufbruchstimmung bei den Jüngeren, andererseits aber auch durch eine gewisse Resignation bei der älteren Generation als den von der Wandlung Benachteiligten. Wegen des niedrigen Lohnniveaus und der relativ hohen Preise sind viele Menschen auf Nebentätigkeiten angewiesen, um existieren zu können. Eine Reihe der durchgeführten Reformen bedarf dringend einer Weiterentwicklung: So hat beispielsweise die Privatisierung des Wohnraumes zwar zunächst Eigentum geschaffen, das aber häufig an der Wohnungstür endet, da sich für den Unterhalt und die Renovierung des Hauses niemand verantwortlich fühlt. Hier könnten etwa durch die Bildung von Eigentümergemeinschaften notwendige Modernisierungen gefördert werden.

Im Bildungssektor wiederum müssen die Regierungen dafür sorgen, dass der Nachwuchs an Lehrern gefördert und der Mangel an anderen Fachkräften, welche abzuwandern drohen, behoben wird. Denn der Standortfaktor Bildung ist bei rohstoffarmen Ländern von besonderer Bedeutung.

Die baltischen Staaten nehmen im wirtschaftlichen Bereich mit ihren Häfen eine wichtige Transitfunktion für den Russlandverkehr ein. Über Tallinn und Muuga in Estland, Ventspils und Riga in Lettland sowie Klaipėda in Litauen wird ein bedeutender Teil des Außenhandels der Russischen Föderation und anderer Mitgliedsstaaten der GUS abgewickelt. Zwei Drittel bis drei Viertel des Hafenumschlags und des Hinterlandverkehrs der baltischen Staaten sind dem Transitverkehr zuzurechnen. Nach Überwindung der sich gerade auch in diesem Bereich auswirkenden Russlandkrise erholen sich derzeit die Handelsströme mit den GUS-Staaten wieder. Die Ausstattung der baltischen Häfen mit modernen Formen des Warenumschlags (Container, Ro-Ro-Verkehr) war seit 1991, zum Teil mit westlicher Hilfe, rasch ausgebaut worden. Neben Riga als dem ursprünglich einzigen Containerhafen im Baltikum wurde 1999 ein neuer Container-Terminal in Klaipėda eröffnet, ein weiterer im estnischen Hafen Muuga befindet sich im Bau. Im Zusammenhang mit diesem Transitverkehr von und nach Russland steht auch der Vorrang, den die baltischen Staaten bei Pla-

nung und Ausbau des Verkehrsnetzes den Ost-West-Verbingungen einräumen. Diese erscheinen ihnen mittelfristig wichtiger als die Nord-Süd-Verbindungen parallel zur Ostseeküste, wie etwa die »Via Baltica« oder die küstennahe »Via Hanseatica« Riga-Gdansk, denn durch diese würden die Transportströme vom preisgünstigen Ostseeverkehr auf die Straße umgelenkt. Im Übrigen entspräche das auch nicht der EU-Politik »from road to sea«.
Der litauische Ministerpräsident Rolandas Paksas (*1957) äußerte sich jüngst zur wirtschaftlichen Lage seines Landes optimistisch, indem er darauf hinwies, dass Litauen die russische Krise überwunden habe und die Exporte im Jahre 2000 um 28% gewachsen seien.
Das Selbstbewusstsein der Balten hat insgesamt zugenommen, und man begreift den Weg zum Beitritt in die EU zwar durchweg als Aufholjagd, diese aber nicht nur mit dem Ziel der Angleichung und Anpassung, sondern auch der Ebenbürtigkeit und Anerkennung. Die lettische Präsidentin Vike-Freiberga äußerte sich denn auch jüngst enttäuscht über die oft mangelnde Wahrnehmung im Westen: Anstatt den so lange vom Rest der Welt abgeschnittenen baltischen Ländern »offenherzig zu begegnen, sie zu besuchen, um zu sehen, was dort vor sich geht, um das Gute und Schlechte abzuwägen, was eine sehr spannende Erfahrung sein kann, begnügen sich viele mit Schwarzweißmalerei und damit, den Finger zu heben und sich überlegen zu fühlen«. Ein »gleichwertiger Erfahrungsaustausch zwischen Ost und West« habe erst in Ansätzen begonnen.

KULTURGESCHICHTE DES 19. UND 20. JAHRHUNDERTS

Bildende Kunst und Architektur

Die Wiedereröffnung der Universität Dorpat 1802 (vgl. auch S. 67) war nicht nur in architektonischer Sicht, sondern darüber hinaus für das gesamte Kunstschaffen der Ostseeprovinzen von erheblicher Bedeutung. Mit der Einrichtung einer Zeichenschule an der Universität entstand die dritte Kunstschule im Zarenreich nach der Kunstfakultät der Wilnaer Universität und der Petersburger Akademie der Künste. Am Aufbau der von Anfang an hochwertigen Kunstsammlungen dieser Dorpater Zeichenschule beteiligte sich aktiv auch der Adel. Bedeutende Lehrer waren Karl August Senff (1770–1838) und August Matthias Hagen (1794–1878), dessen Tochter Julie Hagen-Schwarz (1824–1902) als Porträtistin bekannt geworden ist. Friedrich Ludwig von Maydell (1795–1846) wechselte als erster Dorpater Maler vom Klassizismus zur Romantik und wandte sich in zahlreichen Illustrationen dem Bauernleben und der estnischen Mythologie zu. Seine Darstellung des Gesangsgottes Vanemuine von 1840 wurde als eine Art Standardbild aufgegriffen u. a. von Tõnis Grenzstein (1863–1916). Maydell gehörte mit dem Maler, Zeichner und Lithograph August Pezold (1794–1859), dem Begründer der »Estica« in der deutschbaltischen Kunst, zu den Estophilen des 19. Jahrhunderts. Als erster estnischer Künstler stellte der Bildhauer (und Schriftsteller) August Weizenberg (1837–1921) im Jahre 1887 Skulpturen aus.
Das Revaler Kunstleben wurde bestimmt von den Zwillingen Franz Gerhard (1772–1820) und Karl Ferdinand (1772–1832) von Kügelgen, von denen Ersterer 1795 nach Riga und drei Jahre später nach Estland kam, wo er 43 Bilder malte, aber nicht auf Dauer blieb. Sein Bruder Karl Ferdinand kam ebenfalls über Riga und blieb schließlich endgültig in Reval. Als konsequenter Vertreter des Klassizismus befasste er sich ausschließlich mit der Landschaftsmalerei. – Aus der größeren Zahl deutschbaltischer Künstler sind hervorzuheben Eduard von Gebhardt (1838–1925), der 1875–1912 als Professor an der Düsseldorfer Kunstakademie die Spezialklasse für religiöse Malerei leitete, sowie Timoleon von Neff (1804–1876), dessen Hauptwerk die 82 Gemälde der Ikonostase in der Isaaks-Kathedrale und die Gemälde in der großen Kirche des Petersburger Winterpalastes waren.

Die estnische Kunst erfuhr einen Aufschwung in den 1860er-Jahren, nachdem als erste Esten August Weizenberg, der Maler und Kunstprofessor Johann Köler (1826–1899) sowie der Bildhauer und Holzschnitzer Amandus Adamson (1855–1929) hauptsächlich in St. Petersburg tätig waren. Der Maler und Zeichner Kristjan Raud (1865–1930) und Ants Laikmaa (Hans Laipmann, 1866–1942) studierten in Düsseldorf und beeinflussten anschließend die estnische Kunstentwicklung. In der Zwischenkriegszeit wurde der Graphiker, Bildhauer und Kunstprofessor Eduard Viiralt (1898–1954) zum international bekanntesten estnischen Künstler.

*

Der erste lettische Baumeister war Mārcis Podiņš-Sārums (1799–1859) mit einer ausgedehnten Baupraxis in Livland. Während um die Jahrhundertmitte viele öffentliche Bauten in Riga wie die Große Gilde, die Börse und das erste Stadttheater von deutschen Architekten errichtet wurden, erfolgte über ein Drittel der Bebauung der Rigaer Boulevards nach den Entwürfen des ersten akademisch gebildeten lettischen Architekten Jānis Fridrihs Baumanis (1834–1891). Er war auch einer der Gründer des 1879 gebildeten Rigaer Architektenvereins. An dessen Neugründung zehn Jahre später war Konstantins Pēkšēns (1859–1928) beteiligt, der schöpferischste lettische Architekt überhaupt mit mehr als 250 mehrstöckigen Steinbauten in Riga.
Zu Beginn des 20. Jahrhunderts wurde eine neue Generation lettischer Architekten tätig, als deren bedeutendster Eižens Laube (1880–1967) gilt. Er war der erste Lette im Lehrkörper des Rigaer Polytechnischen Instituts. In dieser Zeit kam in allen größeren Städten Lettlands, abgesehen von Lettgallen, der Jugendstil auf, in dem sich auswärtige Einflüsse mit einheimischen wie der Volksholzbaukunst verbanden. Die schönsten Jugendstilbauten wurden in Riga von deutschen und lettischen Architekten wie Aleksanders Vanags (1873–1919) ausgeführt. Im Werk des Autodidakten Jānis Alksnis (1869–1939) finden sich wiederum mehr Einflüsse des Berliner Jugendstils und älterer Rigaer Baudenkmäler, er schuf über 130 mehrstöckige Steinhäuser und öffentliche Bauten in Riga. Trotz mancher Gegensätze zwischen lettischen und deutschen Architektenkreisen Rigas gehörte Ende der 1920er-Jahre der Deutschbalte Heinrich Pirang (1876–1936) zu den Verfassern von Entwürfen für den kommunalen Wohnhausbau.
Im Katalog der 1842 zum ersten Mal im Rigaer Schwarzhäupterhaus veranstalteten Gemäldeausstellung wurde noch kein lettischer Künstler erwähnt. Die ersten lettischen Maler von internationalem Ruf wie

Kārlis Hūns (1830–1877) wirkten im Ausland, vor allem in St. Petersburg, wo sich ein lettischer Künsterkreis bildete. Ein Beispiel für die Zusammenarbeit mit Deutschbalten ist die von Bernhard Borchert (1862–1945) und Jānis Rozentāls (1866–1916) 1901 gemeinsam veranstaltete Gemäldeausstellung in Riga und Mitau. Die Gründer und Klassiker der lettischen Bildhauerei erhielten ihre Ausbildung ebenfalls in St. Petersburg. Kārlis Zāle (1888–1942) verband in der Gestaltung des Rigaer Brüderfriedhofs und des Freiheitsdenkmals lettische Elemente mit dem europäischen Funktionalismus.

*

An der Kaiserlichen Universität Wilna (1803–1832) wurde neben Architektur auch Malerei, Bildhauerei und Graphik gelehrt. Die Bautätigkeit kam im 19. Jahrhundert trotz der repressiven russischen Politik vor allem auf dem Lande nicht zum Stillstand. Holzkirchen wurden durch Backsteinbauten – oft in neogotischen oder eklektischen Formen – ersetzt und Landsitze zu spätklassizistischen Schlössern ausgebaut.

Die moderne litauische Kunst beginnt mit der Ersten Litauischen Kunstausstellung in Vilnius 1906/07, an der sich der bedeutende Komponist und Maler Mikolajus Konstantinas →Čiurlionis (1875–1911) beteiligte. Außer Petras Kalpokas (1880–1945) studierte die erste Generation litauischer Maler und Graphiker in St. Petersburg, Warschau oder Krakau. Nach dem Ersten Weltkrieg absolvierten viele ihre Ausbildung an der Kunstschule in Kaunas. Auch manche litauische Künstler verschlug es im Verlauf des Zweiten Weltkrieges nach Deutschland, so die Graphiker Vytautas Kazimieras Jonynas (*1907) und Žibuntas Mikšys (*1923). Der Maler Franz Domscheit/Pranas Domšaitis (1880–1965) galt im Kreise der Berliner Expressionisten als »der Litauer«, 1949 wanderte er nach Südafrika aus.

Literatur

Seit den 1860er-Jahren begann im estnischen und lettischen Siedlungsgebiet die Übersetzung zunächst von Liedern und Gedichten aus dem Lebensbereich des einfachen Volkes, gegen Ende des Jahrhunderts auch von anspruchsvolleren Prosatexten. Die weitgehend polonisierten Bildungsschichten in Litauen dagegen hatten Anteil an der polnischen Literatur, und ein Interesse der im Vergleich zu ihren nördlichen Nachbarn weniger gebildeten Landbevölkerung an übersetzten Texten setzte erst später ein.

Ein hochgebildeter Dichter in estnischer Sprache war der früh an Schwindsucht gestorbene Kristjan Jaak Peterson (1801–1822). Er begründete eine estnische Mythologie und war mit seinen Gedichten, meist Oden, seiner Zeit um Jahrzehnte voraus. Einen Höhepunkt in der estnischen Lyrik stellt das Werk der Dichterin Lydia Koidula (eigentl. L. Emilie Florentine Janssen, 1843–1886) dar, deren Lyrik dem Prozess der nationalen Identitätsfindung starke Impulse vermittelte. Am bekanntesten wurde ihr 1867 veröffentlichtes Gedicht »Mo isamaa on minu arm« [Mein Vaterland ist meine Liebe], das 1869 in der Vertonung durch den estnischen Komponisten Alexander Kunileid (1845–1875) auf dem ersten gesamtestnischen Sängerfest in Dorpat von einem Chor öffentlich vorgetragen wurde und seitdem zum ständigen Repertoire gehört. Derselben Generation gehört der bedeutendste Sammler und Herausgeber estnischer Volksliedtexte, Jakob →Hurt (1839–1907) an, der Präsident der »Gesellschaft Estnischer Literaten«. Eine weitere bedeutende Dichterpersönlichkeit dieser Zeit war Juhan Liiv (1864–1913), in dessen Gedichten sich seit Mitte der 1890er-Jahre die literarische Moderne mit symbolistischen Elementen ankündigte.

Aus dem Kreis deutscher Pastoren, die sich in der Nachfolge Gotthard Friedrich Stenders des Älteren (1714–1796) um die Entwicklung der lettischen Poesie bemühten, ging als begabter Dichter der Lette Neredzīgais Indrikis (Der Blinde Indrikis, 1783–1828) mit lebendigen lyrischen Bildern aus Natur und dörflichem Leben hervor. Eine bedeutende Rolle kommt den alten lettischen Volksliedern, den »Dainas«, zu, die überwiegend aus Vierzeilern betehen und ihre Themen aus dem bäuerlichen Leben mit seinem vielfältigen Brauchtum beziehen. Sie wurden seit 1807, in umfangreicherer Form ab 1844 veröffentlicht. Im Unterschied zu ihnen besteht das litauische Volkslied meist aus mehreren Strophen mit unterschiedlicher Verslänge, die ab 1825 als »Dainos« veröffentlicht wurden.

Die spätromantische Dichtung im Zeichen des nationalen Erwachens erreichte einen Höhepunkt mit Mikelis Krogzemis (1850–1879), der unter dem Pseudonym Auseklis [Der Morgenstern] die mythologischen Elemente mit märchenhaften Zügen aufnahm. Die lettischen Dichter der Generation der 1860er-Jahre, wie u. a. Jānis Poruks (1871–1911) oder Aspazija (eigentl. Elsa Rosenberg, 1865–1943), die Lebensgefährtin eines der größten lettischen Dichter des ausgehenden 19. und beginnenden 20. Jahrhunderts, Jānis →Rainis (eigentl. Jānis

Pliekšāns, 1865–1929), fanden im Mitvollzug der Entwicklung von der Décadence zum Symbolismus den Anschluss an das Niveau der europäischen Literatur.
Die schöne Literatur in Litauen blieb bis in die zweite Hälfte des 19. Jahrhunderts hinein eine »Literatur ohne Leserpublikum« (Scholz). Die überzeugendste Dichterpersönlichkeit des 18. Jahrhunderts war der seit 1742 als Pastor in Tolmingkehmen bei Gumbinnen in Preußisch-Litauen tätige Kristijonas Donelaitis (Christian Donalitius, 1714–1780) mit seinem Hauptwerk, den vier Gesängen der »Jahreszeiten«. Romantisch-empfindsam oder volkstümlich dichteten Silvestras Valiunas (1789–1831) und der Priester Antanas Strazdas (1763–1833). Der spätere Bischof Antanas Baranowskas (Baranowski, 1835–1902) sammelte Folklorematerial und verfasste Versdichtungen. Aber viele seiner wie auch die litauisch geschriebenen Texte anderer wurden erst gegen Ende des Jahrhunderts in Volkskalendern und Zeitschriften gedruckt – zunächst verhinderte das fehlende Leserpublikum und nach 1864 das Druckverbot litauischer Bücher eine normale Entwicklung der litauischen Literatur. Durch Publikationen im Ausland konnte als einer der wenigen Autoren der Literaturwissenschaftler →Maironis (eigentl. Jonas Mačiulis, 1862–1932) die Öffentlichkeit erreichen.

Nationalepen

Einen wichtigen Einfluss auf die estnische und lettische Literatur hatte das finnische Epos »Kalevala«. Einer der Initiatoren und ersten Präsidenten der 1838 in Dorpat gegründeten »Gelehrten Estnischen Gesellschaft«, der Arzt und Lektor für estnische Sprache Friedrich Robert Faehlmann (1798–1850), sammelte Folkloretexte, besonders zur Sage von »Kalevipoeg« [Der Sohn des Kalev]. Nach dessen Tode bearbeitete sein Freund Friedrich Reinhold →Kreutzwald (1803–1882) diesen Stoff und veröffentlichte ihn 1857/61 als Kunstepos im Stil des estnischen Volkslieds. Damit schuf er das estnische Nationalepos, dessen Figuren als Symbolgestalten für ein befreites Estland und für die Stärkung des nationalen Bewusstseins auch bei späteren Generationen von großer Bedeutung werden sollten.
Auch von lettischen Folkloreforschern wie Krišjānis Barons (1835–1923) oder Autoren wie Juris Alunāns (1832–1864) oder Auseklis wurde im Umkreis der junglettischen Bewegung der Gedanke aufgegriffen, ein historisches episches Werk zur eigenen Geschichte zu schaffen. Diese Versuche krönte 1888 Andrejs Pumpurs (1841–1902)

mit seinem Epos in 6 Gesängen »Lāčplesis« [Der Bärenreißer], in dem er in eigener Komposition zahlreiche Episoden, Motive und Namen zur Verherrlichung der nationalen Vergangenheit und moralischen Überlegenheit der Letten gegenüber ihren Unterdrückern schuf. Im Unterschied zu dem im Volksliedstil gestalteten »Kalevipoeg« wechseln hier bei nur wenigen volksliedhaften Strophen ausschließlich Versmaße der europäischen Kunstliteratur von Gesang zu Gesang.
In Litauen gab es im 19. Jahrhundert kein Bedürfnis nach einem Nationalepos in litauischer Sprache. Die nationalorientierten Litauer waren anfangs weitgehend polonisiert, und die glorreiche litauische Vergangenheit wurde in den Werken bedeutender polnischer Dichter behandelt. So fühlte sich das Gründungsmitglied des 1817 in Wilna gegründeten Geheimbundes der »Filomaten«, Adam Mikiewicz (1798–1855), zwar als Pole, bezeichnete als seine Heimat aber Litauen – er stammte aus Novogródek in Weißrussland, das im Mittelalter litauisches Teilfürstentum gewesen war. In seiner Prosa wie in Balladen griff er auf litauische Stoffe zurück und gestaltete in zwei Versepen, besonders im »Konrad Wallenrod« von 1828, litauische Themen. Der polnische Romantiker Juliusz Słowacki (1809–1849) begründete mit seinem Drama »Mindowe« 1832 eine Reihe später dann litauischsprachiger Dramen, in denen historische Stoffe verarbeitet wurden. Auch der produktivste polnische Autor des 19. Jahrhunderts, Jòzef Kraszewski (1812–1887), ist mit Gedichten und Versepen über Themen der litauischen Geschichte hervorgetreten, besonders mit der Trilogie »Anafielas« von 1840/45. Dessen erster Teil »Witolorauda« [Witolds Klage] gründet sich wie das estnische »Kalevipoeg« und der lettische »Lāčplesis« auf Sagen- und Märchenstoffen, bleibt in der Gesamtkonzeption der vielfach historischen und pseudomythologischen Elemente aber eine selbstständige Schöpfung. Das 1881 ins Litauische übersetzte Werk konnte wegen der damaligen Verbreitungsprobleme noch keine nennenswerte Breitenwirkung erzielen. Erst 1912 hat Vincas Kreve-Mickevičius (1882–1954) in rhythmischer Prosa legendenhafte Stoffe aus einer idealisierten Vergangenheit publiziert. Diese auf die polnische romantische Literatur zurückgehende Tradition wurde in Litauen bis in die Gegenwart fortgesetzt.

Die literarische Moderne

Die künstlerische Prosa emanzipierte sich in den baltischen Literaturen in einem längeren Prozess von der didaktischen und journalistischen Trivialliteratur des ausgehenden 18. und beginnenden 19. Jahrhunderts. Der Weg führte über die Unterhaltungsliteratur, historische Novellen und Romane und über typisierende Romane des Spätklassizismus und der russischen Romantik zum Realismus der zweiten Hälfte des 19. Jahrhunderts.

Mit Aufnahme der sozialen Thematik und realistischer Kompositions- und Darstellungsweise erreichten Eduard Vilde (1865–1933) und August Kitzberg (1855–1927) in Erzählungen, Romanen und Theaterstücken europäisches Niveau. Vildes Hauptwerke waren »Külmale maale« [In das kalte Land, 1896] und die 1902/1908 erschienene Romantrilogie »Mahtra Sõda« [Aufruhr in Mahtra], in denen die sozialen Missstände des entstehenden Industrieproletariats sowie der Bauernaufstand von 1858 behandelt werden. Kitzberg wandte sich zunehmend estnischen Dorferzählungen sowie dem Drama zu.

Um 1905 bildete sich in Estland eine Gruppe junger Autoren unter dem Namen *Noor-Eesti* [Jung-Estland], die sich unter dem Motto: »Lasst uns Esten bleiben, aber lasst uns auch Europäer werden!« vom Realismus zu einem literarischen Impressionismus und Symbolismus wandte. Führend war hier der Dichter und Dorpater Literaturwissenschaftler Gustav Suits (1883–1956), ferner gehörten ihr der Dichter Ernst Enno (1875–2934) und der Prosaschriftsteller Friedebert Tuglas (1886–1971) an; nahe stand ihr auch der bekannte Anton Hansen→Tammsaare (1878–1942). 1917 entstand eine weitere Gruppe unter dem Namen eines Wundervogels der estnischen Mythologie *Siuru*, zu deren hervorragendsten Vertretern die Dichterin und Übersetzerin Marie Under (1883–1980) und der Journalist und Prosaschriftsteller August Gailit (1891–1960) zählten.

*

Die erste lettische Schriftstellerin war Marija Medinska (eigentl. Valdemāre, 1830–1888), die Schwester des führenden Vertreters der Junglettischen Bewegung. In ihrer Erzählung »Zemnieks un muižnieks« [Der Bauer und der Gutsherr, 1877] gestaltete sie die soziale Problematik und nahm damit Züge des späteren Realismus vorweg. Das »erste Meisterwerk der lettischen Prosa« (Scholz) schufen die Brüder Reinis (1839–1920) und Matīss (1848–1926) Kaudzīte mit dem Roman »Mehrneeku laiki« [Die Zeiten der Landmesser], der 1879 in Mitau erschien, hohe Auflagen erzielte und mehrmals dramatisiert wurde. Apsīšu Jēkabs (eigentl. Jānis Jaunzemis, 1858–1929) nahm in seinen Erzählungen die gesprochene Volkssprache auf und erreichte mit ihnen in den 1880er-Jahren das Niveau der zeitgenössischen europäischen realistischen Literatur. In den späten Erzählungen von Jānis

Poruks (1871–1911) bahnt sich mit symbolistischen Elementen der Übergang zum Neorealismus an. Die Annäherung an die Moderne zeigen ebenso Prosa und Drama von Rudolfs Blaumanis (1863–1908). Die lettische Moderne begann mit Jānis Rainis, dessen Versdrama »Uguns un Nakts« [Feuer und Nacht] sich inhaltlich an das Nationalepos von Pumpurs anlehnte. Seine Lebensgefährtin Aspazija bestimmte als Lyrikerin und Dramatikerin die lettische Moderne mit. Bedeutend war auch Kārlis Skalbe (1879–1945) mit seiner Lyrik und der Verbindung von Elementen des lettischen Volksmärchens mit der Tradition des europäischen Kunstmärchens. Neoromantiker mit symbolistischen Tendenzen waren Fricis Bārda (1880–1919), Edvarts Virza (eigentl. E. Lieknis, 1883–1940) und Jānis Akurāters (1876–1937), Expressionisten dagegen Jānis Sudrabkalns (eigentl. Arvīds Peine, 1894–1975) und Pēteris Ermanis (1893–1969). Im Lebensweg und literarischen Werk Zenta →Maurinas findet sowohl das Schicksal der baltischen Emigration als auch der Brückenschlag zwischen den Kulturen einen Ausdruck. Aus dem fast 30 Bände umfassenden Gesamtwerk in lettischer und deutscher Sprache ragen ihre Essays und die autobiographischen Arbeiten hervor.

*

Prosa in litauischer Sprache hatte zunächst nur Simonas Daukontas (1793–1864) verfasst, wenn auch viele seiner Schriften nicht gedruckt werden konnten, obwohl er sich unermüdlich für die Anerkennung des Litauischen als Schriftsprache einsetzte. 1895 begann die eigentlich künstlerische Prosa in Litauen mit den Texten von Žemaitė (eigentl. Julija Beniusevičiute-Žymantienė, 1845–1921) und Vincas Kudirka (1858–1899). Realistische Prosatexte verfassten ferner drei aus dem litauischen Landadel stammende Autorinnen, die wie Žemaitė ebenfalls unter Pseudonym publizierten: die Schwestern Lazdynu Pelėda (»Die Eule aus dem Haselwald«, eigentl. Sofija Ivanauskaitė-Pšibiliauskienė, 1867–1926) und Marija Ivanauskaitė-Lastauskaitė (1872–1957) sowie Šatrijos Ragana (»Die Hexe von Ragana, eigentl. Marija Pečkauskaitė, 1877–1930). Im Unterschied zu ihnen vollzog Vaižgantas (eigentl. Juozas Tumas, 1869–1933) die Entwicklung zum literarischen Impressionismus und später zum Neorealismus im 20. Jahrhundert mit.

Litauische Vertreter des Symbolismus waren Faustas Kirša (1891–1964) und Balys Sruoga (1896–1947). Kazys Binkis (1893–1942) machte in den 20er-Jahren den Futurismus und den Expressionismus in Litauen heimisch. Alle drei Richtungen finden sich in Jonas Aistis

(eigentl. J. Aleksandravičius, 1904–1973) vereint (Scholz). Zu Anfang des Jahrhunderts hatte Jurgis Baltrušaitis (1873–1944) eine bedeutende Rolle im russischen Symbolismus gespielt und bis 1927 seine Gedichte in russischer Sprache geschrieben. Aistis sowie Kazys Bradunas (* 1917) und Bernardas Brazdžionis (* 1907) emigrierten nach dem Zweiten Weltkrieg in die USA, wo Litauen und religiöse Aspekte zum zentralen Thema ihres poetischen Schaffens wurden.
Eine Sonderstellung nimmt Eva Simonaitytė (1897–1978) ein, in deren Romanen vor dem Hintergrund des nationalen Antagonismus zwischen Litauern und Deutschen nicht nur beide Sprachen eingesetzt werden, sondern im Sinne einer Vielstimmigkeit auch volkstümliche Geistermärchen neben Klassikerzitaten, Zeitungsfragmente neben Kirchenliedern strukturell beide Kulturen umfassen. Die litauische Thematik fand nicht zuletzt bei zahlreichen deutschen Schriftstellern bereits seit der Romantik ihren Niederschlag; sie wurde jeweils in den »Litauischen Geschichten« von Ernst Wichert (1831–1902) im Jahre 1881 und von Hermann Sudermann (1857–1928) im Jahre 1917 behandelt, aber auch von Johannes Bobrowski (1917–1965) in seinem 1966 aus dem Nachlass veröffentlichten Roman »Litauische Claviere«.
Die urtümliche Lebenskraft des eigenen Volkes wurden von Vincas Kreve-Mickevičius für Litauen und von dem Neorealisten Jānis Jaunsudrabiņš (1877–1962) für Lettland thematisiert. Das Thema klingt ebenfalls in Tammsaares zwischen 1926 und 1933 entstandenen fünfbändigen Bildungsroman »Tode ja Oigus« [Wahrheit und Recht] an. Während in den 1920er-Jahren die legendäre, glorifizierte Vergangenheit nicht mehr im Mittelpunkt stand, trat sie in den 30er-Jahren wieder hervor. Das erfolgte in Litauen in den Dramen von Vincas Kreve-Mickevičius und den Versdramen von Ballys Sruoga auf hohem künstlerischen Niveau, in Lettland in den historischen Romanen von Antons Rupainis (1906–1976) und in Estland bei Mait Metsanurk (1879–1957).

Nachkriegszeit

Die stürmische Entwicklung der Literatur in den baltischen Staaten während der Zwischenkriegszeit mit dem Aufschwung in allen kulturellen Bereichen kam mit dem Zweiten Weltkrieg, den Okkupationen und der Annexion jäh zum Erliegen. Das Jahrzehnt zwischen 1945 und 1955 ist von einer allgemeinen Stagnation gekennzeichnet, bis mit dem Einsetzen der sog. Tauwetterperiode den baltischen Literaturen im Rahmen der sowjetischen Literatur wieder eine besondere Rolle zukam. So konnte bereits Mitte der 50er-Jahre der litauische Dichter Eduardas Mieželaitis (* 1919) in zahlreichen Gedichtbänden formal experimentieren, ähnlich wie Jaan →Kross (* 1920) in Estland. Die Entwicklung der baltischen Literaturen im Exil wurde auch in den Ländern des Baltikums bekannt, die damit eine Vermittlerrolle übernahmen. Besonders die baltische Literatur in Skandinavien und in den USA/Kanada spielte dabei eine wichtige Rolle, wie beispielsweise der mehrsprachig schreibende Lyriker und Graphiker Ivar Ivask (1927–1992). Seit den 70er-Jahren fand das Thema der Vergangenheit wieder Beachtung wie u. a. bei Margeris Zariņš (* 1910) oder bei Jaan Kross, der seinem 1970 erschienenen vierteiligen Werk »Kolme katku vahel« [Zwischen drei Pestzeiten] über das Leben des Balthasar Russow (1542–1600) zahlreiche weitere historische Romane folgen ließ. Die moderne baltische Literatur wird inzwischen zunehmend auch ins Deutsche übersetzt. Dazu gehören neben Autoren wie Kross vor allem die Estinnen Maimu Berg (* 1945) mit ihrem auf Tammsaares Werk »Ich liebte eine Deutsche« verweisenden Roman »Ich liebte einen Russen« (deutsch 1998) und »Barbara von Tisenhusen« (1993) sowie Viivi Luik (* 1946) mit den Romanen »Der siebte Friedensfrühling« (1991) und »Die Schönheit der Geschichte« (1995). Aus Estland wären ferner zu nennen: Ülo Mattheus (* 1956) mit »Der Schein« (1997), Mati Unt (* 1944) mit den Romanen »Herbstball« (1987) und »reden und schweigen« (1992), Arvo Valton (* 1935) mit »Juku, der Dorftrottel« (1992). Aus Lettland: Vizma Belševica (* 1931) mit »Pielbeerbaum im Herbst«, Regina Ezera (* 1930) mit »Der Brunnen« (1986) und »Die Schaukel« (1987) sowie Gundega Repše (* 1960) mit »Unsichtbare Schatten« (1998) und jüngst Mirvaldis Birze (1921–2000) mit »Grashalme aus Lettland« (2000).

Deutschbaltische Literatur

In der Zwischenkriegszeit hatte sich besonders Riga dank seines kosmopolitischen Charakters zu einem Umschlagplatz im Geistes- und Kulturleben unter Einschluss auch der nationalen Minderheiten entwickelt. Einen Eindruck davon vermittelt die Angehörige der dortigen russischen Minderheit Irina Saburowa (* 1907) mit ihrem erst 1950 erschienenen Roman »Die Stadt der Verlorenen Schiffe«. Das wechselseitige Verhältnis zwischen den Ethnien wurde allerdings nur selten thematisiert, da es vielfach von einer Situation gekennzeichnet war, die der deutschbaltische Schriftsteller Siegfried von Vegesack (1881–1974) in seiner Romantrilogie »Die baltische Tragödie«

(1933–1935) mit der Metapher der »gläsernen Wand« treffend umschrieb.

Eine Vermittlerrolle zwischen den Literaturen nahmen aber mehrere deutschbaltische Autoren durch Übersetzungen estnischer und lettischer Werke ins Deutsche wahr. In den Zusammenhang eines Kulturtransfers zwischen Ost und West über die »Brücke« des Baltikums gehört nicht zuletzt die umfassende Übersetzungstätigkeit deutschbaltischer Autoren wie Otto von Taube (1879–1973), Werner Bergengruen (1893–1964), Sigismund von Radecki (1891–1970), Arthur Luther (1876–1955) und insbesondere Johannes von Guenther (1886–1973), von denen nahezu die gesamte klassische Literatur Russlands zum Teil kongenial ins Deutsche übertragen worden ist. Die meisten von ihnen haben, oft in Deutschland lebend, wie ihre Vorgänger Eduard Graf Keyserling (1855–1918) oder Theodor Hermann Pantenius (1843–1915) eine beachtliche deutschbaltische Literatur geschaffen, zu der ebenfalls mehrere Schriftstellerinnen gehörten. An erster Stelle ist hier die wohl bedeutendste Lyrikerin und Prosaautorin Gertrud von den Brincken (1892–1982) zu nennen, die zuletzt in Regensburg lebte, ferner Elisabeth Josephi (1888–1986), die Musikpädagogin Monika Hunnius (1858–1934) oder Mia Munier-Wroblewski (1882–1965) mit ihrem sechsbändigen baltischen Familienroman »Unter dem wechselnden Mond« (1927–1931).

DIE BALTISCHEN LÄNDER ALS BRÜCKENLAND IN NORDOSTEUROPA

Litauer, Letten und Esten sind mit ihrem ausgeprägten historischen Bewusstsein dazu prädestiniert, jene alte historische Rolle wieder wahrzunehmen, die ihnen in der Vergangenheit oft zugekommen ist – eine Brücke zu bilden zwischen dem Westen und dem Osten Europas. So könnten die wiedererstandenen baltischen Staaten eine den Beneluxländern in Westeuropa vergleichbare Stellung als Kleinstaaten zwischen Großmächten einnehmen. Denn »kleine Völker haben schon deswegen einen weiteren Horizont, weil sie an der Existenz der anderen nicht vorbeikönnen«, wie der estnische Dichter und Theologe Uku Masing (1909–1985) sagte. Diese Brückenfunktion ihrer Länder wurde zunehmend auch von baltischen Politikern angesprochen – so vom damaligen estnischen Außenminister und heutigen Staatspräsident Lennart Meri, der 1991 betonte, dass die Balten in den letzten 50 Jahren »die einzigen Europäer mit Zugang zur gesamten Sowjetunion« waren: »Dadurch könnten sie Vermittler werden zwischen Ost und West.«

In diesem Zusammenhang wurde von mehreren Politikern nordosteuropäischer Staaten der Gedanke einer »Hanseregion Baltikum« diskutiert – mit einer umfassenden Freihandelszone, den Freihäfen Königsberg, Memel, Riga und Reval sowie einer Hanse-Autobahn zwischen Hamburg und St. Petersburg. Bei aller Problematik einer Aktualisierung des vielschichtigen Hanse-Begriffes und der Beschwörung etwa einer »neuen Hanse« als Mythos bleibt die Erkenntnis auf baltischer Seite, dass die Unabhängigkeit nationaler Volkswirtschaften in der heutigen Welt eine Fiktion ist und dass die natürlichen Wirtschaftspartner für die baltischen Republiken Russland und die GUS-Staaten bleiben müssten.

Während des letzten Staatsbesuches seiner Amtszeit hat Bundespräsident Roman Herzog (* 1934) in Riga und Vilnius die Absicht betont, die baltischen Länder insgesamt als europäische Schlüsselregion besser in das Bewusstsein der deutschen Öffentlichkeit zu bringen und ihre Brückenfunktion zwischen Westeuropa und Russland zu bestärken. In ähnlichem Sinne formulierte Lennart Meri: »Die Vielfalt der zahlreichen kleinen und großen Kulturen Europas ist der Schlüssel zum Verständnis europäischer Kreativität.«

*

»In Fragen der höchsten Politik das Schlachtfeld« – »eine Brücke zwischen Ost und West«: Der Kern beider Zitate vom Anfang unserer Darstellung wird aufgenommen in den Worten eines lettischen Wissenschaftlers: »Die geographische Lage des lettischen Raumes ist nicht nur sein Elend, sondern auch sein Reichtum in der Vergangenheit gewesen und wird es auch in der Zukunft sein« (Stradiņš). Anfang 1994 betonte Lennart Meri in einer Rede im Hamburger Rathaus die Notwendigkeit einer engen Integration der baltischen Länder in den Westen, denn nur »mit einer klaren Position und nicht als ein verschwommenes Niemandsland könnten wir dann als Brücke zwischen Ost und West fungieren«. Das Baltikum sei zum »Prüfstein Europas« geworden: »Die Politik in unserer modernen Zeit ist wie eine Fabrik, die Zukunft herstellt. Und die baltischen Staaten sind die Experimentalwerkstätten dieser Fabrik.«

ANHANG

Zeittafel

1184	Beginn der Livenmission an der Düna durch Meinhard
1201	Gründung Rigas durch Bischof Albert
1202	Bischof Albert stiftet den Schwertbrüderorden
1219	Gründung Revals durch Waldemar II. von Dänemark. Nordestland wird dänisch
1236	Vereinigung des Schwertbrüderordens mit dem Deutschen Orden nach der Niederlage gegen die Litauer
1248	Reval erhält das Lübische Recht
1251	Krönung des Fürsten Mindaugas zum König von Litauen
1263	Ermordung Mindaugas'
1286–90	Eroberung des lettischen Territoriums und Herausbildung der Altlivländischen Konföderation
1343–45	Aufstand der Esten
1346	Kauf Nordestlands durch den Orden vom dänischen König
1362	Großfürst Algirdas dehnt nach Besiegung der Tataren und Kievs den litauischen Herrschaftsbereich bis ans Schwarze Meer aus
1385	Litauisch-Polnische Union
1410	Niederlage des Ordensheeres in der Schlacht bei Tannenberg gegen polnisch-litauische Streitkräfte
1422	Die Livländischen Landtage aus Vertretern des Ordens, der Bischöfe, Ritterschaften und Städte bilden die Altlivländische Konföderation. Wachsende Abhängigkeit der estnischen und lettischen Landbevölkerung
1494–1535	Wolter von Plettenberg livländischer Ordensmeister
1502	Sieg Plettenbergs am Smolina-See über die Russen
1522–24	Reformation in Riga, Reval und Dorpat – Livland wird dauerhaft lutherisch
1558–62	Livländischer Krieg
1561	Zerfall Alt-Livlands. Estland unter schwedische, Livland unter polnische Herrschaft, Kurland als weltliches Lehnherzogtum des letzten Ordensmeisters Gotthard Kettler unter Polen – Privilegium Sigismundi Augusti
1562–83	Russisch-polnisch-schwedischer Krieg in Livland
1569	Union von Lublin und Bildung der Rzeczpospolita
1579	Gründung der Universität Wilna auf der Basis eines Jesuitenkollegs
1582	Übergang Livlands an Polen-Litauen

1583	Teilung Alt-Livlands zwischen Schweden, Polen-Litauen und Dänemark
1621	Livland unter schwedischer Herrschaft
1632	Gründung der Universität Dorpat als »Academia Gustaviana« durch Gustav II. Adolf
1680	Beginn der schwedischen Reduktionspolitik
1700–21	Großer Nordischer Krieg
1710	Anschluss Livlands und Estlands an Russland, Bestätigung der Privilegien durch Zar Peter I.
1764–69	Johann Gottfried Herder lehrt und predigt in Riga
1772	Erste Teilung Polens; Anschluss Polnisch-Livlands (Lettgallens) an Russland
1793–95	Zweite und Dritte Teilung Polens; das Herzogtum Kurland wird russisches Gouvernement, Litauen fällt an Russland
1797	Auflösung Polen-Litauens als selbstständiges Reich
1801–76	Die Provinzen Estland, Livland und Kurland sowie Oesel bilden ein Generalgouvernement
1802	Wiedereröffnung der Universität Dorpat unter Alexander I. als deutsche Landesuniversität
1812	Russlandfeldzug Napoleons, französisches Heer in Litauen und Kurland
1816–19	Bauernbefreiung in Est-, Liv- und Kurland
1829	Erste Dampferverbindung Riga-Lübeck
1830–31	Aufstand in Litauen und Polen
1838	Gründung der »Gelehrten Estnischen Gesellschaft« in Dorpat
1847–49	Agrarreformen in Livland
1860–65	Beginn der Nationalbewegungen der Völker des Baltikums
1861	Aufhebung der Leibeigenschaft in Litauen
1862	Eröffnung des Polytechnikums in Riga
1863–64	Aufstand in Litauen und Polen verstärkt russ. Nationalismus
1864–1904	Verbot der lateinischen Schrift in litauischen Texten
1868/69	Publizistische Auseinandersetzung Samarin-Schirren
1869	Erstes gesamtestnisches Sängerfest
1870	Eröffnung der Baltischen Eisenbahn Reval-St. Petersburg
1873	Erstes lettisches Sängerfest
1882	Revision von Manasseïn in Livland – Beginn russifizierender Maßnahmen
1893	Höhepunkt der administrativen und kulturellen Russifizierung: Umbenennung Dorpats in Jurev
1905/06	Revolution in Russland und im Baltikum – Vertretung in den Reichsdumen
1914	Beginn des Ersten Weltkriegs
1915	Besetzung Litauens, Semgallens und Kurlands durch die deutsche Armee – Forderung nach Wiederherstellung der Selbstständigkeit Litauens

1917	30. März: Autonomie Estlands innerhalb Russlands – 11. Dezember: Unabhängigkeit Litauens mit Bindung an Deutschland – Oktober: Machtergreifung der Bolschewiki in Estland und Nordlettland
1918	16. Februar: Ausrufung der selbstständigen Republik Litauen – 24. Februar: Proklamierung der Republik Estland – 18. November: Proklamierung der Republik Lettland – März bis November: Deutsche Okkupation des gesamten Baltikums
1918–20	Freiheitskrieg der baltischen Völker
1919	22. Mai: Befreiung Rigas – 8. August: Schulautonomie der Minderheiten in Lettland – 10. Oktober: Agrarreform in Estland
1920	2. Februar: Friedensvertrag Sowjetrusslands mit Estlands in Tartu – 12. Juli: mit Litauen in Moskau – 11. August: mit Lettland in Riga – 19. September: Agrarreform in Lettland – 9. Oktober: Polnische Eroberung Wilnas, Kaunas provisorische Hauptstadt Litauens
1922	Aufnahme der baltischen Staaten in den Völkerbund – Gründung der Universität Kaunas
1923	Litauische Besetzung des Memelgebiets – Agrarreform in Litauen – Verteidigungsbündnis zwischen Estland und Lettland
1924	8. Mai: Memelkonvention
1925	5. Februar: Kulturautonomiegesetz in Estland
1926	17. Dezember: Errichtung des autoritären Regimes in Litauen durch Voldemaras und Smetona – Nichtangriffspakt zwischen Litauen und der Sowjetunion
1930–32	Auswirkungen der Weltwirtschaftskrise
1932	Nichtangriffspakte der Sowjetunion mit Estland und Lettland
1934	Baltische Entente zwischen Estland, Lettland und Litauen – Ratssitz im Völkerbund durch Lettland – 12. März: Staatsstreich und autoritäres Regime in Estland – 15. Mai in Lettland
1938	Polnisches Ultimatum an Litauen zur Aufnahme diplomatischer Beziehungen – Neutralitätserklärung der drei baltischen Staaten
1939	22. März: Abtretung des Memelgebiets an Deutschland – 23. August: Hitler-Stalin-Pakt und Geheimes Zusatzprotokoll – September/Oktober: Beistandspakte zwischen der Sowjetunion und den baltischen Staaten – Oktober/November: Errichtung sowjetischer Militärstützpunkte – 6. Oktober: Aufruf Hitlers zur Umsiedlung der Deutschbalten
1940	Juni: Ultimaten der Sowjetunion – August: Einmarsch sowjetischer Truppen, Regierungsumbildungen, Annexion, Beginn der Sowjetisierung
1941	Juni: Massendeportationen
1941–44	Deutsche Okkupation der baltischen Staaten

1944/45	Sowjetisierung und Massendeportationen
1944–53	Stalinistische Repressalien und bewaffneter Widerstand
1949	25. März: Massendeportationen
1953	Nationalkommunistische Bestrebungen in Lettland nach Stalins Tod
1964	Ende der »Tauwetterperiode«
1968	Zentralisierung nach dem »Prager Frühling«
1972	Antisowjetische Kundgebungen in Kaunas – Wachsende Dissidententätigkeit
1978	Erneute Russifizierung – Prozesse gegen Oppositionelle in den folgenden Jahren
1986–88	Beginn der Freiheitsbewegungen
1988	Oktober: Gründung der sog. »Volksfronten« in den baltischen Republiken
1989	23. August: Menschenkette von Tallinn über Riga nach Vilnius
1990	11. März: Selbstständigkeitserklärung Litauens
1991	13. Januar: Erstürmung des Fernsehturms in Vilnius durch sowjetische OMON-Truppen, 13 Menschen werden getötet – 20. Januar: Erstürmung des Innenministeriums in Riga; fünf Menschen werden getötet – 9. Februar/3. März: Referenden ergeben in allen drei Staaten deutliche Mehrheiten für die Unabhängigkeit – 19. August: Putsch in Moskau; Besetzung strategisch wichtiger Punkte im Baltikum durch sowjetische Truppen – 20. August: Selbstständigkeitserklärung Estlands – 21. August: Selbstständigkeitserklärung Lettlands – 6. September: Anerkennung der Unabhängigkeit der baltischen Staaten durch die Sowjetunion – 10. September: Einstimmige Aufnahme der drei baltischen Staaten in die KSZE – 17. September: Aufnahme Estlands, Lettlands und Litauens in die UNO
1993	Papstbesuch in Litauen
1993–94	Rückzug der russischen Truppen aus den baltischen Staaten
1994	Nachbarschaftsvertrag zwischen Litauen und Polen
1995	Assoziierungsabkommen der baltischen Staaten mit der EU
1997	Grenzvertrag zwischen Litauen und Russland
1998	1. Januar: Beginn der Beitrittsverhandlungen Estlands mit der EU – 4. Januar: Exillitauer Valdas Adamkus zum Präsidenten gewählt – Januar: Unterzeichnung der »Baltic Charta« in Washington zur Unterstützung des Integrationsprozesses der baltischen Staaten in transatlantische Strukturen – Oktober: Referendum erleichtert den Erwerb der lettischen Staatsbürgerschaft
1999	März: Wahl des estnischen Staatspräsidenten Lennart Meri zum »Europäer des Jahres« in Paris – Mai: letzte Auslandsreise seiner Amtszeit führt Bundespräsident Roman Herzog nach Litauen und Lettland – Juli: Wahl der Psychologie-Professorin

Vaira Vike-Freiberga aus Montreal zur Staatspräsidentin Lettlands – 21. Oktober: Räumung der Radarfrühwarnanlage Skrunda, endgültiger Abzug russischen Militärs aus Lettland

2000 Präsident Putins »Sicherheitskonzept« Russlands erweckt Befürchtungen in den baltischen Staaten – März: Offizielles Regierungsprogramm »Die Integration in der estnischen Gesellschaft, 2000–2007« – April: Staatspräsidenten der drei baltischen Länder bekräftigen in Vilnius ihre Forderung nach Aufnahme in die NATO – Juni: Gerhard Schröder besucht als erster deutscher Bundeskanzler die baltischen Staaten – 16./17. Oktober: Internationale wissenschaftliche Konferenz zur Erforschung des Holocaust in Lettland mit Eröffnungsansprache der Staatspräsidentin Vike-Freiberga – 7. November: Staatsbankett für Präsident Meri anlässlich seines viertägigen Deutschlandbesuches im Berliner Schloss Bellevue

2001 1. Januar: Beginn der EU-Ratspräsidentschaft Schwedens, das die Beitrittsverhandlungen mit den baltischen Staaten beschleunigen will – 800-Jahr-Feier der Stadt Riga

Biografien

Adamkus, Valdas
Amtierender Präsident Litauens (* 3. Nov. 1926 Kaunas). Gymnasium in Kaunas. 1944 Beteiligung am Kampf gegen die Rote Armee. Emigration in die USA und Ingenieurstätigkeit. Initiierte zahlreiche Protestaktionen und Petitionen gegen die Okkupation Litauens. Aktives Mitglied der Republikanischen Partei in den USA. Als Honorarprofessor der Universitäten von Indiana und Illinois organisierte A. die Kooperation mit der Universität Vilnius, deren Ehrendoktor er 1989 wurde. Vereinigte in den Parlamentswahlen 1996 einen Block moderater Rechtsparteien. 1997 von der Zentrums-Union für den Stadtrat von Šiauliai nominiert, im Januar 1998 zum Präsidenten Litauens gewählt.

Albert I. von Bekeshovede (Buxhoevden)
Erster Bischof von Riga (um 1165 bei Bremen – 17. Jan. 1229 Riga). Bremer Domherr, 1199 in Bremen zum Missionsbischof von Livland geweiht. Bemüht um Unterstützung des Königs von Dänemark, des deutschen Königs und des Papstes, der die Livlandfahrt der Wallfahrt nach Rom und später der Kreuzfahrt ins Heilige Land gleichstellte. Frühjahr 1200 Fahrt mit Kreuzfahrerheer auf 23 Schiffen an die Dünamündung, wo A. 1201 Riga gründete. Belehnung der Vasallen mit Ländereien und Burgen. Sein Stellvertreter Theoderich begründete 1202 den Schwertbrüderorden (rotes

Schwert auf weißem Mantel). A. selbst legte vierzehnmal die Fahrt von Riga nach Lübeck zurück. 1207 empfing er Livland als Mark des Reiches von König Philipp zu Lehen. 1215 beim Laterankonzil in Rom. 1217 Sieg über die Esten in offener Feldschlacht, 1219 musste A. aber König Waldemar II. von Dänemark zu Hilfe rufen in der Schlacht bei Reval. 1224 Erstürmung des von Esten und Russen verteidigten Dorpat, 1227 Feldzug gegen die Inselesten.

Baer, Karl Ernst von
Biologe (17. Febr. 1792 Gut Piep/Estland – 16. Nov. 1876 Dorpat). Nach dem Besuch der Revaler Domschule ab 1810 Medizinstudium in Dorpat, über Wien, Würzburg und Berlin nach Königsberg, 1817 dort Privatdozent, dann Professor für Zoologie und Naturgeschichte, Entdecker der Eizelle der Säugetiere und Menschen, ab 1834 Mitglied der Akademie der Wissenschaften in St. Petersburg, Prof. der vergleichenden Anatomie und Physiologie, geografische Exkursionen und Publikation naturphilosophischer Werke. Ab 1867 wissenschaftliche Tätigkeit in Dorpat. Sein letztes Wohnhaus heute Museum, seit 1976 Gedächtnisausstellung, Denkmal auf dem Domberg, Porträt auf heutigem estnischem 2-Kronen-Schein.

Basanavičius, Jonas
Litauischer Politiker (23. Nov. 1851 Ožkabaliai/SW-Litauen – 16. Febr. 1927 Vilnius). Sohn eines wohlhabenden Bauern aus der Suwalkia, während des Moskauer Medizinstudiums in den 1870er-Jahren zentrale Persönlichkeit junger Litauer als Kern der litauischen Nationalbewegung. Herausgabe der Zeitung »Aušra« [Morgenröte], die später in Ragnit und Tilsit, seit 1883 als Monatsschrift unter Beteiligung zahlreicher Autoren erschien und das Ideengut der litauischen Nationalbewegung verbreitete. Nach Abschluss des Studiums zunächst Arzt in Prag und Krankenhausdirektor in Bulgarien. 1904 Rückkehr nach Litauen, wissenschaftliche Arbeit über Probleme der Lituanistik. Nach Aufhebung des Druckverbotes litauischer Bücher (1904) 1907 Gründung der »Litauischen Gelehrten Gesellschaft« in Wilna, die bis 1915 auf 659 (auch auswärtige) Mitglieder anwuchs. Veröffentlichung zahlreicher Sammlungen von Folkloretexten. B. redigierte bis 1926 die seit 1907 in Wilna erscheinenden Bände des Publikationsorgans der Gesellschaft, »Litauisches Volk«. Sammelte bereits seit 1865 Volkslieder. Um die Jahrhundertwende Publikation der wichtigsten Sammlung litauischer Märchen in sieben umfangreichen Bänden in den USA.

Biron, Ernst Johann Graf
Herzog von Kurland (23. Nov. 1690 Kalnzeem [Kalnciems]/Kurland – 29. Dez. 1772 Mitau [Jelgava]). Studium in Königsberg. In Mitau Sekretär der Witwe des Herzogs Friedrich Wilhelm von Kurland, Anna. 1723 Kammerjunker, 1725 Kammerherr, 1727 Oberhofmeister. Folgte der Zarin Anna

Ivanovna (1730–40) als Günstling nach Moskau und St. Petersburg. Mit ihrer Thronbesteigung 1730 Grafentitel und Ernennung zum Oberkammerherrn. 1730–40 eigentlicher Machthaber in Russland mit Hilfe der so genannten »deutschen Partei« am Hofe. Gewann im Türkenkrieg (1736–39) Azov und behauptete im polnischen Thronfolgekrieg den russischen Einfluss in Polen. Verhasst beim russischen Hochadel. Kauf der Herrschaft Wartenberg (Schlesien) 1734 und Ruhenthals (→Rundāle) 1735. 1737 Herzog von Kurland und Semgallen, Bau des Mitauer Schlosses und der Sommerresidenz Ruhenthal unter Leitung Rastrellis. Nach dem Tod der Zarin im Oktober/November 1740 Regent von Russland; Absetzung und Haft in Schlüsselburg, Verurteilung zum Tode, schließlich Verbannung. Seit 1763 wieder Herzog, Vollendung der Bauvorhaben. 1769 Abdankung.

Brazauskas, Algirdas
Litauischer Politiker und Staatsmann (* 22. Sept. 1932 Rokiškyje/ Litauen). Ingenieur und promovierter Volkswirtschaftler. 1966–77 stellvertretender Vorsitzender der Staatlichen Planungskommission, anschließend Sekretär für wirtschaftliche Angelegenheiten im Zentralkomitee, 1988–90 Erster Sekretär der KP Litauens, 1989–90 Vorsitzender des Obersten Rates. Löste im Dezember 1989 die litauische KP als Erste von der KPdSU. Im März 1990 von der Mehrheit der Sajudis zugunsten von Vytautas →Landsbergis als Parlamentspräsident abgewählt, dennoch sehr populär wegen seines Kampfes als Parteivorsitzender für die Unabhängigkeit Litauens gegenüber Moskau. Ab 1990 Vorsitzender der aus der unabhängigen Kommunistischen Partei Litauens hervorgegangenen Litauischen Demokratischen Partei der Arbeit (*Lietuvos Demokratine Darbo Partija = LDDP*) in Opposition zur Regierung der Sajudis. Nach dem Wahlsieg der LDDP in den Parlamentswahlen vom Oktober 1992 wurde B. am 14. 2. 1993 zum Präsidenten gewählt und 1998 in diesem Amt von Valdas →Adamkus abgelöst. Seit Juli 2001 Ministerpräsident.

Čiurlionis, Mikolajus Konstantinas
Litauischer Komponist und Maler (22. Sept. 1875 Varena/Litauen – 10. April 1911 Pustelnik bei Warschau). 1889–94 Orchesterschule in Plunge, dann Konservatorien in Warschau und Leipzig. Komponist des Meisterwerks »Jura« (Das Meer). 1904 Warschauer Kunstschule, bis 1906 Zyklen »Tvanas« (Sintflut) und »Pasaulio sutverimas« (Weltschöpfung). 1907 bis 1909 »Sonatenzyklen« als seine reifsten Arbeiten. Museum in Druskininkai.

Donelaitis, Kristijonas (Donalitius, Christian)
Litauischer Dichter (1. Jan. 1714 Lasdinehlen/Mitschurino bei Gumbinnen in Preußisch-Litauen – 18. Febr. 1780 Tolmingkehmen/Čistye Prudybei Gumbinnen). Sohn eines litauischen Freibauern, Bürgerschule und

1736–40 Studium der Theologie in Königsberg, Hauslehrer, Kantor und 1742 Rektor in Stallupönen (Nesterow), ab 1743 Pastor in Tolmingkehmen (Čistye Prudy). Erster bedeutender Dichter litauischer Sprache, Schöpfer der litauischen Kunstpoesie. Begründer der litauischen Literatur mit sechs Fabeln und vier epischen Gesängen über die »Metai« (Jahreszeiten).

Fölkersahm, Hamilkar Baron von
Livländischer Landespolitiker (6. Jan. 1811 Mitau/Jelgava – 19. Mai 1856 Riga). Gouvernementsgymnasium Riga, 1829 stud. phil. in Berlin, setzte 1842 als Führer der liberalen Partei in der livländischen Ritterschaft die grundsätzliche Anerkennung des Rechts der Bauern auf Nutzung des Bauernlandes durch, 1843–45 in Deutschland, 1847–48 und 1851–56 livländischer Landrat, 1848–51 livländischer Landmarschall, Agrarreformer, Schöpfer der livländischen »Agrar- und Bauernverordnung« von 1849 mit dem Ziel der Bildung bäuerlichen Grundeigentums. Auf Grund seiner Reformpolitik als »der livländische Mirabeau« bezeichnet (J. Eckardt).

Gediminas (Gedimin)
Großfürst von Litauen (um 1275–1341). Fürst 1315–1341, einigte das Reich und verlegte 1322/23 die Residenz von Trakai nach Wilna. Unter ihm und seinen Söhnen Expansion durch Unterwerfung russischer Fürstentümer. Seine Tochter Anna, seit 1325 mit dem polnischen Thronerben Kasimir (III.) verheiratet, wurde 1333 Königin. G.s Innenpolitik von weitgehender politischer und religiöser Toleranz gekennzeichnet vor allem bei den ostslawischen Untertanen und den ins Land geholten Deutschen. Wegen der orthodoxen Bevölkerungsteile und der fortdauernden Gegnerschaft zum Deutschen Orden, der seine »Litauerreisen« nicht einstellte, nahm G. nicht das abendländische Christentum an. 1338 dennoch Handelsvertrag mit dem livländischen Ordenszweig. Bei seinem Tode hinterließ er ein innerlich gefestigtes und von den Nachbarn als bedeutende Macht anerkanntes Großfürstentum Litauen.

Gorbunovs, Anatolijs
Lettischer Politiker (* 10. Febr. 1942 Pilda bei Daugavpils). Sohn einer lettgallischen Bauernfamilie, 1980–85 Parteisekretär in Riga, Verbindung zur reformerischen Intelligenz. 1985–88 Sekretär des Zentralkomitees, 1988 Vorsitzender des Höchsten Rates und Staatsoberhaupt. Nach dem Wahlsieg der Volksfront weiterhin in diesem Amt. G. blieb populär bei Letten und Russen trotz seiner bis 1992 andauernden gemäßigten Politik in der Bürgerrechtsfrage der russischen Immigranten. Schloss sich 1993 der neu gebildeten Mitte-Rechts-Partei »Lettlands Weg« an.

Hupel, August Wilhelm
Geistlicher und Schriftsteller (25. Febr. 1737 Buttelstedt/Thüringen – 6. Jan. 1819 Weißenstein/Estland). 1748–54 Gymnasium in Weimar, 1754–57

stud. theol. in Jena, anschließend Hauslehrer und Pastor in Riga und Oberpahlen, Publizist. Verdient um soziale Fürsorge und estnisches Landschulwesen, vielseitiger Sammler und Schriftsteller wertvoller Stoffsammlungen, 1802 Dr. phil., 1818 Dr. theol. der Universität Dorpat. Hauptwerke: »Topographische Nachrichten von Lief- und Ehstland«, 3 Bde. 1774–82; »(Neue) Nordische Miscellaneen« 1781–1198.

Hurt, Jakob
Estnischer Schriftsteller (22. Juli 1839 Vana-Koiola/Alt-Koiküll-Kirrumpäh – 13. Jan. 1907 St. Petersburg). Estnischer Pastor, Schriftsteller und Maler, bedeutender Sammler, Organisator und Herausgeber estnischer Volksliedtexte, führend in der estnischen nationalen Bewegung.

Kettler, Gotthard
Livländischer Ordensmeister, Herzog von Kurland (1517 Burg Eggeringhausen bei Mellrich/Westfalen – 17. Mai 1587 Mitau). Aus niederem westfälischen Adel stammend, seit ca. 1537 in Livland, nach Eintritt in den Orden 1551/52 Ordensschaffer in Wenden, 1554 Komtur von Dünaburg, 1558 von Fellin und zugleich Koadjutor des Ordensmeisters, letzter livländischer Ordensmeister 1559–1562, 1560 schwere Niederlage des Ordens bei Ermes gegen die Russen, 28. 11. 1561 Unterzeichnung der »Pacta subjectionis« (Unterwerfungsvertrag) in Wilna (am 5. 3. 1562 in Riga), erster Herzog von Kurland und Semgallen 1562–1587. Aufbau einer neuen Verwaltung, der lutherischen Kirchenorganisation und des Schulwesens.

Kettler, Jakob
(28. Okt./7.Nov. 1610 Goldingen – 1. Jan. 1682 Mitau). Herzog von Kurland und Semgallen 1642–1676, Schwager Friedrich Wilhelms von Brandenburg, führte Kurland mit einer Handels- und Kriegsflotte und merkantilistischer Wirtschaftspolitik zur Blüte, gründete Kolonien (1651 Gambia, 1654 Tobago). 1654 Reichsfürstentitel.

Keyserling, Alexander Graf von
Naturforscher und Landespolitiker (15. Aug. 1815 Kabillen/Kurland – 8. Mai 1891 Rayküll/Estland). Nach häuslichem Unterricht erst Jura-, dann naturwissenschaftliches Studium in Berlin, Freund von Otto von Bismarck. 1842 Dr. phil., 1841–43 mehrere Expeditionen in Russland, Estländischer Ritterschaftshauptmann 1857–1862, Kurator des Dorpater Lehrbezirks und damit der Universität Dorpat 1862–69, Abschied nach der »Livländischen Antwort« von Carl →Schirren. Vielseitig begabter Gelehrter, bedeutend als Morphologe und Paläontologe.

Kreutzwald, Friedrich Reinhold
Estnischer Arzt, Schriftsteller und Folkloreforscher (26. Dez. 1803 Jömper/Jõepere – 25. Aug. 1882 Dorpat/Tartu). Sohn eines estnischen Schusters,

Volksschullehrer in Reval, seit 1824 Lehrer und Hauslehrer in St. Petersburg, 1825 dort Abitur und Medizinstudium, 1826–31 in Dorpat, 1833–77 Stadtarzt in Werro, anschließend wieder in Dorpat. Aufsätze zu Tagesereignissen, estnischem Brauchtum und Aberglauben in deutscher Sprache, seit 1840 estnische populärwissenschaftliche und belletristische Prosatexte, Übersetzungen, Gedichte, Sammlung von Folkloretexten. Hauptwerke: »Eestirahwa ennemuistesed jutud« [Märchen des estnischen Volkes], 1866 mit teils erfundenen Kunstmärchen unter Verwendung volkstümlicher und literarischer Motive; Kunstepos »Kalevipoeg« [Sohn des Kalev], erschienen 1857–61. In Fortsetzung der Sammelarbeit von Friedrich Robert Faehlmann (1798–1850) schrieb K. nach dessen Tod erst 12 Gesänge des »Ur-Kalevipoeg« (1853), den er später zum Versepos von 20 Gesängen erweiterte. In eigenem archaisierenden Stil des estnischen Volkslieds Formung der Figuren zu Symbolgestalten nationaler Kraft für ein freies Estland. Entscheidende Bedeutung des Werks für die Stärkung des estnischen nationalen Selbstbewusstseins und der nationalen Identität.

Kross, Jaan
Estnischer Schriftsteller (* 19. Febr. 1920 Tallinn). Nach Besuch einer Privatschule seit 1938 Jura-Studium an der Universität Tartu. 1941 Studie über den ersten estnischsprachigen Dichter Kristjan Jaak Peterson als frühen Kulturrevolutionär. April 1944 Verhaftung durch die deutsche Okkupationsmacht, dann knapp zwei Jahre Dozent und Doktorand an der Universität Tartu. 1946 erneut verhaftet, deportiert und 1947–54 verbannt. Nach der Rückkehr zunächst Übersetzungsarbeiten, in der sog. Tauwetterperiode mit fünf Gedichtbänden 1958–69 Wegbereiter der modernen Lyrik in Sowjetestland. 1970 Wechsel zur Prosa. Seine historischen Novellen und Romane spielen überwiegend im Estland des 16.–19. Jhs. und haben Esten zu Hauptpersonen, deren nationale Identität auf Grund intensiven historischen Quellenstudiums thematisiert wird. Neben dieser Bestärkung des nationalen Selbstbewusstseins ist in aktuellem Gegenwartsbezug der Konflikt zwischen Anpassung und Auflehnung und der daraus zum Überleben notwendige Kompromiss beherrschendes Thema in seiner Prosa. K. gehört zu den bedeutendsten estnischen Erzählern des 20. Jhs. Seine Werke sind in mehrere Sprachen übersetzt, auf Deutsch liegen – zum Teil in mehreren Ausgaben – vor allem die historischen Novellen »Vier Monologe Anno Domini 1505« vor, der Erzählungsband »Die Verschwörung« sowie die Romane »Das Leben des Balthasar Rüssow«, »Der Verrückte des Zaren«, »Professor Martens´ Abreise«, »Ausgrabungen« sowie jüngst »Die Frauen von Wesenberg oder Der Aufstand der Bürger«.

Landsbergis, Vytautas
Litauischer Politiker und Staatsmann (* 18. Okt. 1932 Kaunas). Sohn einer Intellektuellen-Familie, die mit der litauischen nationalen Bewegung seit

deren Beginn im 19. Jh. verbunden war. Pianist und Professor an der Musikhochschule Vilnius. Im November 1988 Wahl zum Vorsitzenden der Sajudis, im März 1990 zum Vorsitzenden des Obersten Rates (de facto Staatsoberhaupt), der die Loslösung Litauens von der Sowjetunion beschloss und durchsetzte. Führer des 1993 aus dem Rest der Sajudis-Bewegung hervorgegangenen konservativen Blocks der Heimatunion (*Tevyes Sajunga*), galt bei vielen im Westen als Symbol des litauischen Freiheitskampfes. Ging nach der schweren Niederlage gegen die LDDP in den Parlamentswahlen vom Oktober 1992 in die Opposition, siegte in den Wahlen vom 10.11.1996 wieder und erlitt am 8.10.2000 eine erneute Niederlage, die zu seiner Ablösung als Parlamentspräsident führte.

Maironis (= Jonas Maculevičius-Mačiulis)
Litauischer Schriftsteller und Theologe (2. Nov. 1862 Pasandravys bei Raseiniai – 28. Juni 1932 Kaunas). Besuch des russischen Gymnasiums in Kowno (Kaunas), Studium der Literatur in Kiev und der Theologie in St. Petersburg. 1909 Rektor des Theologischen Seminars in Kowno, lehrte Theologie und Literatur. Seine Gedichte erschienen überwiegend im preußischen Tilsit (Sovjetsk) und behandelten die große Vergangenheit Litauens. Bedeutend für die Entwicklung des litauischen Nationalbewusstseins.

Maurina, Zenta
Lettische Schriftstellerin (14. Dez. 1897 Lejasciems – 25. April 1978 Basel). Tochter aus einer lettisch-deutschen Ehe, mit fünf Jahren Erkrankung an Kinderlähmung, seitdem an einen Rollstuhl gebunden. Studium der Literatur und Philosophie in Heidelberg und 1938 Promotion als erste Frau an der Universität Riga zur Dr. phil., Gründung und Leitung der ersten Volkshochschule in Lettland. 1944 Flucht mit ihrem Lebensgefährten, dem Schriftsteller Konstantin Raudive, nach Deutschland, 1946 Emigration nach Schweden, Gastdozentin an der Universität Uppsala. M. lebte seit 1965 im Schwarzwald und symbolisierte einen beständigen Brückenschlag zwischen den Kulturen und Literaturen Nordosteuropas. Das umfangreiche Werk auf Lettisch und Deutsch in mehrere Sprachen übersetzt, zahlreiche Preise und Auszeichnungen. M. befasste sich vorwiegend mit dem Thema der inneren zwischenmenschlichen Beziehungen und dem Sinn des Lebens. Neben Essays wie »Verfremdung und Freundschaft« oder »Geliebtes Leben – Gelebtes Leben« weite Verbreitung besonders der autobiografischen Trilogie »Die weite Fahrt«, »Denn das Wagnis ist schön« und »Die eisernen Riegel zerbrechen«. Das Werk »Mosaik des Herzens« erfuhr insgesamt 16 Auflagen.

Meri, Lennart
Estnischer Politiker und Staatsmann (* 29. März 1929 Reval/Tallinn). Sohn eines estnischen Diplomaten und Schriftstellers, 1935–39 Schulbesuch in

Berlin, Paris und Tallinn, 1941–44 Deportation nach Sibirien, 1948–53 Studium der Sprachen und Geschichte in Tartu, 1963 Mitglied des estnischen Schriftstellerverbandes. Publikationen über Expeditionen nach Sibirien, den Fernen Osten und in die Arktis, Übersetzungen seiner Werke in über zehn Sprachen, preisgekrönte Filme über das Schicksal der finno-ugrischen Völker, umfassende Übersetzungstätigkeit aus fünf Sprachen, 1986 Ehrendoktor der Universität Helsinki. In den 1980er-Jahren aktiv in der »Volksfront«, 1990–92 erster Außenminister nach der Wiedererringung der Unabhängigkeit, führende Rolle bei der Wiederbelebung des »Baltischen Rates«, April 1992 Botschafter in Finnland, seit Oktober 1992 Präsident, nach Wiederwahl 1996 in zweiter Amtsperiode. 1996 Europapreis, Träger zahlreicher weiterer Auszeichnungen. – »A charming and deeply cultured man, but impulsive« (Lieven).

Merkel, Garlieb
Deutschbaltischer Schriftsteller (21. Okt. 1769 Loddiger/Livland) – 27. Apr. 1850 Depkinshof bei Riga). Sohn eines livländischen Pastors, der 1770 wegen groben Missbrauchs der Hauszucht zur Abdankung verurteilt wurde. Domschule zu Riga, Hauslehrer, Mitglied aufklärerischer Kreise in Riga, Publizist. Weit reichende Wirkung der 1796 in Leipzig erschienenen Streitschrift »Die Letten vorzüglich in Liefland am Ende des philosophischen Jahrhunderts«. Die schonungslose Darstellung der livländischen Zustände wurde zum Leittext für die Aufhebung der Leibeigenschaft und die Verbesserung der Lage der Bauern. M.s Schriften bereiten die Bauernbefreiung von 1816–19 mit vor. Frontstellung gegen Adel und Pastorenschaft. In Erzählungen und Romanen neben dem dominierenden aufklärerischen Engagement eine idyllisierende Darstellung des Lebens und Brauchtums der einfachen Landbevölkerung.

Mindaugas (Mindowe)
Litauischer Fürst (um 1240 – 5. Aug. 1263). Konversion zum Christentum 1253, vom Papst verliehenes Königtum, 1262 Abfall vom Orden, nach seiner Ermordung 1263 Ende des christlichen litauischen Königreiches, politische Zersplitterung.

Päts, Konstantin
Estnischer Politiker und Staatsmann (23. Febr. 1874 Tahkuranna/Tackerort) – 18. Jan. 1956 Buraševo/Kaliningr. Oblast). Schulbesuch des Bauernsohns in Pernau, Jurastudium, in Tallinn Rechtsanwalt. Herausgeber der Zeitung »Teataja« [Bote]. Nach Teilnahme an der Revolution von 1905 Flucht in die Schweiz. 1917/18 Führungspersönlichkeit der Unabhängigkeitsbewegung. Sechsmal Staatsältester bzw. Ministerpräsident, zuletzt 1933–1938. Führte 1934 autoritäre Regierung in Estland ein. Staatspräsident 1938–1940. Am 30.7.1940 Deportation nach Ufa am Ural, Leidensweg durch sowjetische Gefängnisse, Lager und psychiatrische Kliniken. 1989 wurde ein Gedenkstein in seinem Geburtsort errichtet.

Patkul, Johann Reinhold von
Livländischer Politiker (25. Juli 1660 Stockholm – 11. Okt. 1707 Casimierz bei Posen). Hausunterricht und Bildungsreisen, Studium u. a. in Kiel, Kapitän bei der schwedischen Garnison in Riga, 1690 livländischer Deputierter am schwedischen Hof bei den Auseinandersetzungen um die Reduktionen, 1692 Verfasser der Supplik, bei Anklage Flucht aus Stockholm, erfolglose Belagerung Rigas 1700, Übertritt in russische Dienste, als Gesandter des Zaren bei Verhandlungen von König August verhaftet, an Karl XII. von Schweden ausgeliefert und am 11. Oktober 1707 in Casimierz bei Posen auf dessen Befehl hingerichtet. Historische Urteile über Patkul schwanken von skrupellosem politischem Routinier bis zur Verkörperung ständischer Eigenständigkeit im Kampf zwischen absolutem Fürstenstaat und ständischem Landesstaat.

Plettenberg, Wolter von
Livländischer Ordensmeister (um 1450 Burg Meyerich bei Soest – 28. Febr. 1535 Wenden). Entstammte einem westfälischen Adelsgeschlecht, mit 14 Jahren Ordensmitglied, Ausbildung auf der Hermannsfeste in Narva, Dienst in verschiedenen Ämtern auf weiteren Ordensburgen, 1482–88 einer von 20 »Gebietigern« des Ordens, 1489 als Landmarschall mit Sitz in Segewold oberster Befehlshaber der Streitkräfte des Ordens, besiegte 1491 die Truppen Rigas. Livländischer Deutschordensmeister 1494 in Wenden, diplomatische Verhandlungen mit Novgorod und Moskau, 1501 Präventivkrieg gegen Ivan III.; dem Sieg in der Schlacht am Smolina-See 1502 folgt jahrzehntelange Friedensperiode, 1525 Alleinherrscher über Riga auf das Angebot der Stadt hin, lehnte 1526 die Umwandlung des Ordenslandes nach preußischem Vorbild in ein weltliches Herzogtum unter seiner Führung ab. 1526 Aufnahme in den Reichsfürstenstand, 1530 Belehnung auf dem Augsburger Reichstag mit den Regalien für Livland. Ermöglichte in seinen 41 Regierungsjahren durch die lange Friedenszeit eine wirtschaftliche und kulturelle Blüte des Landes. Schuf die Voraussetzungen zur Verbreitung der Reformation in Livland, blieb aber selbst dem alten Glauben treu.

Poska, Jaan (Ivan)
Estnischer Politiker (24. Jan. 1866 Laiuse/Lais) – 7. März 1920 Tallinn). Stadthaupt (= Oberbürgermeister) von Reval (Tallinn). 1917 Gouvernementskommissar nach Zusammenlegung Estlands und Nordlivlands, nach der Oktoberrevolution seines Amtes enthoben. Außenminister Estlands 1918/19.

Rainis, Jānis (eigent.: Jānis Pliekšāns)
Lettischer Schriftsteller (11. Sept. 1865 Tadenava – 12. Sept. 1929 Majori). Nach Jurastudium in St. Petersburg publizierte R. neben seiner Tätigkeit am Wilnaer Gericht seit 1887 Beiträge zur lettischen Volksdichtung und

Literatur im sozialdemokratischen Blatt der »Neuen Strömung«, 1888 zusammen mit Peteris Stučka satirische Gedichte gegen die Bourgeoisie. Erster Gedichtband 1903 nach einer Verbannung in die Provinz, wo er Werke der Weltliteratur – u.a. Goethes »Faust« – ins Lettische übersetzte. In der Lyrik wechselnde Themen und Gestaltungsweisen mit märchenhaften, mythischen und sozialkritischen bis satirischen Elementen mit zunehmender Hinwendung zu Gedankenlyrik und prägnantem Aphorismus. 1905–20 Emigration in die Schweiz mit der Lebensgefährtin Aspazija, 1921–25 Direktor des Nationaltheaters in Riga, 1926–28 Bildungsminister Lettlands. Bereits zu Lebzeiten unumstrittener Klassiker der lettischen Literatur. Am bekanntesten das Versdrama »Uguns un nakts« [Feuer und Nacht] von 1905, urprünglich als Opernlibretto konzipiert und 1913–19 vertont, dessen Stoff dem nationalen Epos »Lāčplesis« entnommen und zum symbolistischen Drama umgestaltet wurde. Das Drama beeinflusste wesentlich die nationale Bewegung seiner Zeit wie auch den späteren Kampf um Erhaltung und Wiedergewinnung der Selbstständigkeit Lettlands.

Schiemann, Paul
Deutschbaltischer Journalist und Politiker (17. März 1876 Mitau – 23. Juni 1944 Riga). Gymnasium in Mitau und 1895 in Elberfeld, Jurastudium an deutschen Universitäten, 1902 Promotion in Greifswald. Schriftleiter an der »Revalschen Zeitung«, Theaterkritiker und Mitbegründer der Estländischen Konstitutionellen Partei, 1907 Redakteur an der »Rigasche Rundschau«, 1919 Hauptschriftleiter. 1920–25 Rigaer Stadtverordneter, Mitglied der Konstituante und aller vier lettländischen Parlamente, in denen S. die deutschbaltische Fraktion und zeitweilig einen Minoritätenblock führte. Der Versuch einer konsequenten Trennung national-kultureller Belange von allgemein-staatlichen in seiner Theorie vom »anationalen Staat« fand zwar keine uneingeschränkte Anerkennung, bestimmte aber die zeitgenössische Theoriediskussion. Ab 1925 war S. Vorstandsmitglied der Europäischen Nationalitätenkongresse. 1933 Verdrängung aus der Redaktion der »Rigaschen Rundschau«, Ausscheiden aus der Fraktion. Als liberaler Demokrat und Gegner totalitärer Systeme geriet S. Ende der 30er-Jahre zwischen die Fronten und nahm an den Umsiedlungen 1939 und 1941 nicht teil. Während der deutschen Okkupation beherbergte er jüdische Mitbürger, wofür er und seine Frau Lotte im Jahre 2000 mit der Aufnahme unter die Gerechten der Völker durch Yad Vashem geehrt wurden.

Schirren, Carl
Deutschbaltischer Historiker und Publizist (8. Nov. 1826 Riga – 11. Dez. 1910 Kiel). Geschichtsstudium in Dorpat, Lehrer und Dozent, 1860–63 Professor der Geografie, Ethnologie und Statistik, 1863–69 Prof. der russischen Geschichte in Dorpat; 1863–67 Dekan. Studienreisen nach Schweden, Deutschland und Russland. Seit 1862 öffentliche Vorträge über liv-

ländische Geschichte. Gründer und bis 1864 Chefredakteur des konservativen »Dorpater Tageblatts«. Seit 1864 Zensor für ausländische Bücher, Staatsrat. 1869 Veröffentlichung der leidenschaftlichen Kampfschrift »Livländische Antwort an Herrn Juri Samarin« als Symbol des deutschbaltischen Widerstandswillens gegen die Russifizierung. Emigration nach Deutschland. Seit 1874 Prof. für Mittlere und Neue Geschichte an der Universität Kiel. 1878 Rektor. 1895 preußischer Geheimer Regierungsrat.

Smetona, Antanas
Litauischer Politiker (10. Aug. 1874 bei Ukmerge – 9. Jan. 1944 Cleveland/Ohio). Schulzeit in Polangen, Mitau und St. Petersburg, dort Studium der Philosophie und Philologie. Während der Verbannung nach Vilnius Begründung der publizistischen Tätigkeit und des Grundstocks der späteren »Tautininkai« (Nationalisten) aus litauischen Intellektuellen. Präsident der Taryba 1917–1919, Staatspräsident Litauens 1919–1920 und nach dem Putsch von 1926 bis 1940. 1929 Konflikt mit Augustinas → Voldemaras. Durch mehrere Verfassungsänderungen Anwachsen der Rechte des Staatspräsidenten, Führerkult. Emigrierte 1940 in die USA.

Tammsaare, Anton Hansen (eigentl. Anton Hansen)
Estnischer Schriftsteller (30. Jan. 1878 Kreis Järvamaa – 1. März 1940 Tallinn). Sohn einer kinderreichen Bauernfamilie, Jurastudium in Dorpat, Journalist. Seit 1900 zahlreiche Prosaskizzen, Erzählungen und Novellen, 1908–1917 Anhänger des literarischen Impressionismus, 1921 Drama »Judith«, 1922 neorealistischer Kurzroman »Kõrboja peremess« [Der Bauer von Kõrboja] zum Neorealismus. 1926–1933 fünfbändiges Hauptwerk »Tõde ja Õigus« [Wahrheit und Recht] in der Tradition europäischer historischer Romane. Von Umfang (über 2000 Seiten) und Thematik das umfassendste Prosawerk der estnischen Literatur mit hervorstechenden Charakterzeichnungen. Dramatisierungen einzelner Teile 1959 und 1984 in Tallinn. Spätere Romane u.a. »Ma armastasin sakslast« [Ich liebte eine Deutsche] (1935); mit dem Drama »Kuningal on külm« [Dem König ist kalt] (1936) und dem Kurzroman »Põrgu-Põhja uus vanapagan« [Der alte neue Teufel aus dem Höllengrund] (1939) Vorwegnahme des absurden Theaters und des literarischen Existentialismus.

Tõnisson, Jaan
Estnischer Literat, Politiker und Staatsmann (22. Dez. 1868 Viljandi – Juli 1941 Tallinn). Nach Studium in Dorpat Jurist und Redakteur. Als Leiter der Dorpater Zeitung »Postimees« [Postbote] wichtige Persönlichkeit der estnischen nationalen Bewegung um die Jahrhundertwende. Repräsentant des gehobenen estnischen ländlichen und städtischen Besitzbürgertums. Staatsältester (Ministerpräsident) Estlands 1919– 1920, 1927–28, 1933. Deportiert von der Sowjetmacht.

Ulmanis, Kārlis

Lettischer Politiker und Staatsmann (4. Sept. 1877 Bauernhof Pikšas/Kreis Dobele, Zemgale – 20. Sept. 1942 Krasnovodsk/Turkmenistan). Bauernsohn; landwirtschaftliche Studien in Riga, Tapiau, Zürich und Leipzig. Während der Revolution von 1905 verhaftet und anschließend 1907–13 Exil in den USA; während des Ersten Weltkrieges in der Rigaer landwirtschaftlichen Zentralgenossenschaft tätig. 1917 Vorsitzender des Bauernbundes, 1918 erster Ministerpräsident Lettlands (mit kurzer Unterbrechung bis 1921). 1925 erfolglose Kandidatur zum Staatspräsidenten, im Dezember erneut Ministerpräsident; 1926 Außenminister; Ministerpräsident 1931 und 1934–1940, 1932–34 oft in Deutschland; 15. Mai 1934 Staatsstreich und autoritäre Regierung bis 1940, ab 1936 auch Staatspräsident. Am 22. Juli 1940 von den sowjetischen Behörden in den Kaukasus deportiert.

Vike-Freiberga, Vaira

Amtierende Staatspräsidentin Lettlands (* 1. Dez. 1937 Riga). Nach der Flucht Schulbesuch in Lübeck und Casablanca; Studium in Kanada (Abschlüsse als B.A., M.A. und Ph.D.). 1965 bis zur Emeritierung 1998 Psychologie-Professorin an der Universität von Montreal. Präsidentin mehrerer wissenschaftlicher Vereinigungen wie z.B. der Canadian Psychological Association, der Social Science Federation of Canada sowie der interdisziplinären Association for the Advancement of Baltic Studies (AABS) in den USA. Sie publizierte in mehreren Sprachen über Linguistik und Poetik lettischer Volkslieder. 1998 Direktorin des neu begründeten Lettischen Institus in Riga, im Juni 1999 zur ersten Präsidentin Lettlands gewählt, trat am 8. Juli dieses Amt als Nachfolgerin von Guntis Ulmanis an (Präsident Lettlands 1993–1999).

Voldemaras, Augustinas

Litauischer Politiker (16. Apr. 1883 Dysna/Kreis Tverecius/Litauen – 16. Dez. 1942 Moskau). Der begabte Bauernsohn studierte in St. Petersburg Klassische Philologie und Geschichte, Abschluss mit Auszeichnung. 1911 Habilitation, Prof. an der Universität Perm. 1917 politische Tätigkeit in St. Petersburg. Erster Ministerpräsident und Außenminister des unabhängigen Litauen 1918. V. gehörte mit Antanas →Smetona zum Kern der Nationalen Partei (Tautininkai). Prof. an der von ihm mit begründeten Universität Kaunas. Leitete als Ministerpräsident nach dem Putsch von 1926 sowohl die Innen- als auch die Außenpolitik Litauens. Im Dezember 1927 Auseinandersetzung mit Piłsudski in der Völkerbundratssitzung über die Wilna-Frage. September 1929 Verhaftung und Verbannung, nach einem gescheiterten Putschversuch seiner Anhänger 1934 erneute Verhaftung und Gefängnishaft, 1938 amnestiert und Exil in Südfrankreich. 1940 Rückkehr in die bereits von sowjetischen Truppen besetzte Heimat, Verhaftung und Deportation in die Sowjetunion. Starb im Moskauer Butyrka-Gefängnis. – Als »eine der widerspruchvollsten und umstrittensten Persönlichkeiten« der litauischen Politik bezeichnet (v. Rauch).

Vytautas (Witold) der Große
Litauischer Großfürst (um 1350 – 27. Okt. 1430 Trakai). 1383 Taufe. Unter seiner Herrschaft als Großfürst errang Litauen zwischen 1392 und 1430 die größte Ausdehnung bis zum Schwarzen Meer. 1410 siegte V. entscheidend in der Schlacht bei Tannenberg über den Deutschen Orden. Residierte in der auf einer Insel gelegenen Burg Trakai.

Historische Stätten und Landschaften

Alt-Livland
Während der Eroberung und Christianisierung seit Anfang des 13. Jahrhunderts durch Bischof →Albert und den Schwertbrüderorden ursprünglich »Marienland« (der hl. Jungfrau Maria geweiht), dann nach dem zuerst bezwungenen Volk der Liven benannt. Seit 1346 (Verkauf Dänisch-Estlands an den Deutschen Orden) bildete sich im Zusammenwirken des Deutschen Ordens, des Erzbischofs von Riga sowie der Bischöfe von Dorpat, Oesel-Wik und Kurland die so genannte »Livländische Konföderation«. Das Mittelalter Alt-Livlands ist gekennzeichnet durch zahlreiche Aufstände der einheimischen Völker, kriegerische Auseinandersetzungen zwischen dem Orden, dem Erzbischof und der Stadt Riga sowie durch Kämpfe mit den benachbarten Litauern und Russen. Nach dem Überfall des Großfürsten von Moskau, Ivans IV. (des »Schrecklichen«) auf Narva und Dorpat 1558 unterstellten sich die einzelnen Territorien bei ausbleibender militärischer Hilfe des Reiches verschiedenen anderen Mächten, die »Livländische Konföderation« zerbrach. Die Provinz Livland war im Norden (wie auch die Insel Oesel) von Esten besiedelt, in Südlivland lebten Letten und Reste der Liven.

Aukštaitija
Im Osten Litauens gelegener, 1974 begründeter und mit 30 000 Hektar größter Nationalpark des Landes mit Fichtenwäldern, Mooren und alten Dörfern in seenreicher Endmoränenlandschaft. Sehenswerte Holzkirche (18. Jh.) in Paluše am Lušis-See. In der nahen Bezirkshauptstadt Ignalina das einzige Kernkraftwerk des Baltikums.

Cēsis (Wenden)
Am Handelsweg zwischen Pskov, Novgorod und der Ostsee gelegen, 1206 erstmals erwähnt. Ursprünglich Burg und Siedlung der Letgalen, nach der

Eroberung durch den Orden später Mitglied der Hanse. 1577 sprengten sich die Verteidiger der Ordensburg in die Luft, um nicht in die Hände der russischen Belagerer zu fallen. Die Johanneskirche (1281–84) ist die älteste Basilika Lettlands außerhalb Rigas.

Druskininkai
Seit 1837 Kurort im Süden Litauens für Badekuren, Klimatherapie und Schlammbäder. 1890–1910 lebte hier der Maler und Komponist Nikolajus Konstantinas →Čiurlionis, dessen Wohnhaus seit 1963 Museum ist und dem 1975/76 anlässlich seines 100. Geburtstages der Čiurlionis-Weg (52 km Länge) mit 22 Holzsäulen und -figuren populärer litauischer Künstler gewidmet wurde.

Estland
Nach dem Zerfall →Alt-Livlands im 16. und der Eroberung durch Schweden Anfang des 17. Jhs. befand sich das gesamte estnische Siedlungsgebiet unter schwedischer Oberherrschaft, gehörte aber zu verschiedenen Provinzen. 1584 wurden Harrien und Wierland mit der Wiek und Jerwen zum Fürstentum (später Herzogtum) »Ehsten« vereinigt. Der Name Estland blieb somit den vier nördlichen Kreisen vorbehalten. Im Nordischen Krieg unterwarfen sich Reval und die Estländische Ritterschaft 1710 der russischen Herrschaft, es entstanden die Ostseeprovinzen des Zarenreiches Estland und Livland (Nordlivland von Esten bewohnt). Mit Gründung der Republik Estland (Eesti) wurde die bisherige Provinz Livland entlang der estnisch-lettischen Sprachgrenze geteilt (auch die Grenzstadt → Valga). Im Friedensvertrag von Tartu 1920 kamen die Stadt Narva, ein östlicher Grenzstreifen und das Petschurgebiet zu Estland. Durch Änderung der Verwaltungsgrenzen nach dem erzwungenen Anschluss an die UdSSR existiert heute ein bislang ungelöstes Grenzproblem mit Russland.

Haapsalu (Hapsal)
An der Südküste des Rigaer Meerbusens gelegener estnischer Kurort (Schlammbäder). 1265 Bischofssitz, 1279 Stadtrecht, im 16./17. Jh. wechselnde dänische, russische und schwedische Herrschaft. Bemerkenswert die bischöfliche Burg aus den 1370er-Jahren und das spätbarocke Rathaus (1767) sowie eine Bank aus Marmor zur Erinnerung an den Aufenthalt Peter Tschaikowskis 1867. – 16 km nordwestlich liegt die viertgrößte Insel Estlands **Wormsi (Worms)**, die lange von Schweden bewohnt war, mit einer Kirche aus dem Jahr 1632.

Hiumaa (Dagö)
Zweitgrößte Insel Estlands (vergleichbar mit Rügen) mit naturbelassenen Mooren, Sandgebieten und Kiefernwäldern. Der Leuchtturm von Kõpu (Baubeginn 1505) ist das älteste Bauwerk seiner Art im Ostseeraum. Sehenswerte Kirchen in dem von Schweden besiedelten Reigi (Ersterwäh-

nung 1470) und Pühalepa mit einzigartiger Spätrenaissance-Steinkanzel. Haus der Schriftstellerin Aino Kallas, die den Bewohnern Hiumaas ein literarisches Denkmal setzte.

Jelgava (Mitau)
1265 errichtete der Deutsche Orden das Schloss am Ufer der Lielupe (Kurländische Aa). 1573 Stadtrecht und zunächst vorübergehender, ab 1617 ständiger Sitz der Herzöge von Kurland. Erste Blütezeit unter Herzog →Jakob im 17. Jh., Anfang des 18. Jhs. Sitz der späteren Zarin Anna. 1798–1801 und 1804–07 Exil des französischen Thronfolgers Ludwig XVIII. in dem von Rastrelli 1738 errichteten Schloss. 1775 Beginn einer kulturellen Blütezeit mit Gründung der Academia Petrina durch Herzog Peter als erster akademischer Lehranstalt im lettischen Bereich. 1797 erstes Periodikum in lettischer Sprache, 1822 erste lettische Zeitung. 1801 Gouvernementshauptstadt. Fast völlige Zerstörung der Stadt im Zweiten Weltkrieg. – Sehenswert: Academia Petrina mit Stilelementen des Barock und Klassizismus; ferner das von Rastrelli zwischen 1738 und 1772 anstelle der alten Ordensburg erbaute Schloss als ehemalige Hauptresidenz des Grafen Biron mit 150 m langer Fassade und Paradetreppe, Innenräume in Spätbarock und Rokoko gestaltet, Restaurierung 1956–64, heute lettische Landwirtschaftsakademie; Stadtgut Villa Medem als klassizistischer Bau (1818).

Jūrmala (Riga-Strand)
Am Südufer der Rigaer Bucht gelegener Kurort mit 30 km langem, breitem Sandstrand, der mehrere im 19. Jh. entstandene Kurorte mit Sanatorien zusammenfasst wie Ķemeri (Schlammbäder) oder Majori. Ausgedehnte Dünen und Nadelwälder und das gemäßigte Seeklima machten Jūrmala zu einem beliebten Erholungsgebiet Rigas mit zahlreichen baugeschichtlich bedeutenden Sommerhäusern. Letzte Lebensstation des Dichters Jānis Rainis (Museum).

Kaunas (Kowno)
Am Zusammenfluss von Neris und Nemunas (Memel) gelegen, entstand hier im 13. Jh. eine Burg, die Stadt entwickelte sich im 14. Jh. unter Großfürst Vytautas (erste Erwähnung 1361), 1408 Magdeburger Stadtrecht, 1441–1532 Hansekontor, 1812 von Napoleonischen Truppen zerstört, 1920–40 provisorische Hauptstadt Litauens anstelle des polnisch besetzten Vilnius. Errichtung der ersten Universität mit litauischer Unterrichtssprache. Nach der deutschen Besetzung 1941 Ermordung von über 80 000 Menschen. 1972 erste Massendemonstration gegen sowjetische Herrschaft. – Sehenswert: Kathedrale (erbaut zwischen 1412 und dem 18. Jh.) mit spätbarocker Inneneinrichtung; Jesuitenkirche (seit 1666) und Jesuitenkloster, wo Adam Mikiewicz 1819–1829 als Lehrer wirkte; Kirche und Kloster des heiligen Georg (15.–16. Jh.) mit Kunstwerken

aus dem 17./18. Jh.; Vytautas-Kirche als für Litauen einmaliger Hallenbau mit Seitenkapellen. Gut erhaltener mittelalterlicher Stadtkern, die Burg (13.–16. Jh.) nur als Ruine erhalten, nach mehrmaligen Zerstörungen seit 1938 restauriert; Haus des Perkunas (um 1500) in nordischer Backsteingotik; Rathaus (1542–62) im 18. Jh. umgebaut mit Stilelementen der Gotik, Renaissance, des Barock und Klassizismus, wegen seines schlanken weißen Turms auch »Weißer Schwan« genannt. Im Musiktheater (1890–92) konstituierte sich 1920 das litauische Parlament.

Klaipėda (Memel)
Einziger Seehafen Litauens. Gründung der Burg 1252 durch den Orden, mehrfache Belagerung und Zerstörung durch die Litauer bis zur Mitte des 15. Jhs.; 1807/08 residierte das preußische Königspaar während des Napoleonischen Krieges in Memel. Ein Brand vernichtete 1857 einen Großteil der Stadt. Vor dem 1857 erbauten Theater befindet sich der Simon-Dach-Brunnen zu Ehren des 1605 hier geborenen Dichters (Volkslied »Ännchen von Tharau«), dessen 1910 enthüllte Bronzefigur im Zweiten Weltkrieg zerstört und 1990 als Nachbildung wieder aufgestellt wurde. Nach dem Ersten Weltkrieg zunächst von den Entente-Mächten verwaltet, fiel das Memelgebiet 1923 bis 1939 an Litauen, 1939 Rückgliederung an Deutschland. Im Zweiten Weltkrieg wurde die Stadt zu fast zwei Drittel zerstört. 1971–85 Rekonstruktion der Altstadt.

Kurland (Kurzeme)
1230 Unterwerfung der Kuren und Annahme des Christentums, 1234 Bistum Kurland (später nach dem Bischofssitz auch Stift Pilten genannt). Endgültige Eroberung durch den Deutschen Orden. 1561 wurde der letzte Ordensmeister Gotthard Kettler »in Livland Herzog von Kurland und Semgallen«. Wechselnde Herrschaften, Blüte des Herzogtums Kurland unter Jakob in der zweiten Hälfte des 17. Jhs. mit überseeischer Kolonialpolitik. Im 18. Jh. zunehmender russischer Einfluss, mit der dritten Teilung Polens 1795 Unterwerfung unter die Zarin Katharina II. Kurland und Pilten nun als Provinz Kurland die dritte der Ostseeprovinzen Russlands. Bildete nach der Staatsgründung 1918 mit Südlivland die Republik Latvija (Lettland).

Latgale (Lettgallen)
Bis 1772 als (Polnisch-Livland) zum polnischen Herrschaftsbereich gehörend, bis heute im Unterschied zum übrigen Lettland überwiegend katholisch. Nach der ersten Teilung Polens 1772 starke russische Einwanderung. Hauptstadt **Daugavpils (Dünaburg)**, 1278 Ordensburg erwähnt, 1577 von Truppen Ivans IV. völlig zerstört, 1582 Stadtrecht. An der Daugava (Düna) und dem Schnittpunkt wichtiger Fernstraßen und Bahnlinien gelegen, ist D. mit starker Industrialisierung heute die zweitgrößte Stadt Lettlands.

Liepāja (Libau)
Seit 1609 zum Herzogtum Kurland gehörend, 1625 Stadtrecht, 1858 Ausbau des eisfreien Hafens, Entwicklung zum Industriestandort (Textil und Metall) und zur drittgrößten Stadt Lettlands. 1919 vorübergehend Sitz der lettischen Regierung. Wichtige Baudenkmäler: Annenkirche (1597, Ausbau Ende 19. Jh.) und die barocke Trinitatiskirche als größte Kirche Lettlands.

Narva
Am linken Ufer der Narova in der Nähe des Finnischen Meerbusens gelegene östlichste Stadt Estlands. Bereits im 12. Jh. bedeutendes Handelszentrum, 1219 Burg der Dänen, 1302 Stadtrecht. 1346 an den Orden, Burg Hermannsfeste. 1492 Errichtung der Burg Ivangorod (Jaanilinn) auf dem gegenüberliegenden Flussufer, 1558 Eroberung durch die Russen. Nach schweren Bränden im 17. Jh. entwickelte sich die Stadt im 19. Jh. zu einem Zentrum der Textilmanufaktur im Stadtteil Kreenholm. Burg Hermannsfeste umgeben von einer hohen Mauer mit bewehrtem Turm (»Langer Hermann«). Zerstörung beider Burgen 1944, später Wiederaufbau. Klassizistisches Rathaus (1668–71) mit barockem Turm. Heute überwiegend russischer Bevölkerungsanteil.

Neringa (Kurische Nehrung)
Halbinsel von knapp 100 km Länge vor dem Kurischen Haff, deren ca. 50 Orte der nördlichen litauischen Hälfte (die südliche gehört zum russischen Bezirk Kaliningrad) 1961 zur Stadt Neringa vereinigt wurden, u. a. die ehemaligen Dörfer Schwarzort, Nidden, Perwelk und Preil. Jahrhundertelange Rodungen hatten zur Folge, dass der Sand ganze Dörfer unter sich begrub. Wiederaufforstung seit Anfang des 19. Jhs. Als eines der schönsten Dörfer zog **Nida (Nidden)** zahlreiche Künstler wie Thomas Mann oder die Maler Karl Schmidt-Rottluff und Ludwig Kirchner an. **Juodkrantė (Schwarzort)** war im 19. Jh. Zentrum der Bernsteingewinnung. Sehenswürdigkeiten: Thomas-Mann-Museum in Nida; Meeres- und Freilichtmuseum in **Smiltynė (Sandkrug)** unmittelbar gegenüber Klaipėda.

Pärnu (Pernau)
1251 an der Mündung des Pärnu-Flusses in den Rigaer Meerbusen gegründete Siedlung. Im Mittelalter Bischofssitz und bedeutender Hafen, im 14. Jh. zur Hanse gehörend. Zunächst Domschule, ab 1526 lutherische Stadtschule, 1699 Verlegung der Universität von Dorpat nach P., als Academia Gustaviana Carolina bis 1710. Seit 1838 Kurort (Schlammbäder). Lutherische Elisabeth-Kirche (vollendet 1747) und orthodoxe Kirche St. Katharina (1764–68) jeweils von den Zarinnen gestiftet. Sehenswert ferner: Lydia-Koidula-Haus, klassizistisches Rathaus und das barocke Tallinner Tor als einziges erhaltenes Stadttor.

Paide (Weißenstein)
1265 Errichtung des Ordensschlosses mit achteckigem, sechsgeschossigem Turm (»Langer Hermann«, 1285 vollendet), 1291 Stadtrecht. Namensgebung vom Baumaterial des weißen Kalksteins. Im 13./14. Jh. errichtete Pfarrkirche, Brände im 16. Jh., Wiederaufbau 1786. Rathaus und Gerichtsgebäude mit klassizistischen und barocken Elementen (1787–90). Im 18. Jh. für 14 Jahre Wohnort des Schriftstellers und Sammlers August Wilhelm Hupel.

Palanga
Im 16. Jh. 25 km nördlich von Klaipėda angelegter Hafen, heute größter Kurort Litauens mit Klimatherapie, Badekuren und Schlammbädern. Seit 1956 Bernsteinmuseum mit 25 000 Exponaten im 1897–1902 errichteten neoklassizistischen Palast.

Palmse (Palms)
Ehemaliger Gutshof (seit 1681: von der Pahlen) im *Lahemaa-Nationalpark* in Nord-Estland, als erstes und heute »schönstes Gut Estlands« mit allen dazugehörigen Bauten renoviert. Dient als »Präsentation des lokalen historischen und kulturellen Erbes« (A. Hein) im Zusammenwirken westeuropäischer, russischer und regionaler Einflüsse. 1287 erste urkundliche Erwähnung, 1697 Baubeginn des Herrenhauses, nach Brand im Nordischen Krieg 1730 Neuerrichtung. Nach der Enteignung im Rahmen der Agrarreform 1919 Verfall von Gebäuden und Park. 1940–1972 Pionierlager. Nach Gründung des Nationalparks seit 1972 Wiederaufbau des Gebäudeensembles einschließlich Garten- und Parkanlagen. – Ca. 4 km nordwestlich die Steinkapelle von **Illomägi (Ilumä, Schönberg)** aus den 1840er-Jahren mit wappenartigen Glasmalereien, vor dem Friedhof das 1924 enthüllte, in der sowjetischen Zeit zerstörte Denkmal für die Gefallenen des Freiheitskrieges, das als Erstes seiner Art am 23. Oktober 1988 neu enthüllt wurde.

Riga
Hauptstadt Lettlands mit ca. 790 000 Einwohnern.
1201 von Bischof Albert gegründet, 1225 Erzbischofssitz, 1282 Mitglied der Hanse, 1330–66 unter der Herrschaft des Ordens, bis zur Reformation erneut unter den Erzbischöfen, 1561 freie Reichsstadt, 1581 an Polen, 1621–1709 unter schwedischer, anschließend unter russischer Herrschaft, 1796 Gouvernementshauptstadt, seit 1919 Hauptstadt Lettlands. Schwere Zerstörungen im Zweiten Weltkrieg. Nach dem Wiederaufbau steht die gesamte Altstadt unter Denkmalschutz, in der alle kunsthistorisch bedeutenden Stilrichtungen vertreten sind. – Sehenswert vor allem der Dom (Marienkirche), seit dem 13. Jh. erbaut, Turm in heutiger Form seit 1775, mit dem durch Kreuzgang und Galerie (Anfang 13. Jh.) verbundenen Kloster. Ferner die Jakobikirche (Ersterwähnung 1225); die Elemente der Spätgotik und des Manierismus verbindende, zum ehemaligen Domi-

nikanerkloster gehörende Johanniskirche (1234); die Backsteingotik und Frühbarock verbindende Petrikirche (1209), deren 1690 erstmals als Barockturm errichteter Turm nach Zerstörungen zuletzt im Zweiten Weltkrieg wieder aufgebaut wurde – ihr Altarteil von 1491 repräsentiert Rigaer Gotik. An Profanbauten das Rigaer Schloss (1330–1353) des Livländischen Ordens, heute mehrere Museen beherbergend; das Schwarzhäupterhaus (1334, gotische Hauptfassade im Stil der nordischen Renaissance aus dem 17. Jh.), 1941 zerstört und kürzlich wieder aufgebaut; Pulverturm (1330) aus der ehemaligen Stadtbefestigung mit heutigem Kriegsmuseum; Universitätshauptgebäude des ehemaligen Polytechnikums (1866–69); Kunstakademie in der ehemaligen Börsenkommerzschule (1902–05) mit Jugendstilelementen; die Kleine Gilde nach dem Umbau im Stil der englischen Gotik 1864–66; Zentralmarkt mit fünf großen Pavillons (1924–33) als einer der größten und seinerzeit modernsten Märkte Europas; zahlreiche Wohnhäuser mit unterschiedlichsten Jugendstilelementen. Die Denkmäler für K. Barons (1985), R. Blaumanis (1929), J.G. Herder (1864) und J. Rainis (1965) sowie das Freiheitsdenkmal (1931–39) mit 42 Meter hohem Obelisk und allegorischer Frauengestalt geben Einblick in die Denkmalsgestaltung unterschiedlicher Epochen.

Rundāle (Ruhental)
Als Sommerresidenz Herzog Ernst Johann Birons von Kurland seit 1735 von Francesco Bartolomeo Rastrelli, dem Erbauer des Winterpalais' in St. Petersburg, entworfen und gleichzeitig mit dem Mitauer Schloss erbaut, großzügige Parkanlage. 1764–69 Dekor der Räume im Rokokostil. 1812 demoliert (u.a. Vernichtung der von Katharina II. geschenkten Bibliothek), dann Sommerresidenz des Generalgouverneurs Graf Peter Šuvalov. 1916 Kommandantur der deutschen Besatzungsarmee und Lazarett, 1919 Verwüstungen durch Kommunisten und Armee Bermont-Avalovs. Seit 1923 Renovierung, im Zweiten Weltkrieg unbeschädigt, nach 1946 Nutzung der Schlosssäle als Kornkammer und Turnhalle. Wasserschäden an Deckengemälden und Stuckwerk. 1972 Schlossmuseum und Restaurierung. 1981 Eröffnung der ersten Säle, Wiederherstellung von 43 Räumen entsprechend ihrer Nutzungsart und Möblierung des 18. Jhs. geplant. Große Sammlung der Malerei und weltlichen wie kirchlichen angewandten Kunst im Schlossmuseum. – Barockstil mit klassizistischen Elementen. Schlossflügel (86x100 m) mit zwei kurzen Querflügeln an der Nordseite. Die prunkvollsten der Paradesäle sind der Goldene (Thronsaal) und der Weiße Saal. Französischer Garten von künstlichem Kanal umschlossen. »Auf dem ruhigen semgallischen Gut wurde einst das kurländische Versailles geschaffen« (Lancmanis).

Saaremaa (Oesel)
Estlands größte Insel vor der Rigaer Bucht. 1227 Christianisierung mit Errichtung des Bistums Oesel-Wik abgeschlossen. Beliebtes Feriengebiet

im 19. Jh. mit Kiefernwäldern, Heideflächen und Windmühlen. Nach dem Zweiten Weltkrieg militärisches Sperrgebiet, heute wieder zugänglich. Sehenswert: Die durch Meteoriteneinschlag entstandenen Kraterseen von Kaali; die älteste Kirche Oesels in **Valjala (Wolde)** aus dem 13. Jh.; weitere Kirchen mit mittelalterlichen Fresken. Im Westen der Insel artenreiches Natur- und Vogelschutzgebiet. – Hauptstadt **Kuresaare** (bis 1917 **Arensburg**, 1952–1988 **Kingisepp**) mit Bischofsburg (1343) als einziger original erhaltener mittelalterlicher Festungsanlage Estlands. Barockes Rathaus (1670) mit klassizistischen Ergänzungen aus dem 18. Jh.

Šiauliai (Schaulen)
1236 Sieg eines litauischen Heeres über den Schwertbrüderorden. Peter- und Pauls-Kirche (1617–34). Nordöstlich der Kreuzhügel mit tausenden von Kreuzen zur Erinnerung an alle Opfer von Fremdherrschaft, während der sowjetischen Herrschaft trotz Zerstörung von der Bevölkerung wiedererrichtet, heute nationales Mahnmal und Pilgerstätte.

Sigulda (Segewold)
Beliebtes Ausflugsziel im Gauja(Livländische Aa)-Nationalpark (Livländische Schweiz) mit ursprünglicher Fluss- und Waldlandschaft und Wintersportmöglichkeiten. Schloss Sigulda 1207–1226 errichtet und im Nordischen Krieg (1700–1721) zerstört. Schloss Turaida 1214 vom Rigaer Bischof auf einer Livenburg erbaut, nach Brand von 1776 heute nur in Ruinen erhalten. Restauriert.

Tallinn (Reval) Hauptstadt Estlands mit 420 000 Einwohnern.
Ersterwähnung 1154. 1219 Eroberung der Festung Lindanissa durch Waldemar II. von Dänemark, wobei der Sage nach der Danebrog vom Himmel fiel; das rote Kreuz im weißen Feld blieb Stadtwappen; »Tallinn« geht auf estn. »Taani linn« [Dänenstadt] zurück. Nach der Eroberung durch den Schwertbrüderorden Ansiedlung lübischer Kaufleute aus Gotland am Fuß der Ordensburg. 1285 Hansestadt. Nach der blutigen Niederwerfung des Estenaufstandes (St. Jürgensnacht 1343) durch den Orden kaufte dieser für 19 000 Silbermark die dänischen Besitzungen in Estland und damit auch die Stadt Reval. Bildung deutscher Kaufmannsgilden wie der »Compagnie der Schwarzen Häupter«; Kunstwerke von Bernt Notke und Hermen Rode. Nach 1561 mehrmalige vergebliche Belagerungen durch russische Truppen. 1657 fiel ein Drittel der Bevölkerng einer Pestepidemie zum Opfer. Im 18. Jh. mehrmalige Besuche Zar Peters I., Bau von Schloss Katharinental (Kadriorg) vor den Toren. Als Importhafen bedeutender als Riga und Odessa.
Die Altstadt gehört seit 1998 zum Weltkulturerbe der UNESCO. Besonders sehenswert: Marktplatz im Herzen der Altstadt mit Rathaus (1402–04); 1,8 km lange Stadtmauer mit 28 erhaltenen Türmen (17 in ursprüngl. Form); Domberg mit spätgotischer Domkirche (13./14.Jh.), ehemaligen Adels-

häusern (19. Jh.) und Alexander-Nevskij-Kathedrale (1894–1900); Heiliggeistkirche (1280–1380); Olaikirche (13. Jh., Umbau Mitte 15. Jh.); Nikolaikirche (15. Jh.). In der Umgebung: Schloss Kadriorg (Katharinental) (1718–25); Klosterruine Pirita (St. Brigitten) (15. Jh.). Größtes Freilichtmuseum Estlands Rocca al Mare (seit 1964).

Tartu (Dorpat)
Zweitgrößte Stadt Estlands am Emajõgi (Embach) mit ca. 115 000 Einwohnern. 1030 vom russischen Großfürsten Jaroslav an Stelle einer estnischen Burg als Jurev begründet, 1212 von Deutschen erobert, 1223 während des Estenaufstandes kurzfristig zurückerobert. Seit 1280 Mitglied der Hanse. 1524 Verwüstung von Kirchen und Klöstern in Bilderstürmen der Reformation. 1558 Eroberung durch die Russen und Verschleppung vieler Bürger. 1582 an Polen, 1626 an Gustav II. Adolf, der 1632 vom Feldlager in Nürnberg aus die Universität begründete. 1656 erneute russische Eroberung, 1690 schwedisch. Nach der Eroberung von 1704 ließ Peter I. die Festungsanlagen zerstören und die gesamte deutsche Bevölkerung der Stadt bis 1714 ins Innere Russlands deportieren. Verheerende Feuersbrünste 1755 und 1775. Blütezeit nach der Neugründung der Universität 1802. 1869 erstes allestnisches Sängerfest. 1893 Umbenennung in Jurev. 2. Februar 1920 Unterzeichnung des Dorpater Friedens zwischen Estland und Sowjetrussland. Schwere Verluste ganzer Stadtviertel im Zweiten Weltkrieg.
Älteste Sakralbauten: Ruine der St.-Peter-und-Pauls-Kathedrale (Domkirche) (13. Jh.) mit zweischiffiger Basilika und großen Türmen an der Westfassade; seit 1613 Ruine, deren Chor ab 1806 Universitätsbibliothek, heute Universitätsmuseum mit wertvollen Sammlungen. Klassizistisches Hauptgebäude der Universität (1803–09). 1810–24 Errichtung der Sternwarte an der Stelle des 1704 zerstörten Bischofsschlosses. Weitere Sehenswürdigkeiten: frühklassizistisches Rathaus (1782–89) mit dem Großen Markt; St. Johanniskirche in nordischer Backsteingotik (um 1350) mit einmaligen Terrakottaköpfen und -figurengruppen, im 18./19. Jh. umgebaut, 1944 niederbrannt, Dach und Turmhelm 1999 wiedererrichtet.

Trakai
Von 10 Seen umgebene Stadt auf einer seit dem 12. Jh. bestehenden Siedlung, wichtige Residenz des litauischen Großfürsten Vytautas. Gotische Anlage der Inselburg (14./15. Jh.), im 17. Jh. zerstört und später teilweise wieder aufgebaut. Sie besteht aus Vorburg mit Wachtürmen und Kasematten sowie dreigeschossigem Palast aus z.T. rotem Backstein mit 25 Meter hohem Bergfried, Wandmalereien und bemalten Glasfenstern. Heutige Nutzung für Konzerte und als Geschichtsmuseum. Auf der Halbinsel Burganlage (Mitte des 14. Jhs. begonnen), mit erhaltenen Türmen und Mauerresten. Sehenswert ferner die Altstadt (15. Jh.) mit ursprünglichem Straßennetz und dreieckigem Hauptplatz. Die im 19./20. Jh. entstandenen

Holzhäuser spiegeln die Architektur der angesiedelten Tataren und Karaimen von der Krim wider. Auf Vytautas geht auch der 1405 begonnene Bau der dreischiffigen Basilika der »Kirche der Erscheinung der hl. Maria« zurück mit ihren später hinzugefügten Stilementen der Gotik und des Barock. Ein Gemälde des Großfürsten Vytautas wird als heilig verehrt.

Valga (estn.) Valka (lett.) (Walk)
Grenzstadt an der estnisch-lettischen Grenze. Im 14.-16. Jh. Tagungsort der altlivländischen Landtage. 1584 Stadtrecht von Stefan Bathory. Nach dem Bau der Linien Tartu-Valga-Riga (1887) und Valga-Pskov (1889) bedeutender Eisenbahnknotenpunkt. In der Altstadt Holzbauten mit Ziegeldächern aus dem 19. Jh.

Võru (Werro)
1784 gegründet. 1833–77 lebte hier der Verfasser des »Kalevipoeg« Friedrich Reinhold Kreutzwald, dessen Wohnhaus heute Museum ist und für den 1926 ein Denkmal im Park aufgestellt wurde. Lutherische (1788–92) und griechisch-orthodoxe Kirche (1806).

Ventspils (Windau)
Lettlands größter Hafen an der Mündung der Venta als petrochemisches Zentrum. Ordensburg und Gründung des Hafens (13. Jh.), 1378 Stadtrecht, seit 1440 Hansestadt, Blütezeit durch Werft und Schiffbauindustrie Mitte des 17. Jhs. im Herzogtum Kurland und dessen Kolonialpolitik (Bau von 44 Kriegs- und 75 seetüchtigen Handelsschiffen). 1710 überlebten nur 7 Familien die Pest. Seit 1795 Kreisstadt. 1798 Lotsenstation auf dem Turm der Ordensburg. 1836 Seebad. 1960 neue Hafenanlagen. Stadtkirche St. Nikolai (1298) neu gebaut 1833–35. Bürgerhäuser aus dem 18. Jahrhundert.

Vilnius (Wilna, Wilno) Hauptstadt Litauens mit ca. 620 000 Einwohnern. Älteste Siedlung auf den Hügeln am Zusammenfluss von Neris und Vilnia aus dem 10. Jh., Gründung der Stadt im 13. Jh., in der ersten schriftlichen Urkunde von 1323 lud Großfürst Gediminas westeuropäische Handwerker und Händler zur Niederlassung ein. 1387 Magdeburger Stadtrecht. 13. bis 16. Jh. Herausbildung der Altstadt; anschließend Blütezeit. Anfang des 17. Jhs. war Vilnius ein Zentrum des europäischen Humanismus mit Universität (gegründet 1579) und 10 Druckereien. Im Nordischen Krieg 1702 und 1706 von schwedischen Truppen erobert und zerstört, 1795 nach der dritten Teilung Polens russische Gouvernementshauptstadt. Im 19. Jh. drittgrößte Stadt Russlands. Nach dem Ersten Weltkrieg erneut Hauptstadt Litauens, 1920 von Polen annektiert, 1939 von sowjetischen Truppen besetzt. Im Zweiten Weltkrieg Zerstörung von ca. 40% der Gebäude. Gewaltloser Widerstand der Bürger gegen die

Versuche russischer Truppen, am 13. Januar 1991 den Fernsehturm zu stürmen.
Zahlreiche sehenswerte Kirchen, Klöster und Profanbauten: Gotische St.-Anna-Kirche; frühbarocke Allerheiligenkirche (1620–30) mit 18 Barockaltären; St. Theresia (1633–52) und der Komplex des Karmeliterklosters (15.–18. Jh.); Jesuiten-, Dominikaner- und Salesianerinnenklöster jeweils mit Kirchen; Kathedrale mit dem kuppelbekrönten Zentralbau der St.-Kasimir-Kapelle (17. Jh.) und markantem frei stehendem Turm; Universität mit Bogengalerien der Gebäude um den Großen Hof (18. Jh.); diverse Palais' und Wohnhäuser. Gediminas-Burg mit Turm (heute Museum) gilt als Symbol der Stadt und des Landes. – 25 km nördlich von Vilnius markiert ein schwarzer Granit die geografische Mitte Europas auf 25 Grad 19 Minuten Länge und 54 Grad 54 Minuten Breite.

Žemaičiu Kalvarija
Bedeutendster litauischer Wallfahrtsort in der Landschaft Schemaiten mit einem 1637–42 angelegten »Kalvarienberg« und sieben Kilometer langem Kreuzweg, der 19 Kapellen berührt und in der barocken und klassizistischen Kirche Mariae Heimsuchung (1780–1824) endet. Jährlich Anfang Juli von zahlreichen Pilgern aus ganz Litauen aufgesucht.

Literatur

Es wurden nur Titel in westeuropäischen Sprachen aufgenommen. Fachliteratur in baltischen Sprachen ist verzeichnet in der bis 1977 jährlich von Hellmuth Weiss in der »Zeitschrift für Ostforschung« veröffentlichten »Baltischen Bibliographie« für Estland und Lettland; für Litauen ebenda Herbert Risters Überblick »Schrifttum über Litauen 1943–1953« (1955) sowie Povilas Reklaitis: »Litauische Bibliographie in Auswahl« in Mehrjahreszusammenfassungen für 1970–1993. Seit 1995 wird jährlich von Paul Kaegbein die »Baltische Bibliographie. Schrifttum über Estland, Lettland, Litauen« mit vielfältigen Registern in der Reihe »Bibliographien zur Geschichte und Landeskunde Ostmitteleuropas«, Herder-Institut Marburg, herausgegeben.

Periodika mit baltischen Schwerpunkten:
Acta Baltica. Königstein/Taunus 1960–1997.
Baltica. Vierteljahresschrift für baltische Kultur. Hamburg 1987 ff.
Deutsche Studien. Lüneburg 1963 ff.
Estonia. Zeitschrift für estnische Literatur und Kultur. Frankfurt/M. 1985 ff.
Humanities and social sciences. Latvia. Riga 1995 ff.
Jahrbuch des baltischen Deutschtums. Lüneburg/München 1953 ff.
Jahrbücher für Geschichte Osteuropas. München 1953 ff.
Journal of Baltic Studies. Hackettstown, NJ 1970 ff.
Lithuanian historical studies. Vilnius 1996 ff.
Lituanus. Lithuanian quarterly journal of arts and sciences. Chicago 1954 ff.

Nordost-Archiv N.F. Lüneburg 1992 ff.
Nationalities Papers. New York 1972 ff.
Osteuropa. Stuttgart 1951 ff.
Steinbrücke. Estnische Historische Zeitschrift. Tartu 1998 ff.
Triangulum. Germanistisches Jahrbuch für Estland, Lettland und Litauen. Tartu 1994 ff.
Veröffentlichungen des Litauischen Kulturinstituts. Lampertheim 1982 ff.
Zeitschrift für Ostmitteleuropa-Forschung (früher: Zeitschrift für Ostforschung). Marburg 1952 ff.

Allgemeine Darstellungen, Sammelwerke

Angermann, Norbert: Die Baltischen Länder. Lüneburg 1990.
Hackmann, Jörg (Hg.): Estland – Partner im Ostseeraum. Lübeck 1998.
Hackmann, Jörg (Hg.): Litauen – Nachbar im Osten Europas. Köln 1996.
Hellmann, Manfred: Grundzüge der Geschichte Litauens und des litauischen Volkes. Darmstadt 1990.
Meissner, Boris (Hg.): Die baltischen Nationen. Köln 1991.
Meissner, Boris: Die baltischen Staaten im weltpolitischen und völkerrechtlichen Wandel. Hamburg, Tallinn 1995.
Mühlen, Heinz von zur: Die baltischen Lande. Bonn 1990.
Mühlen, Patrik von zur: Baltische Geschichte in Geschichten. Köln 1994.
Pistohlkors, Gert von (Hg.): Baltische Länder. Berlin 1994.
Plakans, Andrejs: The Latvians. Stanford 1995.
Rauch, Georg von: Geschichte der baltischen Staaten. München 1990.
Raun, Toivo U.: Estonia and the Estonians. Stanford 1991.
Reval und die baltischen Länder. FS Hellmuth Weiss. Hg. von J. v. Hehn, Cs. J. Kenéz. Marburg/Lahn 1980.
Schlau, Wilfried (Hg.): Tausend Jahre Nachbarschaft. Die Völker des baltischen Raumes und die Deutschen. München 1995.
Schmidt, Alexander: Geschichte des Baltikums. München, Zürich 1992.
Smith, Graham (Hg.): The Baltic States. New York 1996.
Die Unabhängigkeit der baltischen Länder. Marburg 1993.
Wittram, Reinhard: Baltische Geschichte. Darmstadt 1973.

Einzelne Epochen und Themen

Bauer, Gerhard/Klein, Manfred: Das alte Litauen. Köln, Weimar, Wien 1998.
Blom, Raimo (ed.): Regulation and Institutionalization in the Baltic States. Tampere 1996.
Brettin, Michael: Das Scheitern eines unfreiwilligen Experiments: Die sowjetische Nationalitätenpolitik in der »Perestrojka« (1985/87–1991) dargestellt am Beispiel Estlands. Hamburg 1996.
Bungs, Dzintra: The Baltic States: Problems and Prospects of Membership in the European Union. Ebenhausen 1998.
Butenschön, Marianna: Estland, Lettland, Litauen. Das Baltikum auf dem langen Weg in die Freiheit. München, Zürich 1992.
Demm, Eberhard/Noël, Roger/Urban, William (eds.): The Independence of the Baltic States. Chicago 1996.
Elias, Otto-Heinrich (Hg.): Aufklärung in den baltischen Provinzen Rußlands. Köln u.a. 1996.
Estland, Lettland, Litauen. In: Deutsches Institut für Wirtschaftsforschung Berlin

(Hg.): Wirtschaftslage und Reformprozesse in Mittel- und Osteuropa. Berlin 1998.
Ezergailis, Andrew: The Holocaust in Latvia 1941–1944. Riga, Washington 1996.
Ezergailis, Andrew: The 1917 Revolution in Latvia. Boulder, Colo. 1974.
Ezergailis, Andrew/Pistohlkors, Gert von (Hg.): Die baltischen Provinzen Rußlands zwischen den Revolutionen von 1905 und 1917 Köln, Wien 1982.
Frisch, Berndt: Litauens Weg in die Demokratie. Köln 1998.
Garleff, Michael: Deutschbaltische Politik zwischen den Weltkriegen. Bonn-Bad Godesberg 1976.
Garleff, Michael (Hg.): Deutschbalten, Weimarer Republik und Drittes Reich, Bd. 1. Köln u. a. 2001.
Graf, Ansgar: Der Freiheitskampf im Baltikum. Erlangen u.a. 1991.
Grundmann, Karl-Heinz: Deutschtumspolitik zur Zeit der Weimarer Republik. Hannover-Döhren 1977.
Hehn, Jürgen von/Rimscha, Hans von/Weiss, Hellmuth (Hg.): Von den baltischen Provinzen zu den baltischen Staaten. Marburg/Lahn 1971, 1977.
Hiden, John/Salmon, Patrick: The baltic Nations and Europe. Estonia, Latvia and Lithuania in the Twentieth Century. London, New York 1991.
Die vergessenen Juden in den baltischen Staaten. Hg. von Ansgar Koschel und Helker Pflug. Köln 1998.
Kahk, Juhan: Bauer und Baron im Baltikum. Tallinn 1999.
Lauristin, Marju/Vihalemm, Peeter (eds.): Return to the West. Tallinn 1997.
Lejins, Atis/Ozolina, Zaneta (eds.): Small States in a Turbulent Environment: The Baltic Perspective. Riga 1997.
Levits, Egil: Der politische Konflikt zwischen den Selbstbestimmungsbestrebungen und dem sowjetischen Herrschaftsanspruch in Lettland. Marburg/Lahn 1988.
Lieven, Anatol: The Baltic Revolution. New Haven, London 1993.
Loeber, Dietrich A.: Diktierte Option. Die Umsiedlung der Deutsch-Balten aus Estland und Lettland 1939–1941. Neumünster 1974.
Loeber, Dietrich A./Vardys, Stanley V./Kitching, Laurence P.A. (eds.): Regional Identity under Soviet Rule: The Case of the Baltic States. Hackettstown N.J. 1990.
Loit, Aleksander (Hg.): National Movements in the Baltic Countries During the 19th Century. Stockholm 1985.
Ludwig, Klemens: Das Baltikum: Estland, Lettland, Litauen. München 1991.
Ludwig, Klemens: Estland. München 1999.
Mägi, Artur: Das Staatsleben Estlands während seiner Selbständigkeit. Stockholm 1967.
Meissner, Boris: Die Sowjetunion, die baltischen Staaten und das Völkerrecht. Köln 1956.
Meissner, Boris: Die baltischen Staaten im Umbruch. Hamburg 2001.
Meissner, Boris/ Loeber, Dietrich A./Hasselblatt, Cornelius (Hg.): Die Außenpolitik der baltischen Staaten und die internationalen Beziehungen im Ostseeraum. Hamburg 1994.
Misiunas,Romuald, J./Taagepera, Rein: The Baltic States: Years of Dependence 1940–1990. Berkeley 1993.
Myllyniemi, Seppo: Die baltische Krise, 1938–1941. Stuttgart 1979.
Myllyniemi, Seppo: Die Neuordnung der baltischen Länder 1941–1944. Helsinki 1973.
Onken, Eva-Clarita: Revisionismus schon vor der Geschichte. Aktuelle Kontrover-

sen in Lettland um die Judenvernichtung und die lettische Kollaboration während der nationalsozialistischen Besatzung. Köln 1998.
Penkaitis, Norbert: Agrarentwicklung in Litauen 1918–1992. Berlin 1994.
Pistohlkors, Gert von: Estland, Lettland, Litauen 1920–1940. In: Handbuch der Europäischen Wirtschafts- und Sozialgeschichte, Bd. 6. Stuttgart 1987, S. 729–768.
Pistohlkors, Gert von/Plakans, Andrejs/Kaegbein,Paul (Hg.): Bevölkerungsverschiebungen und sozialer Wandel in den baltischen Provinzen Russlands 1850–1914. Lüneburg 1995.
Redecker, Niels von: Die Haltung der Bundesrepublik Deutschland gegenüber den baltischen Staaten seit dem Beginn des »nationalen Erwachens« im Jahre 1987. Hamburg 1994.
The Anti-Soviet Resistance in the Baltic States. Vilnius 1999.
Roszkowski, Wojciech: Land Reforms in East Central Europe after World War One. Warsaw 1995.
Saar, Ellu/Titma, Mikk: Migrationsströme im sowjetisierten Baltikum und ihre Nachwirkungen auf die baltischen Staaten nach Wiederherstellung der Selbständigkeit. Köln 1992.
Schmidt, Carmen: Der Minderheitenschutz in den baltischen Staaten. Bonn 1993.
Scholz, Friedrich: Die Literaturen des Baltikums. Opladen 1990.
Scholz, Friedrich/Tenhagen, Wolfgang (Hg.): Die Baltischen Staaten im 5. Jahr ihrer Unabhängigkeit. Münster 1997.
Senn, Alfred Erich: Gorbachev's Failure in Lithuania. New York 1995.
Thaden, Edward C.: Russia's Western Borderlands, 1710–1870. Princeton 1984.
Vestermanis, Margers: Juden in Riga. Bremen 1995.

REGISTER

Über die *kursiv* gesetzten Namen und Orte finden sich im Anhang S. 231–253 ausführlichere Informationen.

Personen

Orte, Länder, Völker

BILDNACHWEIS

S. 129, 131, 132, 133 (2), 134 (2): Jürgens Ost- und Europa-Photo, Berlin
S. 130 oben, 140 oben, 144 aus: Zigmantas Kiaupa, Ain Mäesalu u. a., Geschichte des Baltikums, © Kirjastus Avita, Tallinn/Estland 1999
S. 130 unten, 136 oben: Bildarchiv Foto Marburg
S. 135 oben: Archiv des Verfassers
S. 135 unten, 137 (2), 138 (2), 139 unten, 140 unten aus: Die baltischen Länder Estland, Lettland, Litauen. Nachbarn in Europa, hrsg. von der Auslandsgesellschaft NRW e. V. und Harenberg Edition, Dortmund 1994
S. 136 unten aus: Gutshof unter den Eichen. Orellen und die Familie von Campenhausen in Livland (= Katalog der Ausstellung im Schlossmuseum Rundāle und im Herder-Institut Marburg 1998), © Rundāles Pils Muzejs, Bauskas rajons, Lettland
S. 139 oben aus: Jüri Ant, Eesti 1920, © Kirjastus Olion, Tallin 1990
S. 141 oben aus: Tausend Jahre Nachbarschaft. Die Völker des baltischen Raumes und die Deutschen, hrsg. von Wilfried Schlau, Bruckmann, München 1995 (Foto: Aija Priedite, Riga)
S. 141 unten, 142 oben, 143 (2): Süddeutscher Verlag, München
S. 142 unten aus: Edgar Mattisen, Searching for a dignified compromise, © Edgar Mattisen, Tallinn 1996

Textillustrationen

S. 17: Herder-Institut Marburg, Kartensammlung: Dipl.-Ing. Wolfgang Kreft
S. 20 aus: Sven Ekdahl, Die »Banderia Prutenorum« des Jan Długosz, eine Quelle zur Schlacht bei Tannenberg 1410, Göttingen 1976
S. 25: Museum für Hamburgische Geschichte
S. 31: aus: Kulturpolitische Korrespondenz Nr. 757 vom 25. April 1990, hrsg. vom Ostdeutschen Kulturrat, Bonn
S. 34 (2), 35, 68, 128, 164: Archiv des Verfassers
S. 38, 66 aus: Die baltischen Länder Estland, Lettland, Litauen. Nachbarn in Europa, hrsg. von der Auslandsgesellschaft NRW e. V. und Harenberg Edition, Dortmund 1994
S. 104 aus: Gert von Pistohlkors (Hrsg.), Baltische Länder, Siedler, Berlin 1994
S. 171 aus: Informationen zur politischen Bildung, aktuell, 1989
S. 183 aus: Rahva Hääl Nr. 46 vom 24. Februar 1990, Tallinn
S. 192, 194, 196 aus: baltisches jahrbuch 1989, hrsg. vom Baltischen Christlichen Studentenbund, Bonn